U0092191

民國

教育先驅

舒新城回憶錄

舒新城 原著
——
蔡登山 主編

目次

舒新城和他的回憶錄

蔡登山

舒新城是近代著名教育家、出版家，更是大型工具書《辭海》的主編。他的名字已與《辭海》共長存，永遠活在千百萬讀者的心中。舒新城自幼養成撰寫日記的習慣，現存《舒新城日記》起於一九〇八年五月十九日，訖於一九六〇年九月三十日。日記手稿近五百萬字，其夫人劉濟群（舫）於一九八一年將日記八十餘冊全部捐贈上海辭書出版社圖書館珍藏。二〇一三年十一月上海辭書出版社經整理、編排，悉按原稿原樣彙編為三十四冊影印出版。

舒新城記寫的日記內容豐富，不但是研究舒新城生平的重要資料，更因作者有著廣泛的社會交往，涉及中國近代政界、學界近百位著名人物，如梁啟超、張元濟、左舜生、惲代英、陸費逵、茅盾、田漢、郭沫若、郁達夫、葉聖陶、鄭振鐸、錢歌川、李劼人、徐悲鴻、王雲五、陳毅、潘漢年、柯慶施、周谷城、趙超構、巴金、劉大杰等。它詳實記載了作者對社會時事的觀察和分析，以及個人和家庭生活的記錄，對於一些重要事件，還附有剪報或照片，對研究舒新城以及中國教育史、出版史、近現代史等將提供新的史料，具有重要價值。

舒新城是湖南溆浦人，幼年家貧，時讀時輟。先後在私塾、族學、府辦高小讀書。一九一四年八月，以無中學文憑，冒族人名考入長沙湖南高等師範學校英語部。一九一七年夏，湖南高師畢業，任兌澤中學正式教員。翌年，轉任長沙福湘女學（長老會辦）教育學科教員，後並兼教務主任。後又在長沙省立第一師範教書。一九二一年秋，應張東蓀的邀請去上海吳淞主持中國公學中學部，提倡美國的道爾頓制（Dalton Plan）。又先後到江蘇、安徽、浙江的三十五所學校講學，宣傳道爾頓制，編寫《道爾頓制概要》、《道爾頓制研究集》和《近代中國教育史料》，成為教育界名人。

一九二八年四月，應中華書局總經理兼編輯所所長陸費逵之聘，繼徐元誥出任《辭海》主編。一九三〇年元月，繼陸費逵任中華書局編輯所所長；同年，主編之《中華百科辭典》出版。一九三四年，主編之《中華百科叢書》開始出版。一九三六年經過他和五十名編輯人員艱辛的努力，《辭海》於一九三六年以兩卷本的形式正式出版問世。收入一萬三千個單字，十萬條詞彙，受到了廣大讀者的好評，在當時的文化教育出版界產生了巨大影響。

生平著述甚多，計編著有《心理原理實用教育學》、《教育心理學綱要》、《心理學初步》、《公民課本》、《人生哲學》、《道爾頓制概觀》、《道爾頓制研究集》、《道爾頓制討論集》、《道爾頓制淺說》、《近代中國留學史》、《近代中國教育史料》、《收回教育權運動》、《教育叢稿》、《中國新教育概況》、《教育通論》、《近代中國教育思想史》、《實地步行杭州西湖遊覽指南》（與陸費逵合編）、《現代教育方法》、《教育指南》、《中國教育建設方針》、《蜀遊心影》、《狂歡錄》、《我和教育》、《故鄉》、《致青年書》、《美的西湖》、《攝影初步》、《近代中國教育史》、《夢》、《心理初步》（與吳研因合編）、《西湖百景》、《小學國語教學法概要》（與吳研因合編）、《中華民國之教育》（與孫承光合編）、《近代中國教育史稿選存》、《中國近代教育史資料》，譯有《現代心理學之趨勢》、《個性論》、《個別作業與道爾頓制》等。

《我和教育》是舒新城的回憶錄。他從小在私塾讀書，後來又轉到新式學堂，新舊教育的對比十分強烈，因此他對新教育舉手歡迎。在新文化運動的推動下，他廣泛閱讀了杜威、孟祿等西方教育家的著作，進一步堅定了教育救國的信念。美國的道爾頓制傳入中國後，舒氏彷彿看到了改革舊的課堂教學制度的理想之途，大力予以宣傳、推廣、實驗，親自編譯出版了《道爾頓制概觀》、《道爾頓制討論集》、《道爾頓制研究集》等，一時成了國內推行該制的主將。

他致力於教學實踐和教育研究工作，特別是對道爾頓制的鼓吹和對中國近代教育史的整理等方面，成績斐然。僅一九二四年至一九二八年秋，前後五年多時間，他共編著了各類教育書籍十七種、二十冊、四百零五餘萬言，為當時教育界所推重。而中國學者開始系統地研究留學教育，也自舒新城始。

回憶錄中也記載他當年在成都高師時和女學生劉舫的師生戀，當時風氣未開，學校因此強令劉舫退學未果，舒新城則以「誘惑女生、師生戀愛」的罪名，成為被緝拿的目標。好友李劼人協助其脫逃，卻因此身陷牢獄十天。六年之後，有情人終成眷屬。舒新城對李劼人的義舉感銘五內，當他任中華書局編輯時，出版了李劼人的《死水微瀾》、《暴風雨前》、《大波》等長篇小說，也為中國文壇留下不朽之作，這是後話。

敘

我懷著作此書的意思已有多少年，但決定動筆寫此書，卻是很近的事情。

民國十九年十二月三日至五日，中華學藝社在南京中央大學開年會，我以社員資格出席，最初只想去聽聽各專家的宏論，絕不想說話。那知報到的時候，秘書主任馬宗榮先生說預備會議決定第一日開會時派我為社員演說員之一。我當時既無預備，又不曾攜帶書籍，臨時得不到題目，只得將我平日的教育意見略為講述。不料下台之後，蒙許多社友讚許，夜間公宴席中，更有約為個人談話表示贊同者多人——姓名現在不盡記得，只有鄭天民及費鴻年兩先生所給我的印象特別深——而當時的主席歐元懷先生於述歡迎詞之餘，並特別提出我的講演來說。雖以講演時的時間迫促，我的意見不能盡量宣布，致使聽者有不明瞭之處，但大家對於我的見解之注意我卻深深感謝。

還有，當我講演的時候，中央大學有許多學生在旁聽，第二日教育學院更約我去講演。五六年來我都不願在學校裏演講，但為著上述的兩件事實，也就決然答應，並擬定題目為〈我和教育〉，於五日下午公開地講了兩小時，而且聲明要寫成一部書。

這是我寫此冊的原因，以下說「我和教育」的含義。

在中央大學講演之前，我本擬定題目為「我和我的教育觀」。後來覺得不對：因為我要說的不盡是教育見解，有的是我從事教育的經驗，有的是我受教育的經過，而且有的只是些與教育間接又間接有關係的事情。所以最後改為「我和教育」。這樣，凡屬與我個人有關的教育事業、教育經驗、教育見解、教育理想、教育方法，以至於個人教育經驗，都可以自由地講出來，供大家批評。

我以為從廣義講，教育是人生中必然的事實：無論誰都得受教育，無論誰也有他或她的教育理想、教育方法。所以我和教育的「我」字可以把它作屬於「我個人」的代名詞，也可以把它普遍化，使之成為一切第一人稱的代名詞。也可以說誰都可以把他和教育的種種關係，寫成一本書叫作《我和教育》。故這樣的書，不能算作一種什麼著作，只是一種敘述我個人與教育有關係的各種記事冊而已。

當我未講和未寫之前，我也曾想過這樣的記事冊是否有寫出的必要。我固然受教育二十餘年，恃教育為生者又十餘年，但是反躬自問，我對於教育的任何方面都不曾有深切的研究，我的記述，不過是個人教育生活史的自白，在教育學識上自無貢獻可言。——但是再三考慮的結果，我仍要將《我和教育》寫成，也有一種很重要的理由。

我以為人的思想之所以如此如彼，除了他的思想能力是根據他的天稟而外，其餘都是為時代的輪子所轉移；所以一個人的思想，精密講來，都是反映時代的鏡子。我個人的生活，在人群中，在中國社會上，當然都是滄海之一粟，算不得什麼。但是我所處的時代與環境卻有很重大的意義與價值。這就是說：中國社會各方面都有最速的變遷的，要從清末海通以來的近世算起；而近世中變遷最速的，又要算甲午之戰以後：從那時起，在國際方面由閉關轉到通商；在經濟方面由農村自給漸入工業社會；在政治方面，由帝制轉到民主；在教育方面，由個別教學轉到班級制，由私塾書院轉到學校，由考試制轉到學年制。至於社會思想的轉變更為複雜：自從忠君尊孔的中心思想打破而後，世界上的各種倫理學說，各種政治理想，各種社會主義，各種文藝思潮，都曾在中國智識階級中占一席地，而以民國八年「五四運動」以後的情形為尤複雜。我在此時代中最為幸運，幾乎各方面的情形都曾耳聞目見或親歷其境。因為我是生於甲午的前一年，是小農之子。幼時曾受過純粹小農社會的私塾和書院教育，十五歲以後，又曾受過新式的學校教育，二十四歲以後即從事於教育事業，三十二歲以後專力於教育著述；較難得的是我的生活是由小農社會而轉入工業社會。雖然我現在絕不能再回到故鄉去過小農社會的生活，但小農社會的種種生活習慣，我仍絲毫不曾忘去，而且很感興味；同時因為職業與生活的種種需要，對於工業社會的種種習慣我也能相安，它的好處和壞處，我還能判斷。在教育方面，我更有些奇怪的經驗：就是我當學生時，曾因鬧風潮而被開除，更曾借過別人的文憑考入高等師範；當教員時，曾教過幾省的中學師範及大學，並曾作過四次風潮的對象而幾至於生命不保。所以在現代中國教育的舞台上，我曾冒充過各種各色的角兒，同時也曾做過各種各色的觀客。把我的生活歷程作根線索，去演述近代中國教育的變遷，我想或者比作幾篇空洞的教育論文或者一本教育原理的書冊，還容易使人感興趣一點。所以也就不避誇大之嫌，毅然寫成此冊。同時希望讀者不專把此冊看作我個人的生活的記錄——私塾和書院在中國舊教育制度上占極重要的地位，但其中生活情形，現在的青年便無從經驗；我這記錄也許有可以供研究中國教育史之參考處——而從這不完備的記錄中追求時代的精神、推進時代的輪子，使它日日新、又日新，那是我所馨香頂祝的。

我寫此書，於表白自己關於教育的生活外，冀供給讀者以三十五年間的一部分教育真實史料，故一切以率真為主：在自己生活方面，固然以寫作時的「我」力求客觀地記述被寫作時的「我」的真實現象；對於父母、親族、師長、朋友亦本此態度，不避冒犯與嫌怨，力求客觀。因為我以為「人」是不完全的，「人生」是有進步的，倘若我把我的父母、師長、親族、朋友都矯揉造作或隱惡揚善地寫成完人，或把我已往三十五年的教育生活寫得完美無缺，那無異以宗法的觀念替他人和自己作墓誌，根本不足以表現時代中的「人」與「人生」，亦根本不必寫此書。因為立意率真，故事中關涉師友、親族的地方難免不有冒犯或不敬之處，尚望與此書有關之師友、親族諒之。如能根據事實，予以校正，則更所感禱。

民國二十年十二月十日，上海

付印小記

此書自民國十九年冬開始寫起，以事務之繁擾，時作時輟，至二十九年三月始完成。以時世多故，深恐寫此書之三十餘年的史料不易保存，萬一散失，即永久無法補寫；乃於寫成後立即發排，至同年七月排就，當即打樣十份，分藏港滬各地，以期保存原稿，靜待時局之許可，再行付印。三十一年後，舊著三十餘種被禁售者達二分之一以上，且其中有紙版亦被燬者；此稿及同時排就之十年書、漫遊日記，幸以無成書而紙版得保存。今日重行整理付印，不禁萬感交集：蓋此書與讀者相見，距開始寫作時已十七年，其中所述之人與物大多已成過去，而與此書亦即與我個人最有關係之陸費伯鴻先生及余妻賀菊瑞女士亦先後於三十年七月及三十一年十月逝世也。——就生存者言，我家庭中又於三十一年五月多一幼兒澤遲。

書末「寫完以後」之末段曾說：「我現在還想用文藝的描寫方法寫幾部『我和什麼』以表現我幼年、少年、壯年的全部生活」，我以文字為活已三十餘年，自問所能遺留於社會者只有文字，故今日仍存此願，且擬以餘年專心寫作、以期完遂此願！

民國三十五年一月

第一篇

學生生活

第一章　幼年時代

一、劉家渡

從廣義講，凡自然界人事界的種種現象對於人生發生影響的，都可以叫做教育。幼年時代的生活習慣、自然是以家庭的影響為主體。可是因為童年感受性特強的原故，自然環境的影響也不小。就我個人講，幼時所受自然環境的影響似乎並不小於家庭生活。所以現在先述我的故鄉風土。

我是清光緒十九年（一八九三）五月生於湖南溆浦縣東鄉的一個小村落名劉家渡的地方，從劉家渡三字看去，就可知道它是一個有河流的場所。不過湖南原是山巒重疊的高原，雖然山間的泉水要自然而然地滙成河流，但所謂河與流並非如黃河揚子江之浩浩蕩蕩，渺無涯際，只不過是山谷亂石之中夾有若干流泉，漸漸集合成一個寬數丈深數尺的小溪而已。

我的故鄉是山地，同時也是水國：因為溆東的山脈從寶慶分三路蜿蜒而西，中間的一路走到我的故鄉戛然中止；而三山所夾的兩溪之水，正在它中止的地方合流。所以我的祖居對著溆水的正流，左側復倚著它的支流高門溪。

劉家渡是以擺渡的地方得名的，是一塊方五六里的小平原，分為上中下三截。上中兩截均只有一面臨溆水，一面背金山，獨有下截多一道高門溪為隣。上截以李姓為主，中截以胡姓為主，下截則屬雜姓，雖然每截不過數十戶，但下截卻有十幾姓：通常是三五戶聚族而居，以劉家渡出名的劉姓也不過十餘戶，最少的戶數要算我姓舒的，就只有我家一家，世居鄉左的溆水之濱。三截的居民都是以農為業，而且多是佃農。他們的生活除了靠天幸得點納租所剩的稻子而外，就是靠雜糧——蕎麥、油菜——和山財——桐、茶、樹、木柴。

下截因為居兩水匯流之地，所以有數百畝沙田，這些沙田雖然常為溪水汎濫沖淹到今年河東明年河西，雖然也要出租金，但是這數十戶的農產副業如甘蔗、棉花、桃、李、桑、麻等等都是靠這些沙田生產，利益比佃耕正當農田的好。同時因為兩水匯合，險流漸平，每當夏秋之交，並有魚汛，本截的居民，大概都具網罟以為撈漁之具。這種小溪的魚汛，當然不足以為業，但只要有人去撈，秋收的葷菜，大概是可以無慮。所以下截的居民在劉家渡中，要算是得天獨厚了。

二、幼年生活

現在且說我幼年時代的生活。

我因父母的鍾愛，未五週歲便進私塾讀書。所以五歲以後的生活情形應歸在私塾生活裏面。

這裏所講的只是五歲以前的事情。

舒姓在溆浦縣算第一大族，有一舒二向三張四李之謠（即謂全縣人口最多，文風最盛的第一推姓舒的，第二推姓向的……）通常都是聚族而居。獨有我家單獨世居劉家渡。五服以內的親房都在離劉家渡上十餘里的龍王江及黃茅寨住居。而我的故居又是孤立在溆水之濱，半里以內並無鄰居；半里外雖有兩個小村落可以守望相助，但因既非同宗，又均有一丈餘深的水溝隔著，除非年節請鄉酒互相訪問外，平常是不大往來的；所以我自幼即少和親族鄰舍接觸。雖然遇著年節的社戲也跟家裏的長輩去參加，但因我曾祖及祖父均係單傳，父親雖有兩兄弟，而我在幼年時仍是我家唯一的孩子，家長們自然特別重視；就是參加地方的群眾集會，也是守護維謹而不使我與一般鄰孩往來，所以我在幼年時代所過的生活，可以說完全是孤獨生活。

我家世業農，且為佃農。在曾祖父及祖父時代都是以佃田力耕為生，故生活也很困苦。到祖父中年因我父親及叔父長大，能代為耕種，且善於經營副業——我家之周圍隙地及園場有柑、橘、桐、李、桃等各種果樹，稻田除稻外兼種蕎麥，沙田則種甘蔗、棉花及桑樹等——家道稍可過去；但除屋場外，仍無半畝田地。只因曾祖在某時曾受人欺侮，立志要送子孫讀書，所以父親在生活萬難之中也曾讀過幾年書，而能記得出帳目，寫得出書信；在我家歷史上要算讀書人了。我母生於我家對河徐家灣的徐姓家，無兄弟姊妹，而且當她五歲時，外祖父即逝世，外祖母因生活關係，又中道改嫁，所以我母八歲即過我家為童養媳。她處那樣的時代和那樣的社會，當然說不上受什麼教育。但是我的外祖父天資特高，雖然只在鄉間讀過數年書，可是他能動筆寫東西，並且教過書；只因為人爽直高傲，終於被人排擠以至於死。母親受了他的遺傳，天資很高，而豪爽有打算，對於讀書人，特別重視；但因自幼即過孤女生活，故性情極孤僻而執拗。到我家後，常與祖父祖母發生爭執，我父亦畏之。所以我家自我母親成人以後，家事多由其操持，且由之而有薄田數畝。我為長孫，在習慣上應得全家的鍾愛，而因我母親的性情與對於家族的勞績等種種關係，我在全家中更占了特殊的位置。所以我雖然是貧苦的佃農之子，但幼時在物質生活上所享受的並不弱於中產之家。

我在五歲以前，既少與他家兒童相往還，又無兄弟姊妹作伴，所以在精神生活上是很孤寂的。當時家庭中的長者雖然都很重視我，但他們都有農事上的職務，不能常常和我在一起。與我形影不離的只有母親；所以母親是我幼年時代的唯一教育者。

因為母親自幼便過孤獨生活，加以性情上教育上的種種關係，故對於我的期望特切：她希望我將來絕不再步祖先的後塵作胼手胝足的農夫，只馨香頂祝地向各處求神拜佛，禱祝我長大成人時作一個讀書種子，得一官半職以顯揚我舒家與徐家的祖先。所以小農子弟的種種生活如放牛砍柴等事，均絕對不准我參加；就是衣服行動也絕不准效隣家兒童的，而得保持斯文氣派。這在她以為讀書人應有讀書人的態度，幼時即當養成，絕不可有牧豎村童的粗野舉動。可是我生性好天然風景，對於牧童的風趣尤為醉心。每遇母親監督稍弛的時候，便跟著叔父和長工（長年的工人）跑到田野間去替他們幫忙。對於牛尤有好感：四歲以後，總是背著母親和牧童商議要他把我放在牛背上騎著，躲到樹蔭下去唱歌。每到秋季遇著摘棉、摘橘和收甘蔗、採茶子（採山茶樹之子以為製油之用）——這些都是我家的農產副業——的時候，無論如何都得設法加入。而對於水與魚的嗜好尤為特別：我家的後面與左面都為灌溉農田的水溝所圍繞，而此水溝的水，又是從上流的激水引曳而來，所以每遇到河水汎濫時，水溝也跟著高漲而有從河流中冲來的許多小魚。祖父常在溝口張網取魚；到秋汎時，父親們也常攜網至河中取魚。我每遇他們取魚的時候，總得設法跟去，為之背負魚簍。如果魚簍盛滿，至於背負不起，用拉縴式的方法把它拖回家中，並且不許他人幫忙。回家之後，又得幫著母親、祖母，把魚破好洗好然後才心滿意足。為著疲勞過度而睡在魚盆的旁邊，也是常有的事。所以遇著不如意的事而哭泣時，只要有人拿著網喊聲捕魚去，我就自然而然地止著哭。可是因為母親的限制終於不會泅水，也終於不能捕魚。不過現在回想當時與祖父父親們捕魚的往事，猶使我的童年的天真宛然在目。

我的幼年，因為時代和環境的限制，當然不能受現代式幼稚教育。所有的生活習慣，除了母親的指示外，都是從「直接參加」得來的。故我幼時所受的教育影響，在人的方面自然以母親為最大，在物的方面則以我所處的自然環境為最大。

母親為受時代的限制，當然不知有所謂兒童心理；她對於我，當然也和當時一般人對於他們的子女一樣把我看作一個「小大人」，一切的生活規律，當然要以成人的標準為標準。不過她對於我的期望特切，尤其是因為要使我成人後立於「士林」之列，所以對於我的一言一動，都特別注意養成「君子之風」。所以一切村夫粗野罵人的語言，絕對不准上口，一切欺騙的惡習，也絕對不准沾染。同時她常常和我講家庭困難的經過情形，鼓勵我向上，而於「吃不窮，用不窮，不會打算一世窮」的幾句話，講得尤多。在生活上，她確會打算的：我家只有薄田數畝，收入僅足自給，但她於秋收末糴米進來，將自己田裏的稻留下，待第二年青黃不接時再糶出去，於冬間再以山芋玉米之類為食。所以僅有的收入，卒可年有積蓄。我因為她管教過嚴，當時常常以離開她為樂，可是我數十年治事作人的基礎，卻都是在那時代建立的。

農村的環境大概是很天然而閒靜的；但是我的故鄉除去這二者以外，還有一種難於言語形容的優美。那門前流水，無晝無夜地沖著頑石，發出幽揚雄偉的歌聲，使人聽著，自然而然地感著自然的偉大，個人的渺小。不論有什麼苦悶，只要用心靜聽一會，便會心廣氣爽。而我家四周的果樹，種類極多，無論何時都可聞著花香鳥語。春天的桃花，夏天的李花，秋天的梨子，冬天的橘子尤其令人可愛。我幼年的生活除了夜間要睡在室內以外，白晝的光陰，最大部分是消磨在樹蔭之下、流水之旁。雖然母親不准我上樹，不准我泅水，但花香水聲我是可以儘量聞聽的。我數十年對於自然美的感受性特強，對於文藝的趣味特厚，那時的自然環境，未始不是一種很大的力量！

這是我四歲半以前的生活情形的簡述。

第二章　私塾生活

一、故鄉私塾

私塾是中國歷史上傳衍下來的東西，是中國社會經濟制度下面的產物。它的價值如何？它在教育上的效用如何？都留待後來去講。這裏只述我個人私塾生活的經驗。

甲午之戰而後，在京師以及交通的地方都有人提倡舉辦新式的學校；但是以我故鄉的閉塞，當然受不著這種潮流的影響；就是與國家存亡攸關的甲午之戰的一件大事，我們鄉下的老百姓，到現在還是不曾明白知道。他們當時乃至現在的唯一希望是在「聖明天子」的治下過太平日子，使他們的子弟有餘力讀書識字，乃至於得一官半職以「揚名聲顯父母」，那就是幸福無量。所以鄉村農人在職業上雖不一定需要讀書識字，而對於「士為四民之首」的傳說，卻有一種先天的認識。故無論何種小地方，只要有幾個孩子，有幾家能供給一個先生生活費的人家，便得共同醵金，集成一個學塾，延請一位先生來教讀。

我的故鄉，一共不過二三十戶人家，而且都是純粹的農人。那時能認得字寫得信的不過幾人，但他們對於子弟的讀書問題仍很重視。他們重視的原因很複雜：有的希望子弟能讀幾本《百家姓》、《千家詩》、《幼學瓊林》之類，便遇有帳目可以看看寫寫；有的希望子弟能讀幾本《包舉雜字》、《酬世錦囊》之類，便成人之後可作鄉紳；有的希望子弟能讀畢《四書》五經開筆作文章，可以應試得青一衿而躋入士林。總之他們情願把胼手胝足由血汗得來的金錢供給子弟去讀書，在他們的人生哲學和處世哲學上都是有根據的，而他們的目的也往往可以達到。所以未改行新教育制度以前，國家不曾有強迫教育的命令，地方不曾有強迫教育的辦法，然而呫嗶之聲，是「十室之邑」的地方都可以到處聽得見的。——我鄉那時有兩個蒙館，就是實例。

我鄉劉姓戶口較多，家資也較富。他們雖然立不起宗祠，但有一家自耕農，除了住屋外，還有藏稻的倉樓。劉家的蒙館，就常設在那倉樓上。另外一個蒙館，則是屬於雜姓的。我們雜姓的居民都是佃農，每日三餐——湖南通常每日吃三頓乾飯，與江南之以早點代早餐及四川以下午晚點代晚餐的習俗不同，故每日三餐是我故鄉的成語——都虞不給，當然無餘屋可以開私塾。好在當地人民對於菩薩是極崇信的，無論生活怎樣艱難，求神拜佛的費用絕不會節省，所以我鄉的末尾有兩所庵堂：一所在金山的山麓，俗名閣子庵堂，一所在我祖居的後面，名舒家庵堂。兩庵相去約一里許，但前者地面大，房屋寬，香火也很興盛，後者因為是一族一家——實際是一家——所獨有的，故只有三間小屋，除去供神像及備住持住居以外，再無餘地。故雜姓的蒙館，總是以閣子庵堂為塾址的。

我是光緒二十四年戊戌——一八九八——正月進私塾的，那是我的實足年齡還只有四歲零八個月。入學之早，為我故鄉從來所未有。所以能如此，則完全由於我母親的主張和力量。

我母對於我的教育理想是要養成一個讀書人的態度，同時要能入泮中舉以光大門楣。所以自幼即不許我過牧豎兒的生活。照我的年齡，在那個時代，無論如何，都不能進學塾。只因母親要送我讀「長書」，一切不良的預兆都得避免。適逢戊戌的次年，是一個閏年，鄉俗以為閏年開蒙是於科第不利的，如那年不入學，必得再延二年；母親以為這是對於我的時間荒廢得太多，故特別提早。

二、入學的第一天

第一天入學的情形，我現在不很記得清楚。只記得閣子庵和我家平行，同在劉家渡下截的末尾。但因一在東面的漵水之濱，一在西面的金山之麓，所以相去還有一里餘路程。而這一里餘的道路，又得經過幾道水溝，兩戶人家。讓四歲多的孩子單獨在水旁行走，固然不是家長們所放心，而道旁那兩家的狗又是有名的兇惡，無論什麼人走過，它們都狺狺然向之追逐，我更無法獨行。所以自第一日上學至中秋節，都是由祖父接送。

我鄉有句俗話叫做「男服學堂女服嫁」，意思是說：不論怎樣頑皮的男孩或女孩，只要送到學塾或嫁到婆家去，便會服服貼貼的；同時也表示學塾與婆家是兩個很有權威的地方而為男孩子與女孩所畏懼。可是我當幼時，非常願進學塾，而不願常在家中。這第一由於家庭沒有小朋友作伴，第二母親把我當作「小大人」管教過嚴。所以當祖父送我進學塾去的時候，我絕不感畏懼。我現在還能記得清楚的，是過了上元節——正月十五——之後，母親就替我預備新衣服、新鞋襪、新帽子，說要送我去讀書；我因父親不時於工作之餘，翻閱些小說雜誌之類，而從旁認得幾個字，遂以為讀書並不是難事，而有新衣服穿到反視為一種快事。所以母親夜間替我忙針黹時，我總是陪著她，催她從速製好。當上學的那一天，母親清早便把新衣服給我穿，並且預備一些酒菜備祖父送我到學塾去時帶去。早飯後，她一面忙著預備香燭獻祖先，一面忙著請祖父和父親引導我向祖先牌位行三跪九叩首禮。禮畢之後，並由父親指導我向祖父、祖母、叔父、叔母、姑母、長工——長工雖係雇工，但在生活上則每視為家庭之一員，此為我鄉通例——母親一一行叩首禮，母親復囑向父親行叩首禮。然後由祖父領導我出大門。當臨行時，所有的長者，都向我說吉利話，祝我「步步高升」，母親並燃鞭炮相送。那時我並不知他們的用意所在，不過我有一種很強的印象，就是「讀書人到底與人不同」。所以我那天特別歡喜，在路上一面跳躍，一面和祖父說個不清。

我到閣子庵的時候，那山門外的楊柳、山門裏的古柏、佛堂的神像、兩廊的尼姑，都好像和我很有淵源，而覺得親熱。走進左旁的客堂中，見著上面的壁上貼著一張長方紅紙，中間寫著一行黑字，底下擺著一張桌子，設有香案，燃著香燭。我覺得和我方才在家中所經過的情形相彷彿。不過旁邊還有一張桌子，擺著些書籍和筆墨，桌旁又坐著不認識的穿長衣的大人，此外並有幾張放著食盒的方桌，和家中的情形有些不同而已。祖父跨進門內，就向那「大人」招呼，把所帶的食盒放在桌上而引著我首向那紅紙行三跪九叩首禮，次向「大人」行叩首禮而命我稱他作先生，次命我向坐在先生旁邊的大人和孩子作揖，我都一一遵命。而禮畢之後，先生便稱讚我很好，並命我坐在他很近的一條櫈上，而詢我的年齡和在家裏做什麼事等等。坐了很久，別的家長陸續帶來的孩子們有了十幾個，然後由先生戴著沒有頂子的紅帽子——頂子要考試入泮的人才能戴，我那先生不曾進學——穿著馬褂，換過香燭，在前面引導我們一班孩子們再向那紅紙寫黑字的長條——孔子牌位——行三跪九叩首禮。禮畢之後，命我們向家長行叩首禮，家長們又命我們向先生行一跪三叩首禮，再由先生命我們就坐，他也就坐，並在桌上取一本書向我們宣讀——《論語》第一章——我們大家都屏息靜聽。沒有多久的時間，他先把書放下，起立向送我們的家長作揖，他們還他一揖之外，同時命我們向他作揖。然後由先生命我們出外遊戲，他們則把各人所帶的酒菜拿出來圍坐在一起陪著先生飲酒吃菜。

這一群孩子彼此有相識的，有不相識的，但大概都有一二個伴侶。只有我平日既不和隣兒往來，而且年齡又最小，當然是孤單單的。可是我在當時並不感寂寞；當初雖然不曾參加他們的活動，但看著他們那樣在園林中跑來跑去反很感興味，所以終於因為一個十餘歲的大孩子的一邀，而跟著他們跑了。

沒有多久，祖父和其餘的家長，都提著他們帶來的食盒出來，各把自己的孩子尋著帶回去吃午飯。當臨走時，我們一群孩子仍各向孔子牌位及先生一揖而別。在歸程上，祖父告我先生姓劉，並問我「學塾好嗎？」我則以為那裏有那樣多的同伴，和那麼寬的地方讓我們玩，比孤寂寂地在家裏好得多。不過一天要叩那麼多的頭實在是一件煩難的事情。祖父回家後，在午餐席上把我在學塾的種種行動和先生稱讚我的話和問我的情形，一一詳告祖母們，大家都很歡喜，母親尤其高興，特別煮一個鷄蛋給我吃。並且告我，以後只要書讀得好，每天都可以吃一個鷄蛋，父親則告我以後只要上學去和散學回家時向祖父祖母和母親們作一個揖，到學堂向先師和先生作一個揖就行了，不必天天要叩那麼多的頭。

三、私塾課程

第二日清早，母親仍舊把新衣服給我穿；早飯後，由祖父扛一張我在家中常用的小木桌和小竹椅，送我到學塾去。據他說：庵堂裏只有大方桌和高板櫈，我太小了，坐不上去，所以特地由家裏扛著小的桌子和椅子去。我離家之前，母親要我向長輩們行禮，到學塾後，祖父要我向先師和先生行禮我都一一遵辦。祖父與先生商量把扛去的桌椅安放在先生書桌的旁邊，再和先生說幾句話，便回去了。

我到學塾的時候，已有幾個年紀大的孩子先在那裏，圍坐在兩三張八仙桌旁，翻開書在那裏高聲朗誦。我是第一次進學塾，當然是無書可讀。但據先生說：我家要把我送長書，所以不和其他學生一樣地從《百家姓》、《千字文》讀起，應先讀《四書》。不過上大人孔乙己的紅本終得要讀。所以第一天的正式功課，便是先生親筆所寫的上大人孔乙己的紅本。先生開首教我四句，我因為在家裏曾認得幾個字，所以並不覺得什麼困難，不一會就記得了。等到中午祖父送午飯來問我讀些什麼，我便背給他聽，先生在旁邊反吃一驚，以為這真了不得。下午又教我四句，我也於散夜學時一同背給先生聽；先生指著字問我，我並一一告他。他忽要我站著不動，提起紅筆向我額上畫一個紅圈。我倒反而奇怪得要哭；幸虧祖父在旁，說這是認字不錯，回去可以吃鹹蛋的證明。我乃跳躍隨祖父而出。到家，母親早已在門外等望，看見我頭上有紅圈，便大加稱讚，抱著我遍向家中的長者行禮。這夜全家的人員，都好像得著一種意外財產的一般，非常愉快。雖然因為鄉下不曾備得鹹蛋，但卻由祖母特煮兩個荷包鷄蛋以補償之，總算心滿意足了！

第三日便把上大人孔乙已的紅本讀畢，從第四日起始讀《論語》。日常的生活，總是早起和夜間在家裏溫習先生所教的書，由父親加以指導；早餐後由祖父送進學塾，中午他送午餐去，夜晚他又去接回來。他所走的路比我要多兩倍。但是有人說起：「祚清伯伯，你的福氣多好，每天總是為著孫兒讀書忙；」他總是帶著笑臉說：「那裏說得上福氣，不過怕善兒（我的乳名）怕狗，陪著他走走玩罷！」

這樣的生活是天天如此的，無星期日的定期休息，也無年節的放假調節，我也不想有休息的日子。有時候家裏因為親戚來家要我在家裏作陪，我反而哭著要進學塾。當時許多人都誇我是讀書種子；其實，不過是學塾的同伴和功課的不難在那一面引著我，而家庭的孤寂和母親的嚴格管理在這一面督促我使我避難趨易罷了。

到了清明節的一日，各家長們又一起在學塾聚集，並且各帶許多酒菜去。我們那天雖然在學塾，但是都不讀書。先生則忙於招待家長們，而家長們又於與先生作寒暄之後，避開先生，在對面的一間房間商議各人應擔任的學費；於議定之後，一一寫於紅紙上，舉一長者由袖中交給先生，並且向之說幾句祝語，然後再將各人所帶及先生所備的酒菜放在桌上，一一入座共飲，學生們也在旁吃飯。這叫做「議學」，即由學生的父兄們酌量各人的家之有無，以為分擔學費的標準；將數目派定，書之於冊，交於先生，再按端午中秋兩節分交先生，以為其家庭生活之資。至於先生個人在學塾的生活，照例是各東家——學生的父兄——分別按月供以油、鹽、柴、米及葷蔬菜等等。先生不必為個人生活破費，且可稍有餘剩以供家庭或親戚朋友的需要。

我的家庭在當時的鄉下也可過去。但因為我的年齡太小，在邀學的東家——為首邀集學生聘請先生的人——和先生都不把我當作一個正角，所以我的學費和供養——東家供給先生之油鹽柴米等日用品稱供養——都特別輕。後來據母親說，當時只費了她三個半天的功夫，到秋末的棉田裏摘野棉花，就把我千二百文一年的學費換得了；所有的供養，不過是端午和中秋送了先生兩隻肥母鷄和平時送了幾十個鷄蛋而已。

端午和中秋，照例要放假一天，同學們都很歡喜。因為平常除了先生生病或有事回家以外，總是天天有讀生書、寫字、背書等例行工作，而先生小病或偶然回家，總不預先告知，學生們仍得照常到校，就是工作減少，但也不放心去玩。只有這兩個節日是明白知道的，可以在家裏大玩一天。所以大的同學，未到端午和中秋以前，老早就在那裏盼望。在我的年齡上當然懂不得這些，但我對於假期並沒有什麼好感，而且覺得學塾比家裏好玩，就是節氣到來，我仍然要求祖父送我到學塾去。母親以為我不能離開先生，便於節日請先生到家吃飯——每家每年總得要請先生一兩次謝先生教導之勞，同時由家長詢問孩子們的成績，並付托以種種事情，如從嚴管教之類——實則我是感於家庭的寂寞而要去學塾去找伴侶，於先生並無何種重大關係。

私塾的通例每年從元宵後一、二日開學——開學的日子要從曆書上揀選黃道吉日，所以遲早不一——十月中旬散學。先生的一年契約就在此時終止。如冬季仍要續教則須續約，叫做「冬學」。凡冬學所新請或續請之先生，第二年一定要繼續下去，學生上冬學的第二年也得繼續。教我們的劉先生，因為第二年要到別處去，所以我們「冬學」不能繼續請他。同學們大多數都轉到劉家私塾去。母親初以怕我冬天受冷，不讓我轉學，要父親於農隙時替我溫課，後以我的堅求終於轉到劉家私塾去作學生了。

私塾唯一的功課是讀書，讀書的唯一要義是背誦；不講解，更不綴句。可是我當時的記憶力特別好，竟能在八、九個月中把《論語》第一本讀完，而且都能背得出。劉家私塾的黃先生，早就知道我能背書，我入學的第一天，就揀著〈八佾〉章要我背，背完之後，特別嘉獎，下午放學的時候，額上也得一個吃鹽蛋的紅圈。這樣一來，家長們固然個個都歡喜無量，而下劉家渡的全鄉都把我看作神童，而有好幾處人家要謀我作女壻。終於在六歲的一年由母親定了姜姓的女兒與我作妻，並且於我七歲時迎接過門了。

四、胡氏家館

我在劉家私塾讀了兩年，《四書》便已讀完。母親因為黃先生未曾入泮，對於我將來的前途恐怕有妨礙，所以又改送到中劉家渡的胡家私塾。那裏的先生姓胡，名求馥，字香泉，他是「秀才」，是我全鄉唯一有功名的人。他在家鄉教書多年，照例是不收蒙童的。只因他與祖父在髫年時代有相當的交誼，而且認過同年，所以也就收了。入學以後，一面讀《詩經》，一面講《四書》。我於背書之外，又知道講書，對於學塾的趣味更為濃厚。那學塾離我家有三里多，沿河而上，要經過兩個村落。為怕狗的兇暴，開首尚由祖父或父親伴送；後來因為路途太遠，他們沒有許多時間陪我，我便一手攜著飯筐——內盛午飯——一手執著竹杖，與狗作防禦戰，結果居然為我戰勝了。不過母親終不放心，所以讀過兩年將《詩經》讀完《論語》講畢的時候，又送我到龍王江本家的私塾去。

在胡氏私塾除讀書之外，還學了一種江湖玩藝：胡先生本知醫，常為人治病，但他患腳腫，自己屢治不癒。偶然遇著一位走江湖的郎中把他的病用符咒針灸和刀圭治癒。這位郎中是曾經讀過四子書應過試的，醫卜星相，無所不知。他們談論之下成為知己，他常住胡先生那裏，一面行醫，一面替他管教學生。他嗜鴉片而無多錢去購，常用「掩眼法」剪著紙人兒差出去向別人家中偷烟：結果非常圓滿。不過他這方法，是永遠祕不告人的。但我們對於他的多才多藝非常欽佩，常常向他學這樣那樣，而實際上他一樣都不肯告人。最後當他臨去的前兩個月，因為他特別看重我，竟把他自以為最靈的「水藥」教我。所謂「水藥」者，是用符咒練水，遇有跌打損傷即可用法水治癒，而不假藥力。我當時曾照著他的方法，練過七七四十九天，並且用刀劃破舌頭試驗過，只因不曾正式治過病，它的效力究竟如何，至今還在模糊影響之中。可是自此而後，看了一些醫卜星相的書，腦中裝滿著江湖義俠的思想。二十歲結婚後為著家庭問題，敢於隻身遠遊，這種先入之見，倒是一種幫助。

五、龍王江

龍王江離我家十餘里，以我那樣幼小的年齡在理本不能去。只因為先生是一位族叔名舒建元，他與我父親的交情很厚，他的夫人和我母親的交情也很厚，所以就把我寄居在他的家中。我在那裏讀了兩年，雖然把《書經》讀完，但是講解很少；雖然於第二年開筆作破題——八股文之首兩句——和應制詩的首聯，但成績很少。不過在這期間有一件很重要的事情要說的，就是我的解除婚約與再定婚。

姜家的女兒是我七歲時過門到我家，她的年齡，大概比我大兩三歲，她家離我家不過半里多，她的相貌，我現在已記不清楚，不過據母親說是很好看。但不知什麼原故，我非常之不歡喜她，好似有夙仇地一般，她替我作任何事件我都不要她作，而且常常要欺侮她，常常弄得她哭。經過了兩年多，越鬧越凶，母親對我素為嚴厲，無論什麼事，總是「令出惟行」，但我對於她的種種舉動，母親竟無法制止。我要去龍王江讀書乃是我對她一種最後的決絕的表示。我家和她家家長們看得這種情形，都覺得前途非福，而她自己也有不堪其苦之感，卒於我去龍王江之後由兩方家長們協議解除婚約，把她接回去另行字人。

我去龍王江的第一年在舒家私塾讀書，離我那時未婚妻之家的大門坡有三四里，第二年因學生過多，移校於離她家不一里的后溪壠迴龍閣庵堂，她現在已故的胞弟賀才作與我同學。他比我長一歲，學歷卻比我少五年。但我們一見如故，非常要好，他有不懂的地方總是我教他。可是他的家裏我不曾去過。但他的姨母家就在我家的近旁，第二年的正月，他同他母親和姐姐到姨母家拜年，我們因是同學常相往來，而時時與他姊弟在一起，一共玩了十多日，母親們看出了種種情形，竟把我倆的婚姻定了。而我的一生以至於「我和教育」的種種，也由她們代定了大部分。

此外還有兩件事也應得說及的：

第一是大家庭生活的陶冶：我去龍王江的第一年是寄居在族叔兼教師的舒建元先生家中。他家上有祖父、父母、叔父母，中有姊妹兄弟十餘人，下有兒女姪輩十餘人，幫工十餘人，全家共有五十餘人。雖然葷菜、零用是按照兩大房的人口單位各立門戶，但飯和蔬菜都是從一鍋出來的。形式上固然是一脈相承的四世同居，實質上除了幾個成年的在大系統之下，略過他們小範圍的小家庭生活以外，其餘未成年的人，男男女女，都混在一起過日子，也很能表現幾世同居的氣象。這樣大的家庭，組成的分子又很複雜，自然不能說沒有勃谿，但在「孝的宗教」之下，兄弟間在形式上總是很和睦的，下面的妯娌們和孩子們縱有什麼不相投的地方，也不能盡情顯露，而況我那時年齡很小，對於人生裏面的險詐當然無從領悟。我所感到的，只是那裏有許多親愛的同伴，有許多關心的長者——他們一半是真心，一半是客氣，但對於我幼小的心的影響則是一樣的——我覺得這個世界富有熱力，能溫暖我的童心，能培育我的熱情：我當時雖不曾對於我家庭的孤寂與冷淡有顯明的反感，但我非常歡喜它的熱鬧，非常愛好它的自由。我在家裏最想作而不能作的牧牛、耕田、捕魚、打獵、砍柴等等活動，在那裏不獨可以自由去參加，而且有最可愛的同伴陪著我、指導我去作。故我每到下午散學之後，總是同著伴侶，去山間叢林採野果、野菜、野菌，或去溪流亂石中尋魚、尋蝦、尋蟹以為晚飯的特別添菜。在我幼小的心靈上，林間水中的種種自由活動，已給我以無限的歡樂，而採尋有得，攜回家中，一般長者所給與的讚許，更予我以無限的鼓勵。所以有時竟在東方未明之前或者日落西山之後，留在山間水中工作而使那位族叔母特別擔心，每每以送我回家為恐嚇的制止。可是我在那裏，已視為最樂的樂土，願永遠在那裏過日子。有時為著年節的關係，也不得不回家去，但到了家中，總是如坐針氈、坐立不安。不一二日便得設法轉去。在這樣的現象中，我曾博得父母、祖父母以及鄉里長者的許多稱讚，將我當作天亶聰明的孩子看待。不知我當時之所以如此如彼，完全是為的好群的本性與自由的想念兩件動力所引誘所支配！

第二件是自然與社會環境的影響：我的故鄉占有山水林泉之勝，風景已是難得。但是在溆浦全縣中還要稱作平地。這就是說：四週雖有重重疊疊的山脈圍著，然而峯巒並不怎樣高，山上雖有鬱鬱蒼蒼的樹林，然而林木並不怎樣深；就是溪流，也不十分險峻，可以行船，峽石也不十分巉巖，可以行人。這樣的平地，自然可以使人陶醉，使人豔羨。可是在山裏的人看來，實在是太平凡、太尋常了。所以我初到龍王江讀書的時候，凡是關於上山爬嶺的活動，每每為同伴們瞧不起，而不許我參與。所幸我的天性好動好勝，絕不因他人之輕視而自餒、且更因之而自奮，所以不久以後，便為同伴同學們視為同志了！

第一年的校址，是在龍王江的村口上。那裏只有三間正屋，一間廚房和雜房，是族人專建為學塾之用的。它前面是上通凶坳后溪壠、下通高門溪的大道。舒姓數十家就在橋那邊聚族而居。它左臨后溪壠的溪水，上有木橋溝通大道，右邊數十步便是龍王江。江邊的沙洲，和我故鄉的情形相彷彿，只不過不是沃野，不能種樹而已；而江頭的石山高出水面數十丈，下跨著不見底的碧綠深潭，——名廟潭——上有不知年代的大樹數株；在古木之中，並有一座雄偉宏壯的龍王廟可以作休憩聚會之所；廟下有一座研穀的研子，終日有流水冲著輪子，在那裏替全龍王江的人把穀研成米供他們作飯吃；則非我故鄉所有。更難得的，是江上有一座木橋，可以讓我們於先生有事或課餘之後，自由從江這邊走到那邊，看看那邊幾家小都市的客棧、雜貨店，和那些從寶慶挑燒紙——作紙錢用的紙——的客人。

我所寄居的人家，離學堂有三里多路，從學堂放學回去，係從校門沿著溪邊的小道上去，走過一里多路的地方，有一個水車在那裏藉流水的力量冲著車輪把一段一段的楓樹在石頭上磨香粉——把木料磨成的粉用方五寸的模型包好晒乾後、挑到城裏售給人家作神香的材料，故叫香粉——這水車叫香餅車，是當地人民的一種產業。這種車輪是藉高丈餘的直流水的力量冲動的，它的聲音大而有節奏。我每走過這地方總得停步靜聽它自然的音樂和觀察那律動的輪轉。再走幾十步過一座小石橋，便是山麓。從這山麓由松林中上行一里多便到我寄居的地方。我初去的時候，那位族叔母怕我不能走路，午飯總是差人送。後來我覺得那香餅車的音樂之美，和那松林中的幽靜之美，竟不是我一天兩次的欣賞所能滿足，遂於一個月後，連午飯也自己回去吃。這樣地每日來回四次，至少要走十四五里的路，我對於自然固然多了許多親近的機會，我的身體的健康也受賜不少。

六、迴龍閣

第二年移到后溪壠迴龍閣，那自然所給與我的影響更大。龍王江自然是山地，但還有一塊方二、三里的平原，而且前面有可以行舟的漵水支流。站在學塾前後一望，總可有數百丈寬的眼界，還可看見一片整齊的田壠。迴龍閣則建在山谷之中的一個小丘上：它的四周都為山巒緊緊地圍著，雖然在道路旁也有田壠，但最大的田土，總不會有二三畝以上的面積。可是磨楓樹的香餅車和研穀的研子，卻是前後都有。這裏的戶口不過二十餘家，都是以「山財」為生活的源泉。他們種茶葉、種甘蓼、種玉蜀黍、種茶油樹、種山藷、種辣椒、植林；除了岩石劃作不毛之地外，凡是可以種植的土地，不論是山峯、山·，都是生產的場所。他們的稻田雖然極少，但玉蜀黍與山藷可以代米，所謂食的根本問題在他們是不生什麼問題的。至於衣的布疋，他們有剩餘的茶油，和甘蓼、茶葉等可以交換。住則自己山上有材木，而且大半會建築，只要將可用為建築的杉樹砍下，把樹皮剝下當瓦，再加一點鋸鑿之力，一座簡單而實用的住宅便已成功；所以住，在他們也是無問題的。至於行，他們有強健的腳力，有充分的時間，爬山上嶺，固然是家常便飯；而且，他們與外界往來極少，除了為換鹽與換布每若干日要由鄉間派人挑點木柴、帶點茶葉到市上去以外，平常是無此需要的；那些甘蓼和玉蜀黍等等如有多量的生產時，城裏的商人自然為著生意上的利益要跑上門來講交易，更是用不著出去。總而言之，現在鬧翻世界的衣食住行的大問題，在他們都不成為問題，或者至少不成什麼重大的問題。

他們過的是很自然的生活，雖然不能斷定他們之間沒有詐欺，但他們所受的經濟壓迫絕不如現代都市人民所受的大；那種壓迫的方法更不是他們所能夢想得到。他們在生存上，既無須為劇烈的競爭，他們的天真也得多保存了許多。譬如我們那些學生，十三人之中有十一人是從外鄉來的，但他們對於大家都是一樣地看待：我們雖然帶葷菜而由火伕種蔬菜，但蔬菜下種之後，要經過長久的時間，方能採食。在這青黃不接的時期中，蔬菜非仰賴他人供給不可。他們知道我們這種情形之後，常是輪流而且爭先地揀著他們肥且美的蔬菜送來，並且要請先生轉囑我們去採。倘若我們缺著一件什麼東西，要向他們家中去借用時，他們不僅歡欣地交給我們，且要看作有很大的光榮。他們對於先生尤其重視：每到年節，大家都要請他去吃飯，平常到了吃過夜飯的時候，先生的房間或者佛堂的天井中總是坐著許多本鄉的老人和少年，圍著先生聽他講《說唐》、講《水滸》、講《三國演義》、講《包公案》、講《蕩寇志》以及其他的種種故事。平常遇著鄉間有什麼重大的事件和爭執，總是請先生代為解決，就是日常的婚喪喜慶，也得請先生選擇日子，且作上賓。在這種種情形之下，先生不獨是全鄉的領袖，而且作了日常事務的顧問。所以一鄉有了一個私塾，那鄉間的人民都無形中感到一種光榮；而學塾與人民之間，不獨無後來學校與人民的隔閡或仇視，且成為彼此不可分離的友誼。現在回憶起來，那時的情景，真所謂三代以上的羲皇上人了！

那裏的人民雖然不多，但社會活動的範圍並不怎樣窄狹，其現象也不怎樣單純。因為每逢觀音或雷祖菩薩等等的生日，四鄉的男女老少，每每成群結隊來燒香，我們照例放假去替住持作招待客人、收拾香燭、抄錄籤句的種種事情。而每年一度的秋收大戲，更予我們以直接參與社會生活的機會。這樣的大戲是專門有所謂「本家」的，即富而風流的紳士或少年，集合若干能唱戲的人員，組織流動的戲班，到處受個人或團體之雇請，於一定的時期中，為之演戲。秋收大戲照例是由一鄉一村或數鄉數村醵資合演的，正目的為酬答神恩，副目的為聊資娛樂，但實際上則往往反副為正，而以娛樂為主體，酬神為形式：所以每當秋末冬初演唱大戲的時候，各地住民，常常不問男女老幼盡室以行。因此集合的人特別多；就是我們的學塾，也每日下半天都放假。而社會上的種種人物，種種現象也可由戲場中一一看到。譬如說：茶館和麵館，除了到過縣城裏或趕過大場——鄉俗每隔十餘二十里之地有市場一所，每五日為互市之期，輪流周轉，鄉人之要購買貨品或出售產物者均於此行之；叫做趕場——的人，是不容易見到的，有大戲便可見到；鄉下少女平時更不容易出來，有大戲時，大概都得盛妝而出；此外如酗酒、爭風的種種事情，也都是大戲場中所不免的。至於由戲中表演出的桃園結義的義氣，武松打虎的勇氣，和孔明的足智多謀，秦檜的奸惡凶狠，都足使純樸鄉人的心坎中印上一種強而活的烙痕。我們幼弱的心靈，對於這些當然是更感興趣而有更強更深的印象了。

迴龍閣的自然環境更給我以很大的影響：龍王江雖屬山地，但塾址所在地仍為通衢，每日有不少的行人往來經過，常常影響及於我們的恬靜；而江湖派的送字先生，更不時來擾亂我們的工作。迴龍閣深居山中，上面的種種塵囂，自然無緣和我們相值，而那茂密的叢林和清澈的流泉，更給予我以身體上精神上無限的滋養料。這庵堂的後殿、大殿和山門建在一座小崗上，故從前面去要走二、三十級石階，石階的下面，是一塊廣數畝的菜園，四周都是很古的松樹。

由菜園向左走十餘步便是后溪壠的溪流。這溪流不知從何處發源，但從它的水量看來，可以斷定它底源頭最多亦不過十里、二十里地。因為平常只是寬三、四尺深一、二尺的泉水，圍繞著庵堂從東向西流去。我們只要堆幾塊石頭在水中，便可由這邊跨步達到彼岸。可是這溪水對於我們的效用很大：日常的洗濯與飲料固然取給於它，而從春末到冬初，它更成了我們的重要的遊戲場：因為它水不深，流不急，無論什麼人，去翫弄它都不會發生什麼危險，所以每當夕陽將下之時，我們總是結伴去那裏搬石頭、捉魚蝦，夏天更常常把它當作天然的游泳池，在那裏游水乘涼，我對於水和魚自幼就感奇趣，但故鄉屋前的河流過大，常有不可測的危險，而不能盡情去弄；屋後的水溝常不時乾涸，又不容我盡情去弄；龍王江私塾旁邊的水也因為過大與缺少伴侶而不能如我的意。只有這裏的水既晶瑩清澈，又溫柔皎潔，能滌我的垢、洗我的心，最使我滿意。所以我在那裏一年，除了大雨之後，溪水汎濫漲滿兩岸逼得我不敢嘗試而外，總是當作必修的功課，每日一定要去親近幾小時。而我後來每間若干日不看見水便感不安的習慣也在那時值下了根基。

迴龍閣除了後殿、大殿山門之外，還有客房。這些客房是圍著後殿、大殿三面的，一共有二、三十間。因為崗基為大殿占去，所以客房都是弔腳樓——以懸柱作基，使上面之地板與其他地板平行叫弔腳樓——客房的四周又都圍著很深的叢林；每當東方將明的時候，那清沁臟腑的山氣便和在樹上棲著將醒未醒的鳥聲襲人而來，使住在這些客房中的孩子們都感著無限的愉快，跳躍著爭先恐後地起床，更於朝霞映上樹尖的時候，爭先恐後地唸書；而當夕陽將下，暮靄冪籠著全山的瞬間的清爽山氣，又襲人而來，我們的書聲也更與倦飛而還的鳥聲相唱和了。這樣的日課，是我們最愉快最自然的工作，不要先生督促，更不要家庭約束。把它和現在的學校生活相較，其相去真不可以道里計了。

此外，那叢林占地數畝，有參天的松柏，有長綠的修竹；更有不知名的喬木與野草。每當春暖風和的時候，百花怒放，百鳥啘囀，我們一些天真的孩子們都為這花香和鳥語所陶醉，而每於午餐後效宰我之晝寢。先生雖為孔子之徒，但對於我們這些宰我尚不以朽木相譏，有時且和我們同樣地夢見周公；且於日暉從西邊斜射到我們書桌上的時候，常率我們去林中採菌採筍，以為佐餐之資。在那裏我們不獨不畏先生，且視之為我們真正的家長，而諸事信托他、依賴他。我們的生活，儼然是一個家庭：先生是家長，我們同學是兄弟，一切都很和睦而自然。我在那裏，不獨感到家庭式的學塾生活為我所必需，且感到自然環境的不可離。我雖然也覺得那裏沒有桃、李、梨、橘等等果木看不如我故鄉的地方，但竹筍和栗子則遠非我故鄉所能及。而最使我醉心的，是可於搬石捕魚的流泉中，聽得黃鶯的歌唱，聞得山茶的花香。所以自元宵上學而後，清明、端午、中秋的三大節家中遣人來接，都不願意回去。在那裏十個月的生活，使我於無形之中認識了自然的優美，同時擴充了社會的見聞。論進步在文字方面雖然不及前幾年，但在生活的意義的方面，則遠非前幾年所能及。我在私塾的生活，也可以說我學生生活的全部，要以那十個月為黃金時代了。

我於那年十一月初返家，原因是我那位族叔的先生，要自己預備考試，不願意再教蒙館，致誤他的前程。同時又找不著繼任的，於是我們的學塾只好解散，我們同學也只好東西分飛。當我們分別的時候，大家都有依戀不捨之感，而我與賀才作更至互相哭泣；我則於先生朋友的傷別而外更捨不得那迴龍閣的山水和叢林至欲長居其中。可是幼弱的願望，終於敵不過命運的支配，十月的某日，終於在哭泣中同著父親走上歸家之途了！這次使我最傷心的是我與才作的生離竟成了死別——他於翌年因病棄我而逝了。我於他死後之第三月，由學塾歸來，方由母親告知他死的消息，我聞言未竟即號啕大哭，而且終日不食。孩子的心竟有如此的感動，實因他是我那時唯一的知己、唯一的良伴！

七、八股文和應制詩

我在迴龍閣還受過幾個月制藝訓練。

我家送我讀書的目的，本在求青一衿以揚名聲顯父母，我在迴龍閣就學時雖然是清光緒三十年（一九〇四），清廷已有廢科舉之議，但其影響是不能及於邊僻的鄉村的，所以我在那裏從族叔舒建元先生學習「開筆」時，仍是習八股文和應制詩。

八股文在中國的科舉場中有了幾百年的歷史，一稱「制義」或「時文」，又稱「《四書》文」。據梁傑的《四書文源流考》說：「南宋楊誠齋、汪六安諸人為之椎輪，文文山居然具體。」在宋時不過是論文的變體，到元仁宗定科舉考試法，於是王充耘始造八比法，名曰書義衿式；明初又重定體式，至憲宗更以功令規定文字之字數。文中有破題、承題、起講、提比、虛比、中比、後比、大結八大股，故名之曰八股。破題兩句，道破全題要義；承題伸明破題之義；起講又名原起，為一篇開講之處；提比又名提股，為起講後入手之處；虛比又名虛股，承提比之後；中比又名中股，為全篇的中堅；後比又名後股，暢發中股未盡之義；大結為一篇之總結。全篇字數清順治定為四百五十字，康熙改為五百，後又改為六百。明清均以此取士。

八股文注重章法與格調，在文學史上自有其價值，但在教育上則桎梏人性，可稱無以復加；因為文章的格局與字數以及題目（通常以《四書》為限）均有限制，而且要作古人口氣，代古人立言，學者不能自由發揮，縱有長才，亦在章法與格調之中銷磨淨盡。我當時就學的目的既然是「應制」，對於這敲門磚的工具，當然要學習。所以在迴龍閣除去熟讀《四書》《五經》外，還要讀「時文」。「時文」的範本大概為「闈墨」之類。讀過若干篇「時文」之後，族叔便教我模倣它們的前兩句作破題。當時作過的什麼破題現在已記不清楚，不過總覺得太拘束，每每搜索枯腸，得不著兩句好句子而甚以為苦耳。

應試於八股文外，還要作詩，叫作應制詩。所謂應制，義為奉詔命而作，唐宋人詩文即有以應制標題者（唐上官儀有〈過舊宅應制詩〉，宋歐陽修有〈應制賞花釣魚詩〉），但體例較自由，明清之科場應制詩，則通常為五言律詩，排比要極工整，而且只許就題目字面描寫，不能發揮性靈，其受拘束與八股文同。因為詩中的詞句要講對仗，所以通常在作詩以前要先學「對對子」；即先令學者記熟若干對比的詞句，以便實行作詩時有現成詞句好用。我在迴龍閣時，族叔於夏日夜飯後乘涼時教我以「對對」。最初所學者大概為天對地，山對水，清風對明月，高山對流水等等習見詞句。經過一二個月，再出題教我們作第一聯的兩句詩。當時作過些什麼詩，現在也不記得了。但對對子中有一個故事，卻使至今猶能記憶。這故事述一好酒者於夜間至其友人家扣門求酒，友人出對子給他對。其談話如下：「誰——我；何往——特來；老兄好——小弟安；幾時回府——明日返舍；去、不敢屈留——來、定要叨擾；竈下無燈無火——廚中有酒有肴；為客貪杯，斷非君子——作東惜酒，定是小人；夜已深、不可傳杯弄盞——天未明、正好行令猜拳；咚咚咚、噹噹噹、三更三點——來來來、斟斟斟、一口一杯。」這種寶塔式的詞句，確易上口，而由此詞句描繪出來的種種，也與兒童生活經驗相近。所以我們當時都很有興趣，而每於無事時互相問答，所以記憶得很清楚。——這方法很能啟發兒童的思想，擴充兒童的詞彙，——第二年春我投入水東張浣泉先生的門牆，即棄八股文與應制詩而不作，對對的玩藝兒也不再過問。我一生受制藝的訓練只有在迴龍閣的幾個月，制藝訓練所遺留於我的，只有上述的那件故事。

八、商業經驗

從龍王江回家之後，因為是在冬初，不能得著適當的學塾繼續入學。適逢先一年，父親與叔父分居，父親即於那年與人合夥在高門溪開店。那店的資本共有若干，我當時和現在都不知道。但腦中有一個很強的印象，就是那片店是高門溪唯一的大字號。記得店面有五開間，營業的項目很多，有染坊、屠坊、藥坊、南貨種種。那時漵浦縣的幣制極其紊亂，凡屬商號都可以自己發行兌換券。其通行範圍的大小則以該商號的信用與資本為標準。我們的票子可以通行全縣，而且每每為人收藏著不肯用出。平時別家櫃上冷清清的，我們的二、三十店員總是有事可作。一遇五日的場期，則各店員從清早到夜深，都得不著休息，甚至於飯也忙得吃不著。我回家之後，偶然走去幾次，對於他們的忙碌生活很感趣味，而管帳又是大老板的謝先生。他看著我去，總要我去幫他算帳。我在第一年入學的冬天，曾從祖父學過珠算，所有加減乘除的方法，都在若干夜間習完，在算帳方面自以為是很有把握的，所以謝先生要我幫忙，我便欣然允諾。他最初不過是一種客氣，後來看見我算得不錯，便切實交許多帳讓我去復；並且告我以種種記帳結帳的方式，同時和父親商量要我住在店裏正式給他作助手。我在那裏住了兩個多月，卻從實際生活中學得許多應用的舊式簿記與商業常識的知識。這兩個多月中的實際教育建立了我對於商業的興趣，其成績也許不亞於進幾年商業學校。

光緒三十一年乙巳即公歷一九〇五年，我已十一歲半。那年正月，父親與謝先生不知為了什麼原故拆夥，與族叔某另建商號；父親與祖父、祖母都要我替父親管理帳務，我自己初亦無所可否。獨有母親絕對不許，她以為商人雖可營利，但是他的地位居於四民之末，就是有錢也不值得人羨慕；在事實上，我家那時的境況，並不需要孳孳為利地去賺錢；而況由錙銖計較所得來的錢，未見得一定可以多過高官厚祿。所以她情願店不開，絕不要我棄學就商。母親在我家是素有權威的，因為她的堅決主張，父親們也都沒有話說。可是送到什麼地方去讀書，卻成為一個大費商量的問題了。

九、張氏學塾

我鄉雖有學塾三、四處，但都是些蒙館，教師也都是些認字先生，根本上不能容我這開講開筆——即講書作文——的學生。胡家學塾的胡先生雖然自己也是一位秀才，但他教了十幾年書，卻不曾教成一個秀才的學生。母親送我讀書的目的在光宗耀祖，為著「恐誤前程」的觀念所驅策，當然不願再送到他那裏去。四處尋訪，只有離我鄉下十餘里的水東地方，有一位最有名的張浣泉先生。他自己雖然也是一位秀才，但他的學生有幾名廩生，有多少名的秀才：所以母親認為最合適。但是張先生素日不收初開筆的學生，而且學費也很貴，地方又很遠而無人照料。所以當母親決定要送我去的時候，家中對此數事頗有議論。結果在學費方面，母親絕不計較，情願把自己的「私房」——私蓄之財物也——拿去繳納，我自己則自信可以自了一切，無須人照料。而張先生經人一說之後，也允我入學。於是過了元宵之後，我又隨祖父所肩的一挑行李向水東的張氏宗祠作學生去了。

水東是方十數里的一塊平原，溆水正流從其西面經過，所以地名水東——在溆水之東——分上下兩鄉共數百戶，都屬張姓。水濱有沙地數百畝，中有草棚數百座，專備每月一、六——初一、十一、二十一，及初六、十六、二十六等日——場期互市之用，平時總是空無一人。沙地之涯為街市，有商店數十家，經營日用商品，備鄉內及過道者購買。我們的學塾張氏宗祠，在上水東的中間，離街市約半里，離鄉村亦數百步，是一座孤立的建築物。因為它孤立比較寂靜的原故，所以它作了學塾的塾址已數十年——我們的張先生也是在那裏作學生出身的。

我到塾時正是上午講書的期間。我們從正門的戲台下面走過天井看見兩旁廂房的樓下有幾個小灶，旁邊有一張方桌，擺著許多油鹽罐和飯盞之類。祖父告我：這是這些大學生自己「開火」——自炊飲食——的家具，走進正廳，見左邊一張書案，旁邊坐著一位年約五十、鬚髮斑白的老者，桌上擺著硃筆、戒尺、筆硯等等，正在那裏看著一本書大聲向圍坐在旁邊的十幾個少年講解，知道他是先生，其餘的是同學了。我們輕輕地走進去，站立在旁邊靜聽，既不敢向先生為禮，也不敢向他人詢問。先生看見我們進去之後，只向祖父略點一點頭，指著他對面的一張長櫈輕說聲「請坐」，仍舊講書。我們一直等他講畢之後，然後由祖父告以來意及我的名字。他略問我的學業經過，即囑祖父將攜去的香燭放在正中的先師牌位前點燃，領導我向之行三跪九叩禮。禮畢，我按照習慣向他和同學一一行禮畢，然後由他指定一年長的同學，帶我到間壁的廂房住下。祖父向先生把我囑托並向我叮嚀種種尊師勤學的話而後依依不捨地回去：從此我又踏入一個新世界了。

我那時在三十餘同學中，年齡最小。在張先生的門牆中，從來沒有這樣小的學生。我初去的時候，很為他們所注意：年長的跑來調查成績，年輕的從旁加以訕笑。我們的伙食是數人一組分開辦的，組員都是先前自由集合的。每組公雇伙伕一人，或者自己輪流任炊爨之事；但無論人炊自炊，菜總得自己去作。我是一個新學生，而且去得比較的遲，當然不能作自由的組員。先生知其然，乃指定我加入年長而人多的一組裏。這些同學，因為我的生疏，故意和我開玩笑：常常要我指揮伙伕燒飯，同時並要我替他們作菜。我從前都是吃現成飯的，當然不知油鹽柴米的用法；就是在迴龍閣的一年，也是完全由伙伕和先生包辦，雖然有時也幫著洗洗菜、燒燒火，但對於油鹽柴米的使用絕對不能自動。這當前的實際問題，倒給我以不少的困難。然而事實既經如此，我並不自餒，一面請伙伕作導師，一面本自己的心裁，經過若干次試誤法之後，居然可以獨立調味，博得同學的稱讚；而我的烹飪的功課，也就在短期的嘗試之中畢業了。

在這裏讀書兩年，除了烹飪的實際知識以外，環境所給我的影響很不少：第一是「大學生」（即應試或有資格應試之學生）的風度，它把我愛好自然的習慣，更加以浪漫化，使我於優遊自得翩然自喜之餘敢於在半夜中加入「學生賊團」中踰牆偷別人家的鵝——在當時學生偷菜，俗所不禁；主人縱發覺，最多把髒物取去，不能加以責備；有時並明白告人以當於某日某時要偷某家某物：這種風氣在當時所謂大學塾和書院中很通行，先生明知而不加禁止；不知是何來歷——而逐漸躍為同學中的翹楚。第二是「平地」的景物，擴充了我的眼界；知道叢林流泉之外，還有似海的綠茵，如畫的麥隴。第三是社會生活的複雜，使我於「五日一集」之交易場上，看見我前所未見的種種人物、種種物品，無形之中增加我不少的社會知識。第四是孤獨的旅途，使我在隻身往返於學塾家庭之間，越山渡河，增長我不少的歷練。至於書本的知識方面受益更多：我在迴龍閣雖曾開筆作「破題」、「對對」，作應制試詩首聯，但是詩是什麼，八股是什麼，都無半點明確的觀念。張先生到底是大先生，他的知識到底和常人不同。我入學的第三天，他便告我以八股是無用之物，以後不必再作；應制詩是無病呻吟的空話，以後也不要作。同時給我以當時最流行的張之洞所著的《論說入門》和選集《新民叢報》中的論文要我讀；在詩的方面，更選唐詩中之李、杜、古風及絕句作範本；而第一次給我作文的題目便是「立志說」，詩題是「即景」。更難得的是他於每日上午講《四書》或《五經》下午講《了凡綱鑑》，不獨按照句字地講，而且要比論時事，要提出問題。我驟居其中，真是喜得心花怒放，覺得這些都是我所要學所當學的。讀過若干篇《新民叢報》之後，更感到「男兒立志當如斯」，所謂安邦定國的經濟才，修身齊家的人格力，一定可以從這些功課中求得。所以興趣特厚，用功特勤。不一年功夫，居然能作千數百字的策論文章，十餘聯的古風。先生對於我也特加鼓勵，有時每把我的詩文發貼——即露佈校中，使大家見而勵——而我在這兩年中所最得益而使一生受用不盡的是聽他講完了一部《四書》一部《了凡綱鑑》，作成了十幾本筆記。至於詩文的修養還在其次。

第三章　書院生活

一、鄜梁書院

溆浦縣在那時把全縣分作七都——現在叫區——每都轄若干鄉，由各鄉醵資共建一座書院，為本都學子的最高教育機關。我的生長地屬二都；二都週五十餘里，共有十餘鄉，鄉之最大者為水東和溪口。溪口與水東毗連，人口與富厚二鄉相埒，文風之盛，亦以二鄉為最。每三年考試一次的全縣附生額五十人，二都可占十餘人，而此十餘人又十分之九以上是屬於此二鄉的。所以二都書院的學生，也最大部分是這兩鄉的子弟。他鄉子弟之入書院者，大都看作例外。

這兩鄉的富厚與文風既然為全都之冠，對於書院經濟上的擔負，當然也較他鄉為多，根據經濟勢力的原則，書院的院址自然以便於此二鄉的子弟為本位。所以我們公共的鄜梁書院也建立在離溪口很近的蝦蟆潭的山林中，而離我家有二十里之遙了。

書院的學生一定要能自動求學，書院的山長，除了改課卷講經文之外，絕不教章句。而入學的時候，又得經過相當的考試。所以進書院是比較進私塾困難，而每每被視為一種光榮的事情。以我的年齡和學歷，在一般人乃至於我的家長和我自已都不曾作入書院之想。但清光緒三十三年丁未即公歷一九〇七年春天，我竟因張先生的推薦，並經過一篇文章的考試和同學四人一同入鄗梁書院了！

鄗梁書院在濱澂水蝦蟆潭的山林中，離澂水之濱約一里餘。這山高出河面二百餘尺，歷石級數百級而上，便是一條為茂密松樹蔭蔽的大道；兩旁有山田若干，伴大道而行的為一泓流水。走過大道便是廣數里的松林，松林中高阜上有一座廣大的建築物便是書院。它的房屋甚多：從歷石級十數而進的大門起，到再上數級的講堂止，兩旁有專為住居工丁和「遊學之士」——即告幫的窮書生——的廂房。講堂地甚寬敞，可容數百人，中為山長坐位，旁列几席數十。兩壁有朱熹寫的盈丈的「整齊嚴肅」，「孝弟忠信」八個石刻大字。四柱與簷枋上的金漆匾對更照耀炫目，使人自然生嚴肅之感。講堂的左右，均有門房別室。右邊一棟有房屋數間供山長居住，左邊一棟有房數十間供監院帶同學生居住。在山長住所的隔壁，更有聖廟一座，供孔子及其弟子與鄉先賢的牌位。其日常生活情形如學生自備伙食，和每逢三八兩日由先生出題課詩文等等，均和在水東私塾時相同。所不同者，先生不只一人，學生不繳學費且有膏火可得而已。

二、書院的規制

書院對於我雖然也是一個生疏的地方，但有舊同學四人同去，在伙食以及學業上都可自成一組，比初到水東私塾時已便利許多。我們四人之中的三人都是水東鄉的張家子弟，年齡都在二十歲上下，故上學時除挑行李的挑夫外，無須人伴送。我則由父親帶一挑行李的工人，先至各家邀集三人一同出發。到院的時候，照例先見監院，由監院領見山長，向之行禮畢，再由他介紹於先到的同學十餘人之前，然後引入宿舍，於門外張貼姓名及房間的字號。因為我們到院，在正式開學之前，所以初到時並無嚴肅的儀式。經過三日，學生來的漸多，所有的宿舍將近住滿——約有七、八十人——到，第三日的晚上由山長條諭各生於明日早餐後，整齊衣冠齊集講堂靜候率領赴聖廟行開學禮。第四日的早上，我們多把早餐特別提早，爭先恭候於講堂之前，等監院與山長到來，然後隨之出院轉入鮮紅的聖廟大門。門內為一大天井，中有水池，池上建石橋，與橋上端相接處分為三列，中列為刻有雙龍之斜石坡，左右兩列為石級。石級與石坡之上再為鋪石之平地，平地再上一級即為孔子正殿之階簷。天井之兩旁為走廊及廂房。我們入大門後不走正中的橋而從左邊之走廊上去。由側門入正殿，則見殿門大開，燈燭輝煌。中間殿堂供「大成至聖先師孔子」牌位，其下豎「當今皇帝萬歲萬歲萬萬歲」牌位，入門之兩旁各有小殿堂供孔門四賢牌位。我們向先師牌位行三跪九叩首禮後，再向四賢行一跪三叩首禮，復走至兩廂先賢鄉賢牌位前行禮如前，再出廟門、進院門，直到講堂，由監院指揮同學向山長行一跪三叩首禮，復由同學向監院行三揖禮，並彼此互為一揖。然後山長就坐，講學而一節，同學靜聽畢，由監院指揮學生退去。這一幕開學禮所費時間總在二小時以上。但全體同學都肅靜無嘩，隨著山長及監院的步趨為步趨，而山長及監院更鄭重其事地屏息無聲。一種雍容靜穆的氣象，到現在回想起來，還使我肅然起敬。

那裏山長是賀金山先生，監院戴世求先生，一是廩生，一是秀才。他倆掌教此間已有數年。門生數百人，「入學」的數十人，故聲名洋溢於鄉里。我因為當時年齡過幼，對於他們的性行如何，無詳確的觀念。不過他們那年近五十道貌昂然的表情，很足以使人生敬畏之感。——我在那裏一年半，不獨自己而且從未聽得同學對於他們有所懷疑或批評的。

書院照例是有學田的。所謂學田就是由當地人民對於書院所捐助的田產，以其租息供書院的一切開支。故山長和監院的薪金都有院產供給，學生無須納學費，——但初入學的時候，卻要量學生之家的有無繳點錢，叫做「贄敬」，是一種見面禮的意思——更無須乎宿費，只要能自備膳食而有相當學力的人都可入學。只要學力較優、文章較好，就是膳食的費用也無須自備，且可得錢養家。因為書院的公產，除了供給山長薪修及雜用而外，總是有剩餘的，此種餘款大概是提作獎勵學生的獎金。此項獎金叫做膏火：其獎勵的方法，是每月或每旬由山長出文題、詩題聽學生撰作，呈送山長評定甲乙，規定在若干名以前給以獎金。其數目視各書院財產之豐嗇為斷。應試者不限本書院中之修業生，私塾生或他院生亦可應試；而全縣每年總有若干次檄全縣士子之詩文題，故能力優越之人，常常每月可得獎金數次，於維持個人生活外，還有餘力供給家用。

當時的鄱梁書院，也是所謂「新派」，文章不作八股而作經義策論。詩不作應制體而作古風及普通律詩。在書院中除了課詩文與講述經史而外，其餘的工作，山長很少有干涉，聽憑個人自由努力。而講學的時候，大概要先講一段進德修業的經訓。山長自己亦很注意於德性及學業的修養，除在講學時發揮其心得外，並常常將自己讀書的札記公布於眾以助模倣而資鼓勵。學生相習成風，無不努力自學，而尤注重札記。我們四人因在張氏私塾講過一部《了凡綱鑑》，對於歷史有相當的基礎，而學著袁氏的評註作札記，尤有助於我們的文章，所以每旬作文，我們多是得著膏火的。那時的膏火雖然最多不過制錢一千文，少只二百文，但我則除去零用外，第一年還有四千文帶回家中，致我的母親為我喜而不寐，逢人必告，而鄉下的父老更是互相傳述而視為下劉家渡地方上的奇蹟了。

我在鄺梁書院最受益的，第一是眼界提高：因為賀先生的學養，到底比張先生高一籌，他所發揮的經義和史論，都是我聞所未聞而視為驚異的。——他講左傳時所發的政論與所謂史家的筆法，更為我後來習古文開一條前徑。——一面對他起崇敬之感，一面對自己便有自卑之念，無形中增加了許多努力。就是自然環境也較后溪壠為廣大：雖然院址是在松林之中，四周除了春耕秋收有少數的農夫到附近來耕種而外，並無別的人家。但松林廣數里，四季長青的風景，已使我有海濶天空之感；而走出院門不一里，便可望見我溆唯一的大河，由數十里蜿蜒而來，更數十里蜿蜒而去；兩岸的田隴復星羅棋布，將農村無盡的寶藏都一一呈現在眼前：這些更足以擴大我的胸襟，而引起我自負的精神。第二是文思大進：我在水東時即已好作筆記，但經賀先生的啟迪而後，對於歷史的趣味更厚，又將《了凡綱鑑》重讀一遍，所作的札記更多。雖然文體很受了《東萊博議》的影響而有點空疎，但文卷的後面常常得著氣勢雄厚和大氣磅礴的批語。記得當光緒三十四年我正十五歲的時候，鄉間的金山上，忽然有所謂南嶽菩薩顯靈，由一窮鄉紳黃某傳出，附近居民信之，趨而進香者絡繹於途，數月之間，竟在荒涼的山頭上建立十餘座建築物以為南嶽行宮，同時將山名改為南嶽山，適其時鄉間鬧豬疫，我家所餵的七口豬都染著瘟疫，父母以為南嶽有靈，向之許願，若豬好當以一頭奉獻；同時並向壇神——不知所自始的一種神祇，職司畜牧，家中神龕上為之另立花壇，每間一年由巫師禳之——許願，准豬好請巫師禳解。不料兩處許願未及五日，而七口豬陸續死盡。母親以為這是不誠心所致，還要買豬來還願。那時我正讀范稹的《神滅論》，而作一篇文章讚揚他，對於鬼神之說本已懷疑，及見父母向南嶽菩薩及壇神許了願而豬陸續死去，忿恨異常：以為神是聰明正直的，照理不當受人間的賄賂，就是把人間所許的願當作一種的收入，至少也得替人家把事情辦好，才可以告無罪於人。今既無功反要受祿，實是人間最卑鄙的行為，還有什麼資格稱神。我把這些意思演長了作成數千字的文章，貼在我鄉過道的茶亭上。被中劉家渡的一位黃先生看見了，以為天才，而約我去他家談話，使我與他的兒子復強及其內姪胡惠人訂交；而從前教過我的那位胡香泉先生知道了，則警告我以後不要如此猖狂；我不服氣，更將他所說種種記出而另作一長文駁之，送交黃復強看。——這兩篇是我有生以來最痛快的文章，可惜現在找不著底稿了——同時更將神龕上的花壇於夜間暗自取去丟到河裏。等到第二天早上父親上香不見花壇正在四處尋找的時候，我乃毅然直告，並舉種種理由以為非丟去不可之證。好在那時我對於南嶽菩薩的攻擊已鬧得滿城風雨而無人敢直接向我辯難，同時社會上都相信「神童」是神降生的，我膽敢作這些事，必定另有神力在暗中主持；所以父母對於我也就不深加責難。可是南嶽山並不因為我的「檄告有眾」而衰落，仍然日新月異地發達下去，一直到民國二十年我回家的時候還有零落的香客去朝拜。不過我家神龕上的花壇卻永不再見，而巫師也和我家永遠絕緣了！

第四章　縣立高等小學

一、「洋學堂」

清光緒三十四年戊申，即公歷一九〇八年的秋季，我與由農業社會所產生的私塾與書院告別，而開始過現代工業社會所產生的學校生活了！

那年的春天，鄜梁書院山長受著縣正堂——現在的縣長——的命令，籌備於下年改為二都初等小學堂。但我們的年齡與學力都在初等小學之上，不能再在那裏久留了。所以到秋季開學的時候，除去不願進學堂的以外，都送到縣城之西盧峯書院故址的縣立高等小學堂。

我國頒行新式學校制度是光緒二十九年的事——二十八年張百熙奏訂欽定學堂章程，但未實行，即由張之洞改訂——我那邊僻的漵浦，雖也以功令所關，於二十九年由知縣蘇萱烈督率邑紳董正漢、鄒士楨等就城東文蔚山盧峯書院改為高等小學堂，但鄉間的人民對於學堂都以「洋學」視之，還是希望科舉不停，便讀書的子弟得青一衿以光祖耀宗。我家，尤其是我母親對於我的期望，當然不會超出一般人之上的，由書院跳進學堂自然不是她和他們所贊同。但是我卻很醉心學堂，且預知道母親們的心情，所以先到縣城裏應試，被取錄之後，再回家去誇張的說明，講我是為山長所選定，非去不可，且以畢業後可得廩生——當時獎勵規程如此——動之。好在那時的學堂，一切費用都不要，只要帶著換洗的衣服和被褥，就可以有書讀——學用品也是由學校發給的——在經濟上既不增加家庭的負擔，她和他們也就讓我進「洋學堂」了。

我那時已整十五歲，早過學齡之期。但當時的學校係在草創時期，一切都不能按照規章實行；加以內地風氣未開，一般人民，對於學校多屬懷疑，以獎勵科名之說動之，尚虞入學者之不踴躍，對於學齡當然無所限制。所以我那時進高小，在全班四十人中，還算是很年輕的。

入學的時候也是舉行考試，應試者雖不如現在小學生之多，但也須為競爭試驗。記得那次報考的共一百零數人，收兩班正取八十名，備取十名。考試的科目只作一篇論文。我舊同學九人之中取了六名。我的學名改為維周。

學校對於我確是一件很新鮮的事情。那校舍的堂皇，人數的眾多，自然是前所未見；但那頭門、二門、大廳、講堂、廂房的等等種種形式，長衫、馬褂、辮子下的種種人物，也大體和鄘梁書院的相去不遠。使我認為新鮮的，就是頭門有門房、號房、有學生會客室，二門有學監室、舍監室，進二門後有擺有若干桌櫈連著的木器和兩塊大黑板的講堂，再進有堂長室、教員室；正屋之外，左右兩邊的廂房一連幾十間都擺著四張兩屜的書桌和四張櫈子，再從右廂房走進另一院子，所有的房間中都擠滿了木床，外面懸著第幾自修室、第幾寢室的牌子，使我懸想著講書、讀書和睡覺分開的趣味。而最使我感到新鮮的，第一是師生的漠然：我的行李挑到門房之後，便由門房引去見監學。我見著監學，以長揖為禮，他只坐著點點頭，也不問什麼，只囑門房指揮粗工將行李帶到一定的寢室，攞上貼有我的姓名條的牀上，再由他領到一定的自修室中，占有一套貼有姓名的桌櫈，他便去了，讓我自由行動。那位監學姓甚名誰，門房不曾告訴我，我也始終忘記去問他。其他的教職員不曾見面，更無從知其姓名了：教師與學生之間好像是路人一般。第二是少爺的派頭：我知道官家的子弟叫少爺，少爺是什麼勞動的事情都要別人代作的，學校既把我們鄉下的孩子們當作少爺看待，所以工人也特別多，除了門房、號房、廚房的等等工丁外，自修室寢室也每兩間有一個專人伺候，所有飲食起居的事情，凡屬可以不必自己動作的，都由他們代勞。——連飯都要人添。第三是起居的機械：無論什麼地方，自講堂、食堂、自修室、寢室、會客室以至盥洗室、廁所都貼有若干條規則，一舉一動都得顧忌著規條。好像沒有規章就不能生活下去的一般。第四是學校和社會的隔絕：我是鄉下孩子，當投考的時候，看見學堂門口掛著兩張虎頭牌寫著「學校重地、閑人免入」，八個大字，就有點膽怯不敢進去；等到我進去之後，送我的工人因事再要進去看我，被門房攔住罵一頓，適我從旁邊經過，雖然彼此見著了，但我心裏非常不舒服，回想到后溪壠的情形，給我以無窮的感慨。此外還有許多不甚習慣的事，在當時雖然也感著新鮮，但時間稍久便也成為自然了。只有這幾件事，多少年來還是不能習慣，還常常視為新鮮的事情。

二、開學的一天

我進校的時候離開學的日子尚有三天，所以教師同學都不曾到齊。到第三日的夜間大家陸續到齊，我們清冷的廣廈也頓形鬧熱了；而自修室、寢室裏的喧嘩的情形則正與那些規條所說的相反。老班生——高級生——說，這是未開學的情形，開學禮行過之後，便有監學和舍監們監視著我們不能隨便亂動，非請假不能隨便出大門的。到第四天的早飯後，同學們正在校前大坪遊戲，忽聽得大鑼的斷續聲音從東門而來，不久並見十幾個人穿著戲台上打大旗者所穿的號衣，戴著無頂子的紅帽，分作前後兩隊，中間挾著一乘四人抬的藍呢大轎，最前面有兩面大旗，寫著縣正堂夏；鑼聲就是從旗後的兩人手中發出來的。這種現象在我雖是第一次看見，但從我看戲和看小說的常識上，知道是縣官來了，卻不知道他何以一直走到學堂前面來。等鑼聲可以達到院內的時候，我第一次看見的那位監學，穿著補服，戴著頂子出來招呼我們進去，而三層中門也都洞開，許多戴著頂子，穿著補服的先生們都在最末一層的廳上站著。我對這種種，都極感興趣，於監學招呼之後，雖然也跟著大家走進校門，但並不去自修室，只在門房對面的會客室中偷看。不到幾分鐘，么喝之聲漸近，鑼聲亦止，藍呢轎子也停在頭門外，從轎中鑽出一位年約五十白胖留鬚，穿著補服，戴著頂子的老者，我斷定他是縣正堂了。他下轎之後，即有四人跟他進校，其餘的都在門外。他走到大廳，與在廳上的諸人一一拱手行禮，即與另一老者——校長，當時稱堂長——對坐在正中的坑上，其餘的都坐在兩旁。

他們正在講話的時候，便聽得鈴聲繞著自修室和寢室響，大家都知道這是昨日堂長布告上所說的「明日午前九時諸生齊集聖廟行開學禮」的時間到了。我們爭先恐後地從右旁自修室的側門走到後面山上的聖廟，靜候著監學的指導，分班站在大殿之前，等到堂長和縣正堂並肩、先生們隨後走到大殿立定之後，由監學司儀向至聖先師及先賢等牌位行禮後，由堂長、縣正堂二人訓話畢，他們先出，同學則作鳥獸散。——此後每逢初一、十五早八時，均由堂長率教職員學生赴聖廟行禮，禮畢並講聖諭廣訓——但中飯的菜特別好，除了平日的兩葷兩素一湯外，並有滿碗的鷄、魚、豬肉、牛肉四味。據老班生說：這樣的盛饌，一年可吃到六餐，即是兩次開學散學及端午中秋兩節。

這四日之間，認識的朋友很多，對於學堂的事情也知道一些：譬如說，不曾問過姓名的那位監學我知道是吳先生，不曾見過的堂長，我知道他是舒立淇先生。同時更知許多教師的姓名，和他們的特殊習性。就是學堂中種種作弊的方法，如在講堂上看本課以外的書和夜間在被褥裏偷著看書等，和同學們教師們的種種徽號，如堂長因禿頭而被稱做玻璃燈，某人特高而有油榨檜之號等等，也都知其大概了！

開學的那天的夜裏，吃了夜飯不久，天還未黑，便聽得鈴聲響。據老班學生說：這是上自修室的鈴聲，所以我們在各處的都得各歸本室。當我從堂長室外面走過的時候，忽聽得有「鏜」的聲音連敲七下，到處一望，知道這聲音是從坑上面壁上所掛的一個八方玻璃盒中出來的。我站著仔細一看，那盒中劃有多組直線和斜十字，並有兩根像針一般的黑東西，左右還各有一圓洞，下面有一根鐵絲，弔著一塊圓東西在那裏左右擺動。這東西在我是第一次看見，對於那針的自動，著實有點詫異。方要進一步再去考察時，堂長室裏忽然有人走出的聲音，便拔腳走到自修室裏。後來知道這個玻璃盒就是「自鳴鐘」，我們早起、晚睡和上課、下課、吃飯等等都得受它的指揮。我想到它對於人們有這樣大的勢力，是由於它能自動自鳴！但它為什麼能自動自鳴，卻不能再往下追問了。

三、生活一般

從那天晚上起，我便在起床、排班、點名和上課、下課，又排班、點名、就寢的鈴聲中過生活。早起夜睡的兩次鈴聲，固然給我以許多不快之感，但還沒有什麼大不了：因為我前一年的冬天，曾經跟鄉下的拳師習拳，那時還在練習，起身比別人早，鈴聲和我沒有妨礙；就是就寢的鈴聲往往把我讀書或作事的興趣打斷，但我還可等舍監查過了齋以後，暗中點起燈來繼續我的工作。只有那上課下課的鈴聲，真使我厭恨不過：它好像鐵面無私的魔王一般，操著「命裏注定三更死，不能留人到五更」的大權，一聲叮噹，不問你什麼樣有趣味的事情和最努力的工作都得放棄去上講堂，而非得它再叮噹幾聲，更絕不能離開講堂。我厭它、恨它，然而又無法不服從它。這真所謂矛盾的人生了。

初去的時候，我對於功課雖然嫌先生們寫得太少——那時我縣購不著印行的教科書，都是由教師拿一本書將課文在黑板上寫出，令學生照抄——教得太少，但還有一點興味：因為從講堂上我可以看許多人和許多先生，同時更能聽到許多所謂地球是圓的，雨是地上的水蒸氣遇冷凝結下墜的種種新奇的話。後來在閱報室看見許多從前未看過而最願看的書報——室中不僅是報紙雜誌，連新書也陳列其中——對於講堂上的功課更感著枯燥無味：第一教師們所講的太平常，遠不如我在書中所看的有趣；第二，每五十分鐘寫一課講一課，實際上只夠我十分鐘抄閱，有四十分鐘是白費的。——這不一定要怪教師，因為他們所用的是小學教科書，是教十歲上下的小孩子的，我那時的年齡與學力都夠得上中學了。當初想不出辦法，只好「身在講堂，心在閱報室」地混過去。後來忽然想出一個妙法，就是在講堂上雖不准帶別的書去看，但是充作寫筆記般地用筆寫東西是可以的。所以每當下課十分鐘的休息時間，跑到閱報室去看幾段文章或詩詞，到講堂上來默抄。更後來則於教師講書時手不停揮寫文章。記得有一次忽然想到未婚妻的腳應該放，在一日的課堂之間，寫了三千餘字一篇長信，從各方面說明放足的理由，寄交岳父，使他讀後嚇了一跳，可是他的女兒卻未遵命照行。

四、萬壽與國喪

我縣的縣城前濱瀲水，後依華蓋山；城周不過三里，只一條正街，幾條小街，我雖屬鄉下人，但除初次進城稍有新奇之感而外，以後亦視為平常。且進城須用錢，我既無錢而又好山水，有暇多在校前河濱或校後山中遊散而少進城。但在清光緒三十四年十月，卻有兩件事，使我對於城裏發生興趣：那是「萬壽節」和「國喪」。

所謂「萬壽」不是萬人的壽，也不是一人有萬歲而稱壽。而是「當今皇帝和皇太后」的生日。在那時無論什麼寺觀，在佛壇前面，都供有一塊木牌，上面寫著「當今皇帝萬歲萬萬歲」的字樣。光緒三十四年十月初十日，是慈禧太后的生日，例須舉國同慶。我縣自光緒十七年被土匪焚燬縣署而後，十餘年來，匪患時聞，地方未靖，很少舉行盛典。三十四年八月，由孫之湘任知縣。孫為山東聊城人，生長北方，習於北方風習。初次蒞任，欲於「萬壽」時大舉，以示與民同慶，故在九月初即行籌備。十月初全縣街道，均用五色綢布，搭設「幔天帳」——即用各色綢布搭帳蓬將街道遮蓋——縣署外以及各城門口均紮彩色牌樓。縣署及學宮等處亦均開放，任百姓遊覽。並從其本地雇來雜耍若干人在縣署雜耍，同時並於十月一日起，在縣署內及城隍廟演戲。城隍廟之戲，民眾可自由去看，縣署之戲，則逐日排饗紳士。十月初九全縣紳士均集縣署祝壽。初十早八時，我們由堂長率領赴縣署行祝壽禮。中晚兩頓均吃酒席，並有壽麵。夜間並在城內考棚內大放焰火，我們的夜課亦豁免，而可自由去看。我對於這種新奇的玩藝自然很感興趣，而不時與同學去街上閑逛。可是某次上經學課時，堂長偶爾說及此次「萬壽禮節」之隆重，為我滋多少年來所未有，但所費當在數萬元之鉅。我那幼小的心靈上，卻無形中印了一種深刻的印象。

不料「萬壽節」的歡愉未完，到十月二十一日清德宗（光緒）卒於瀛台，我縣於第三日（我縣無電報，消息須由辰州府交驛站轉達，故遲兩日）得著消息，正要舉行「國喪」，第四日又得著慈禧太后逝世的消息（她實死於二十二日）於是成為兩重國喪。所有人民的一切婚嫁、娛樂、宴飲都須停止百日，鬚髮亦須百日不剃。我校於得到消息之日，即由學校每人發給青布一方，纏之左臂，同時並由堂長率領向禮堂所設靈位行三跪九叩禮，禮畢，復講演種種禮節及禁忌（如宴會之類。）此後之一百日中，每日上課之前，均由堂長率向靈前行禮。我自然是跟著大家奉行故事。可是內心中卻笑其虛偽無聊，恨其強人所難。而無形中增加對於帝制之不滿。

五、課外種種

我在縣立高等小學讀書三年，除了每日要上四五次課不得不費去幾點鐘時間而外，對於功課很少去自修，因而剩餘的時間也很多。我利用剩餘時間，可分為下列種種方法。同時更本著鄜梁書院的習慣，立定一個自學表，使它們能分途進行。

第一是看新書：以潊浦那樣偏僻的地方，當然購不著什麼真的新書。但閱報室中有《時報》、《新民叢報》、《國粹學報》、《安徽俗話報》及《猛回頭》、《黃帝魂》、《中國魂》、《皇朝經世文編》、《西學叢書》、《皇朝畜艾文編》、《時務通考》等等。我因從張浣泉先生養成一種作札記的習慣，對於涉獵各書均錄其精要而附以意見。對於黃帝魂、猛回頭尤為醉心而嗜讀；當時章太炎致康有為論革命諸書，及《猛回頭》之重要詞句都能背誦。我宣統三年被開除學籍，大半是種因於此。

第二看小說：我非世家，家中無多藏書，以前的教師又大都自命為聖人之徒者，除了《四書》、《五經》之所謂正書以外，不許看別的書。所以在水東以前，課外的讀物只有從那位走江湖的胡醫生手裏，借來一些關於醫卜星相的古董，糊亂囫圇地讀了一些；到水東與鄢梁書院則把剩餘的時間都用在看《了凡綱鑑》和作札記上面。到縣立高等小學而後，對於歷史的趣味漸漸淡了，同時遇著一些富有藏書的朋友，可以借書看，同時又可以到市上書店買書：於是發現小說的一種寶藏。在那裏三年，除去前一兩個月外，無日不看小說，現在還能記得是那時看過的書名有《三國演義》、《東周列國志》、《紅樓夢》、《水滸》、《西遊記》、《說唐》、《今古奇觀》、《聊齋誌異》、《西廂記》、《閱微草堂筆記》、《包公案》、《七俠五義》、《儒林外史》以及林譯的新小說及鼓詞等等。因為沒有人指導，而且要偷著看——總是下課躲到聖廟裏去看——所以看的東西漫無系統。可是對於社會各方的知識卻增長不少；文章也無形中進步了許多。而扶弱不依強，傲上不傲下的習慣，也大半由這些小說所養成。

第三看理學書：同學向覺明（達）的父親歷官廣東各地，最好藏書。他有家藏《曾文正公日記》的影印本，覺明攜至學堂，我初看見那版本濶大，印刷精美的東西，歡喜異常。並不問其內容如何，便向之借閱。一閱之後，覺得他所講的種種修養的道理與方法都深合我意——所謂我意還是從張浣泉先生讀歷史得來的，並非我的真正的意思——便囫圇吞棗地從頭至尾一本一本地看完，作了許多札記，並仿曾氏辦法寫日記，詳記功課及言行，而於自己的錯處加種種記號，隨時翻閱以資反省。同時還讀了一部《朱子學案》也一樣的作扎記。而堂長舒立淇先生教修身，借許多先聖先賢的言論教給我們的處世作人的種種道理，他自己又是一位講究正心誠意的學者——平日危坐，絕不偏倚——所以我們都很受他的益處。二十年來，我作事負責任、待人以忠恕，也都是那時讀理學書和那位舒先生給我所植的基礎。

第四習字畫：我在兒童時代，即歡喜亂塗亂畫，只因無人指導，而且常常被禁止，所以沒有成就。到高小後有圖畫和習字兩科。不僅許我自由繪畫，而且有教師專教，高興非常，課餘總是執筆亂畫。第二年和黃復強同自修室，他有一部《芥子園畫譜》，更被我視為無限的寶藏，無日不對著譜去畫，所有譜中的松竹梅蘭，以及別種花卉人物山水、大體都學過，雖然當時自己也莫明其妙，但是很為同學所稱讚而替人畫過中堂屏條等等。在習字方面，起初並無特別注意，因在南洋勸業會中，辰谿縣有位米子和用口寫字而得獎，於是好奇心大發，每日必臨帖，並可口寫。字的成績當然不足道，但是宣統二年，我從長沙回漵浦的旅費，和民國二年在武昌兩個月的生活費，都是從賣字中得來，也是一種奇事。

第五習武藝：我幼時在家中曾學過一點拳術，很看不起學堂的體操，但對於扛子浪橋都很歡喜，更約同朋友，自已製備弓箭，常於夜飯後到聖廟背後射箭，而在臨睡之前扳弓、走浪橋、翻扛子。這些活動，當然沒有什麼特別的成績，但我那樣終日地手不釋卷，而身體並不曾受一點影響者卻不能不歸功於這些活動。

以上所舉的五種事都是功課以外的，要同時辦到似乎是很不容易。但是實際上我每日都把這五件事一律作到了。第一因為我那時的學力，已在我的學級之上，所以對於課內的種種工作並不費什麼事，且能把課內的時間移去作文章。第二是我在水東及鄜梁書院時即已養成了自律的習慣，對於每日的工作，均能自定時間表而實行之。這五項事情的支配，我至今還大概記得：新書是在每次下課之十分鐘及早午飯後休息，教師請假的時間中讀的。下午下課後到晚飯前及休假日照例走到校外去看小說——因為校內不許看——早晨上自修室後之前半小時看理學書，晚間上自修室之最後一小時習字畫——其餘的時間溫習功課——早起及就寢時習武藝。所以各方面都能顧到而能平均進行。此外還從手工圖畫教師學了一點鐵筆，替別人和自己刻了不少的圖章，不過不當作日常的必修的功課罷了。

在高小三年的日常生活，大體不出上述的範圍，但有三件特殊的事情，有一件與我一生的關係特大，茲為記之如下。

六、小學教員檢定

清宣統元年（一九〇九）的十一月，學部令各府舉行小學教員檢定，漵浦縣為辰州府四縣之一，其檢定地點，在辰州府治之沅陵縣中。府治在沅水之濱，離漵城二百餘里，從曾經去過的人的口中知道那地方的風景很好，局面很大，對面的辰州關，為湖南最有名的木稅肥缺；其書院、考棚——考試的地方——尤為偉大。因為我十二歲正打算於應縣試之後再去應府試時，適逢祖母逝世不能進考場，常使我夢想著考場的風味和辰州府的風物。這次在勸學所門口看見檢定小學教員的布告，便約同黃復強、劉耕莘等四人，托故向學校請假，並假造幾個名字，——非小學教員不能應考——向勸學所請領公文。那時對於檢定是什麼，一般人不甚了了，願應試者很少。所以勸學所明知我們是假名，學校明知我們請假是托故，也都故作癡聾地讓我們去了。

照理，檢定小學教員，其方式當然和舊式的考試不同。但是那時科舉方才停止，科舉的種種都還遺留在「士人」的腦中，所以考試的地點仍在考棚，考試的方法仍是頭場經義，二三場策問；五鼓入場，點燈出場，均以放炮為號；點名時由提學使派去的考官及府正堂並坐公堂，由皂隸按名唱號，應考者於聽得唱自己的姓名時，趨前向主考者長揖為禮，然後持卷按照所編的天地元黃、辰宿列張等之號頭各覓坐位；點名完畢，即將頭門落鎖，場內由監試官帶同若干小書吏分段監考，發現夾帶槍替等事，便立即送之場外，取銷考試資格。第一場試畢，經數日始放榜，榜上有名者，第二、三場方可與試。這些情形與科舉時代的考試完全相同。但老於應童子試的人卻以人數過少——共三百餘人，不足座號三、四分之一——不熱鬧，考生太規矩，不威風！——科舉時代每逢考試，考生總要鬧風潮。

我們去的時候是從漵水順沅江而下，舟行兩日，便到府治。寓居一個小客棧裏，每日每人連房飯只要五十個制錢，到目的地三日便是頭場考試，可是為著等候放榜及考過二、三場而後，竟把我們每人所帶的五千制錢，用去大半。弄到結果，我們連回來乘船的錢都沒有了，而走兩日半的陸路歸家。

我們同去的四人第一場都是榜上有名，等到三場考畢，我們即起程回家，但家裏卻接二連三地得著「捷報高升」的報條。我母送我讀書的目的，本為謀青一衿，當光緒三十一年我縣舉行末次歲試時，我正預備應試，適丁祖母之艱而中止，雖然為著大義所關，不能表示不滿，然而心裏卻很懊恨，好像一個小秀才的頂子在那裏等候，而我家無福去領取。科舉廢後的洋功名，雖然不如從前的有價值，但有一重功名總比沒有的好。所以我家得著我考取的報條，全家都歡喜非常，鄰人並獻酒相慶。母親在此時的愉快，真不可以形容。等到我隻身回家的時候，她正在廚房燒飯。聽得我的聲音立即把預備好的炮竹取出燃放，一面慰勞我，一面怨我不先通知等轎子接風；家人、隣人之聞我取得功名歸，都來道喜。我母於歡愉的自謙中，忙著倒茶、送烟和講述算命先生對我測算的種種故事。而廚房裏的一鍋飯，已在她的忙碌中變成半生不熟的焦粥——因為下米時不曾攪動，火力過大，便致下面乾焦，上面成粥，中間不熟——等到客人去了，大家預備吃飯的時候，才知道又是一個吉兆，而唱著封侯（成粥的諧音）升高（燒焦的諧音）口號，再向我道喜。那時候的我，也似真的得著一個光祖耀宗的功名回來，而喜得手舞足蹈！過了幾日，報子又接二連三的來了幾次，我的被取已經證實。所有的親戚家裏也得著捷報，而親人來或遣人向我道賀。岳父賀重任先生新從常德賣藍靛回來，聽得消息，更喜不自勝地約同岳母，親自把他從常德販來的大鯉魚帶上十幾條，說是祝我高跳龍門；他們更於言語中有意無意地露著他們女兒的高興，好似要借此鼓勵我的一般。我聽了自然歡喜，可是他們把我想念她的心情提起而又不使我們相見，反把我的愉快給苦悶奪去了！

得了功名要請酒，這是習慣所規定的；可是請酒的錢，習慣卻不能負責而得自己籌措。這在我家裏是一個重大而不易解決的問題。終於父親的見聞廣，說我在小學畢業，還有一重功名，不如等那時一起辦理，所以除去對私塾幾位先生送去一點禮物，算作謝師而外，什麼酒都不請：這問題總算得個相當的解決。不過另一問題繼之而起，又費了我家許多人的時間去討論。這是因為我已經有一重功名，且規定可以在小學當教員，而我現在的學校，也不過是小學；以小學教師的資格進小學，不是太不合理嗎？幸虧得我自己的知識慾很強，不願意離開那人多書多的學堂，抬出「高等」兩個字來作護符：說由檢定所得的資格，只能教初等小學——當時確也是檢定初等小學教員——而且指著章程把家裏人看，說過幾年便會教不成，不如由正途出身，一面既可再得一重功名，一面又可永遠作教員之為愈。母親極為贊成。於是我於第二年上學期乃又以小學教員資格而再進小學了。

七、初去長沙

第二是我在宣統二年（一九一〇）的暑假，與同學張經文雇一隻船直航長沙。這事的起因最有趣：我們在學校讀了若干課地理讀本，知道世界和中國的廣大，而每日所看的《時報》，以及他種新書、新報，都是從湖南省會的長沙來的。我們同學對於長沙大概都把它想像作一個天堂。而那時正是練新兵的時候，前一班年齡較長的同學，很有幾位去幹投筆從戎的生活，從長沙小吳門外四十九標寄回的信，更是讚美長沙不置；同時幼年同學彭松年正在長沙進法政學堂，屢次來信都說不久畢業便可分發知縣——現在的縣長——於是長沙在我的腦中，已成為光華燦爛，無美不備的天國，時時以得到長沙一遊為快。同學中有張君經文，家中號稱富有，他對於長沙的夢想也和我的相同，於暑假前三日偶然談到長沙的種種，立即決定於暑假中去長沙。

學期考試完畢，立即分途回家籌措、旅費。我家僅足自給，絕無多錢供我作遊歷之資，所以我歸家將我們的計劃告知父母，父母雖不阻止，但對於經費則一錢不給，實即不許我去。那知第三日張君即親來我家，謂其祖母允給以大麥十石，又錢十千；我們歡喜異常，通夜商議遊歷方法。最後，決定把錢作途中雜用，另雇一帆船裝運大麥去長沙謀利。

第二日把我們雇船的計劃告知父親，但假說有大麥三十石。父親以為三十石大麥要雇一專船運長沙，未免太不經濟，最好是搭船。我們因為要立即起行，不能久等別人，而我鄉的客船都只航行常德、津市絕無直航長沙的，與我們的目的尤屬不合。所以仍請他雇船。適逢對江桐油林黃某的船空著泊在我家碼頭邊，便以十二千文一月的船錢與之約定三個月。第三日我們便乘著他的空船，一直到縣城裏裝貨。

大麥是陰曆四月間收穫的，鄉下資產稍裕的人，都要乘著新收的時期將小戶人家的出產收集送到城裏一定的店號屯積。張家的大麥是屯在城裏李同和商號裏，雖然他的祖母只允他出十石，但我們計議之下，覺得這數目實在太小，謀不到什麼大利。所以出貨時，竟假其祖母之命將所存之三十餘石一律出空。可是裝上船後，船主綯著眉、聳著肩，大聲叫著說；「張相公！貨都出齊了，還浸不著梆子（船邊之起碼載重線，）到青龍灘只有裝石頭。」這句話是說青龍灘很危險，輕飄的船很難走過，非加載石頭加重它的重量不可。可是當時我們並不懂得；只催從速預備一切，於第三日起碇直赴長沙。

大麥裝好之後，我們覺得兩人航行千餘里未免太寂寞，於是又臨時拉攏同學羅品莊等三人，一共五人同行。在船上我作會計兼庶務，張君是唯一的資本家，其餘都是專門消費的勞動家。

山地行船有種種的忌諱。如早上不能說鬼、說夢，遇著翻、沉、破、爛的字樣，都要改口說滾、升、圓、好。我們對於這些本來就不習慣；加以那時都自命為科學大家，以破除迷信自任，凡越是船主囑咐所不能說的，便越要多說而大聲說。船主無法，只得暗中於夜間燒香禱告龍王菩薩不見怪。我們經過很險的青龍灘：此灘長十餘里，水從萬山夾峙的亂石中激流而下，水花飛濺達四、五十尺的高岸，其聲轟烈，至於對面談話非高聲不辨；灘頭有廟，供馬伏波；廟中麕集灘夫，廟外叢棲烏鴉。──灘夫靠個人的本能與氣力為上下各船撐舵或幫縴以謀生，烏鴉則靠神力專食船主船客的供養──船將下灘或上灘之前，例須以酒食致祭伏波將軍，祭後即將致祭時之肉切碎與米飯拋向空中聽烏鴉飛集攫食。若烏鴉不來食，即是凶兆，絕不開行。不過烏鴉習慣了，專以「坐食」為業，從無不食者。其本領絕大，無論怎樣拋散，它們都能在空中攫住──當要經過此灘之前，船主果然命夥計們搬上許多石頭，致祭時更特別鄭重其事，三跪九叩首地向伏波廟行禮。我們唯一的快事是拋食物引烏鴉來食；雖然因船主的切囑不敢立在船頭以避危險，但坐在艙中浪將頭髮打溼了，還是努力在向空中拋食物。那一天的船主特別得意，於平安過灘之後，笑著向我們稱謝，說今天之所以能如此「風平浪靜」──這是船上的常用語，不必合事實──地過大灘，都是我們誠心供奉黑衣將軍──烏鴉的稱號──的功勞。

我們由辰州而桃源、而常德、而沅江，險流一天一天地少，江面一天一天地寬。過常德而後，走入小港，水平如鏡，不分順逆。雖然蘆舍滿堤，少女如雲──常德以下，操小舟者均女子──別是一番風味，然而與我們山野粗獷的習性不甚相合，所以反而感到苦悶。出沅江縣入洞庭湖，那水天一色和推山倒海的波浪，又把我們征服了。一直轉到湘江逆水而入長沙，我們的心意還為洞庭的風波所籠罩。

以我們十幾歲初出茅廬的孩子們到商埠的長沙去和商人爭利，自然是沒有什麼好結果的。所以到長沙之後，對於大麥的出售反而成為問題。幸虧我替父親當掌櫃時，知道有所謂牙行的店家，可以代客人賣買貨物，總算在兩日的排街——在街上閑遊之謂——中，覓得主顧。雖然後來知牙行曾大大的欺負我們這些年幼的客人，但結算下來，尚不至於賠本，不過花去幾十千船錢而已。大麥脫售之後，便把船解雇，我們投寓客棧，準備假期後在長沙進學堂。

長沙對於我自然是有些新奇，但並不是我們想像的天堂。除了輪船與火車以外，那些行人擁擠的街市，和高樓大廈的建築，並不能引起我的興趣。最使我依戀的，只有又一村的通俗閱報室。那裏有比我們縣立小學堂更多的書和報，而且可以容許人自由地儘量翻閱。所以在長沙二十餘日，他們每日排街看戲，我則把所有的時間完全消磨在閱報室中。那裏最使我愛不忍釋的，是一部舊《湘學報》。我從《湘學報》得讀時務學堂的十條學約——這學約在當時是梁任公所訂，很足以代表當時的學風。——更照著學約所指示的去律己，於我後來治學治事的效益很大。時務學堂與《湘學報》均於戊戌政變後消滅，不料殘篇的文字竟能影響到我這無名的青年。

我們去長沙的初意原是去「看世界」，但後來卻想考學堂。有一所西路公學堂是西路仕紳所辦的——湖南向分中、西、南三路，——很歡迎西路的學生。可是那時的教育已經掛上了「學堂重地、無錢免入」的牌子，要徵收一切費用（學堂收費令公布於光緒三十二年（即一九〇六年十月）。每學期共繳膳宿雜費五十餘元，在富厚之家自然是不成問題，可是每年百餘元的用費，我家是絕不能負擔的。所以到了將要開學的時候，我獨自一人返家。

我們初到時本來同住一處，後來因為各人的目的不同，我乃搬到和通俗閱報室相近的貢院坪和彭松年同住。彭君係我鄉唯一的留省學生，他所學的是法政，所希望的是官職。他曾勸我賣田學法政，我卻不知什麼原故，對於官總不懷好感——也許是受了《水滸》和《儒林外史》的影響——雖然知道法政學堂的學費輕，而且可以住在外面，不必一時要許多錢，但絕不願意進去。有一日我們爭論了許久不得一個解決的方法，我竟於第二日把伙食結清，帶上僅有的大錢六百二十文，一人走寧鄉經新化步行歸家。

從長沙到漵浦共七百數十里，但因山路崎嶇，通常總要走八日。那時的生活雖低，但旅行用費每日至少也要二百文，以六百二十文要作八日行程的費用當然是不夠的•我所以敢於起行的是受著所謂「走江湖」的影響，自信我的口書的字可以換錢。所以第一日走完了一百里路到寧鄉縣，歇下客棧，便把所剩餘的五百文全用去買紙筆寫字。初意本是要把字寫好送到各商家去賣的。不料我正在書寫的時候，便激動了同寓者的好奇心，全寓以至左右街隣都來圍觀。後來有人詢，知所寫的字可以出賣，不一時便把當時所寫的十張字以四百文一張一律買去。我的志願既遂，自然是很高興，可是也決不留戀；雖然當夜曾答應再寫若干給那些求而不得者，但第二日天將明的時候，我便隻身動身了。

這路程我從未走過，但因知道方向，且隨時問訊，終於不曾走錯，於第九日上午安然到家了。家人的歡喜自不待言。同時鄉鄰之來探聽者更多。我則儼然如說書者，將來去途中以及在省城的種種見聞手舞足蹈地說給他們聽。賣字一事博得讚美尤多。

當年的下學期仍繼續入小學讀書。到第二年宣統三年的春季便又作了第三件特別的事情。

八、革命

宣統三年辛亥即公歷一九一一年，也就是武昌起義的那一年。我那時正十八歲。那年在中國革命史上有兩件最重大的事情，第一是三月的黃花崗之役，第二是八月的武昌起義，而促成武昌起義的近因是由五月的鐵路國有政策之公布。

我在當時雖看過很多的《新民叢報》和《中國魂》，但對於它們作者君主立憲的意見很不以為然，而醉心於《黃帝魂》的民族革命之說。那時有《安徽俗話報》，鼓吹排滿尤力，我很受它的影響。平日自命滿腹經綸都是革命政策，而政策中之最要者就是勤習武備，以禦外侮，平內難。三月黃花崗之敗，我從時報上看到消息，而為之痛哭，五月間鐵路國有政策公布之後，更以為「非我族類，其心必異」有了明確的證實，而「萬壽節」浪費與「國喪」的無聊，也無形中予我一種憎恨，因而同仇敵愾之念也隨之日增。適逢四月某日，學部令學堂加兵式操的公文由堂長公布，我以為這正是我們勤習武備禦外靖內的絕好機會。不料結果是由學堂倣製若干木槍，由一位在長沙當過新兵的體操教員領導我們在操場上效兵的動作。我上了第一課之後，便覺得太滑稽，更感得異族欺人過甚，非設法推翻清室不可。因為我的見解：不加兵式操則已，既教兵式操，一切便當和真的兵一樣：人當效兵的行為，槍也當用兵所用的真槍。而當時的槍卻是假的，名目又要作兵式操，是執政者明明存著滿漢種族的界限而不信任我們漢族，姑假此以為玩弄之具。所以下課之後，便與黃復強——他年最長，有軍師之稱，許多事情都是他出主意——商量如何革命之法。結果是以得真槍為第一步的手續。

全縣有若干真槍，我們不曾調查過，而且不曾看見過；怎樣才可以取得真槍，也沒有詳細計劃過。只從「兵士以槍為生命」的定理中，演成一個「有真槍才能上兵式操」的結論，而將此結論到處散布。適逢同學黃洪鎮家中有快鎗——即來復鎗——數桿，某日的下午，因我們要看真鎗，特從家中帶一桿來給大家看。我在龍王江學過打獵，在家中很歡喜玩鳥鎗，——這在當時認為武藝之一，父母均不禁止——對於射擊很有點相當的練習。忽然看見這不需火藥的自動鎗，不覺見獵心喜，試射數鎗，都能中的，博得同學的稱讚不少。我對於鎗固然愛不忍釋，同學也因實物之暗示，對於我所散布的言論更推崇備至。當夜由各班班長集議，非有真鎗絕不上課，我則以班長而更被舉為全校請槍的唯一代表了！

我所持的理由當然不出上面所述的範圍以外，不過關於種族的種種見解則略而不述。因為那時還是大清天下，所有官吏教師都得受其統制，所以表面上絕不提及革命，只以衞國為理由化的門面話。那時的堂長為舒玉衡先生，係黃復強的業師，他的年齡小於舒立淇先生，德望也不及他，而又比較地短於言詞。故我第一次與他交涉時，他便無多少語言可以對付我，而答應與勸學所商量。我則據以報告全體同學，大家都以為堂長既答應去勸學所商量，一定是有好結果的。不料第二日早上點名的時候，他向全體宣布他在勸學所交涉的結果，不但不能如我們的預期，反而責備我們不應該。語言之間，很有盛氣凌人的態度。同學中很有怒形於色的，然而都不敢開口，我獨提出種種理由與之辯論，他不能盡答，相持很久，直等早餐的鈴聲到來方能解圍。當時食堂的空氣驟然緊張。只因教師同席，幸沒發生大亂子。可是一日之間，無論上課下課，所有校內的人員無論學生教師以至工丁，都不絕的談論此事。我乃於下午下課之後，在校後荒地召集各班班長商議辦法。結果從第二日起一律罷課，非得真槍不復課。同時由我提出幾條整飭風紀的辦法：在罷課期間絕對不准請假，一律於上課時間內在自修室自習；舍監學監及教師來勸導上課，則於見其來時高聲讀書，裝作不聞；近前問話，亦不作答。議定之後，立即回校執行，但班長之中有數人不敢傳命，我乃親至各自修室一一告白之。第二日上課鈴響，果然無一人進課堂。

那時的罷課，是頂重大的問題，若被提學使知道，知縣、勸學所長都要被處分，堂長當撤差。所以幾小時後鬧到滿城風雨，而城中的所謂紳士十餘人，都來向我及各班班長勸導。我以代表的資格說話最多，也最為他們所注目。結果終於由他們之藏有槍枝者以私人名義，借給學校數十桿，始於第三日照常上課。可是我的學籍也於復課後不二星期，於端午節特別放假的三天中而被開除了。

學籍之被開除是我意中事，而且在前一兩天也曾略有所聞，但為「好漢作事好漢當」之俠氣所驅使，終於不願屈服。端午原擬歸省，亦因此羈留。牌示發布之日，即親去堂長室質問，堂長畏而早避去，由學監官清先生敷衍之。略談數語即將行李攜至姑丈向宗榮家——他住長樂坊，離校甚近，我的衣服，均由姑母代洗，平時往來甚密——姑母聞始末而泣，我反侃侃而談。午飯後即自擬一呈文呈知縣，控堂長以教導無方、故意摧殘之罪。實則我的做代表以及鼓動罷課，在我都莫明其妙，不過憑一時的意氣，作快心之舉而已。所謂革命排滿，也不過是從書報上看來的兩個名詞，其含義都不甚了了，更說不到什麼研究與方法。呈文上去五日，始得著一個著勸學所查覆的批詞。勸學所無辦法，找我去面談，允下午送我去辰州中學堂，要我不再追問——他們所怕的是把罷課的消息傳到提學使面前——我那時意氣自豪，也不願再回原校。結果由勸學所具一紙面面周到的覆文，總算把我縣學界上破天荒的大問題解決了！

開除的時候離暑假還有一個月，勸學所雖然答應我備文送到辰州中學堂去，但一切費用最少都得八十元，在我的家境上是絕對辦不到的。所以出校之後，還不能把這種「高陞」的消息明白告知父母，仍得在城裏謀安身之所。適逢黃復強的舊友黃中傑在城裏教書，缺少體操算學教員，約我去盡義務，住與食的問題總算得一個暫時的解決。暑假後，城裏開辦自治研究所招考學員（因為六個月研究畢業便要去作紳士，所以不叫學生而稱學員）我因它期限既短，且可以得張文憑向家裏作個交代，便辭書不教而移居鶴鳴山去作學員了。

自治研究所的畢業期限雖然定為六個月，但九月一日湖南革命軍興，我縣雖屬僻地，到了十月也不能不順著「潮流」而忙於反正。我們也就提早一個月於十一月初畢業。畢業的時候，雖然是屬民國統治，可是科舉遺留下來的功名觀念仍然深踞在一般人的腦中而沒有什麼變更。所以畢業的時候，我家和岳家及親戚家中還是得著許多「捷報高陞」的報條；父母和岳父母則更以為改朝換帝之初就得了一重功名而高興得了不得。我呢？費去五個月時間，除了從同住者學習一點月琴，看了幾部小說，寫得幾本札記而外，在幾十次課堂中還聽得一些法律的名詞。後來有人說及根本法、補助法、命令不能變更法律的種種名詞，能使我不翻詞典而有相當的瞭解，總也算得「不無結果」了。可是畢業後回家去，母親看見我的長頭髮離我的頭而去，不禁忿火中燒，連功名也不稀罕了，而欲趕我出去。所幸不久革命的風氣侵到了鄉下，凡到過城裏的人都是垂辮而去，禿髮而歸（因為城門上有警察強迫剪髮，）母親也就不長久堅持她的意見了。

照時代和家境，我的學校生活應該與大清帝國的命運同時終了。不料一個結婚反把它延長到民國六年，這實是我們始料所不及的。

九、結婚

一九一一年冬，我正十八歲半，我妻長我兩歲半，已足二十一歲。因為我係獨子，父母抱孫心切，所以聘著一個大的媳婦，預備妻十八我成童時便舉行婚禮。所以我十五歲時，便藉二內兄結婚的名義，開始向岳家行走。只因我的知識慾特重，非畢業不肯結婚，所以遲至一九一一年即宣統三年的臘月二十二日方才成禮。

在那個時代和那個地方，我們的婚姻當然是要憑媒妁之言父母之命的。而且子女本身對於婚姻的權利反不如父母的大。我在七歲時曾因我的不歡喜，而退去一位未婚妻姜氏。現在妻子賀菊瑞，是我母親當時最中意的媳婦，盡了許多心力始把她的八字弄到手，而常常以之誇耀於人。所以當她未正式過門時，每逢年節都得給未來的媳婦寄些食品和衣料去以示關心。我倆雖然以年齡與時代關係，說不到什麼戀愛，但亦無惡感。

我倆既然可以過去，而她又是我母親最中意的媳婦；照理，我們結婚以後的家庭應當很圓滿了。可是因為我倆很好之故，事實上竟大大不然。她到我家的第三天，母親對她就不滿意，第十天的晚上，就因為一句話的誤會而責我教妻不嚴。以後問題愈弄愈多，她的一切固然動輒得咎，我更弄得無法安身。到第二年五月二十二日，我晉二十歲的時候，因為洪水把路沖斷，她不能帶著禮物回來替我作生。母親乃怒不可遏，決定不要她再回。雖然八月間，她的父母將她送到我家，但終於不能使她安居，不久又由她家接歸。以後三年之間雖經親族幾次調和，她曾幾次回到我家，但終於愈弄愈僵。她既無法支持母親的待遇，我則常常為母親趕出家外，以露宿絕食為家常便飯。到了民國三年秋天，我因人道主義的驅策竟冒天下之大不韙，毅然把她從母親手中奪出送之歸其母家。我的學校生活也在此波濤之中別開一條生路。

這裏有件事應得插在中間說明的：我的母親何以於我結婚之後，對最親愛的兒子和最中意的媳婦都有出乎人情之外的待遇。這問題在中國的舊家庭中很普遍，（就我所知，其困苦情形遠過於我們而演成極悲慘的結果者很多。）二十年來，我無日不在求解答，但十餘年來不曾得著一種滿意的答覆。當事變初起的幾年，我只覺得妻在性情上行為上都是一個很合理想的好媳婦，我從人道上不滿意於我母親對於她的種種待遇，所以有幾次竟用全生命的力量將她從舊社會的各方面救出。但是每經一次事變，我便對於母親性行的種種方面作一番分析，但在十年前所得的結論，只是她「性情孤僻厭故喜新」的幾個字。近數年來讀書漸多，對於人生體驗漸深，始知上面的幾個字絕不能解釋我們的事情，更不能解釋同類的問題。其根本原因為心理的，即是因愛生妬。這就是說：我是她的獨生子，她對我的愛是最純潔、最真摯的。她在家庭中，與父親不甚相得，因習俗的影響對於女兒又不甚重視——我只一小我五歲之妹，亦於三十歲時繼我母親而逝——所以我成為她精神上的唯一寄托者、唯一安慰者。她因時代和教育的種種關係，當我幼時即把我當作「小大人」看待而管教過嚴，致我極怕她，而不甚愛她，然而這正是她愛我最深切的表示。以我那種家庭境況，她情願以手工替我換學費，必使我「讀書成名」，又豈是一般母親所能作得到。當我幼年離家上學，她每次都得遠道相送，而每次歸家的時候，總預先把好東西備好等我回去吃，更要在門口倚望；倘使約定日期竟不回去，她在我未歸以前總是坐立不安：這也不是一般母親——尤其是許多半新式母親——所常有。她愛我既如此之深，她的潛意識自然要驅策她使她常占據我的心。而我的心中忽然衝入一個妻，將它排擠出去，它的精神自然不安。所以我們越和諧，她越不舒服。然而社會的種種，又不許她的潛意識抬頭，她只好替它找別的道路讓它出去，於是媳婦便成為遷怒的對象了。我因幼年讀過些社會小說和理學書籍，素有人道思想，所以能於萬難之中，憑個人的「心安理得」將妻救出，不使演成最悲慘的結果，以遺累社會；可是在我母親逝世以前，我沒有現在的見解，不能了解人類的缺點，不能體驗她的苦心，致使我的「心安理得」成為她的傷心。現在看來，我當時之所謂合理，實是人道主義之片面的皮毛，若在今日，我或有方法於不傷母心之餘救出妻，而使她們兩全。此見解我於十六年十月母親逝世後因回憶她的種種在萬分苦悶之中體驗得來。每念往事，精神即為不安。今日寫此，並曾大哭。然而母親已逝，哭又何補。只願現在還有處境與我相似的人，明白人類此種缺點而謀美滿的補救。我母有知，亦當含笑九泉而恕我了！

民國元年暑假後我的學校生活，完全從我的婚姻中得來，也就是從我母的傷心史中得來，她雖未嘗有意地要造就我，然而我無她，絕不會有今日。所以在述我此後的學校生活，首先要感謝我母。

第五章　常德長沙武昌三校

一、常德第二師範

民國元年春、我即在從前的鄘梁書院，當時的二區區立小學校任體操算學教習，其生活情形，當於教師生活中詳述，這裏不贅。斯年秋季，因家庭問題，既不能在家安身，同時又不能在近處任事——因畏母親吵鬧——適逢常德第二師範附設單級教員養成所招考學員，我縣應派兩名，因勸學所於前一年有送我去辰州中學堂之約，得於十數名志願去的人之中占一席地，與小學舊同學夏耀先於中秋前三日暗乘岳父之藍靛船起行赴常。

我父親秉性純厚，對於我鍾愛異常。每當母親責罰我時，他總在旁勸解，而母親的性情執拗異於常人，每以他的勸解而更生氣，他倆的爭執也更多，但結果總是父親屈服。每當母親趕我出外時，他總暗中約鄉里的前輩設法轉圜。元年夏，為著我的「生日」問題，母親連續鬧了幾個月，實在不能相處，我要外出，父親亦以為然。但經濟權素來操在母親手中，他無法得錢，又不忍我無錢，乃暗中取鴉片烟十數兩給我，且托故赴縣城親送我上船。臨別的時候他囑我諸事小心，並謂以獨子而有如此家庭問題，只可委之天命。又謂讀書不多，不能多有教訓，但孟子所謂「天將降大任於斯人也，必先苦其心志，勞其筋骨，餓其體膚，空乏其身，行拂亂其所為，所以動心忍性，曾益其所不能」是記得的、懂得的、而且常講過。特唸給我聽，作為臨別贈言，並囑我以後遇著困難，便想到他所講的這幾句話，當可鼓起勇氣，努力前進。那時他將近五十歲，鬚髮都已斑白。他說完，淚已盈睫，我也不期然而落淚。他那慈祥的熱情深深印入我的心坎。我以後無論處何種逆境，從不悲觀，而且奮鬥愈力，大半都是由他這次臨別贈言所賜。

岳父的船由潋水出沅江，十日即達常德。常德係商埠之一，為沅水貿易薈萃的地方，一切情形與內地的都市無異，無詳加說明之必要。學校在城內的大高山巷，雖然規模較縣立小學為大，但設置的情形相同，不過師範本校之外，另有附屬小學，為我初次看見而已。

單級教員養成所畢業期六個月，因其目的在養成鄉村小學教員，所以關於教育的科目特多。除教育史外，其餘如教育學、論理學、心理學、管理法等均有，而尤注重單級教學法及音樂、圖書、手工、體操各科。本所雖為第二師範之附屬機關，但當局很為重視，所有教師均由江浙專聘而去。那時正是日本留學最發達的期間，國內教育界人物大概都是留學過日本的，其一切講義，亦完全從日文翻譯而來。我們修業的期限雖短，但因清末興學的動機在救國，而日本戰勝俄國的功勞又由軍人們歸之教師；所以「教育救國，」「教育萬能」以及其他關於心理教育上的種種名詞到聽得不少。但都市的生活既非我所喜，而講堂上咬文嚼字的講演，白費我的時間過多，更使我不高興。在此六個月之中，除音樂圖畫為我所素好略感興趣而外，其他各種教育科目我均漠然置之——不過「教育萬能」與「教育救國」兩觀念卻無形裝入腦中。課餘則常常去圖書館自由閱覽。雖因館址離宿舍很遠，時間有限，不能為系統的研究。但館內所收典籍較縣立小學閱報室的不知多若干倍，無形中增進識見不少。將畢業時，費一日之力，編成一張急就章的單級小學課程表——四個年級的單級課程表很不易編——竟得主任的特別讚賞，而介紹我去澧縣作師範講習所的教員。

我的經濟除了將父親所給的鴉片烟變賣得幾十餘千足敷幾個月的零用而外——學校不收一切費用，且發用品——無其他任何收入；而妻子既不能住我家，亦不便常住岳家，在理我應當自謀生活；澧縣的機會，我不應當錯過。然而我的知識慾特強：因從圖書館中知道經史之外有諸子，普通科之外有專門科學，且以為要研究專門科學應該留學，要留學非精通外國文不可，而無時不想作進一步的研究。中途棄學就職，實非所願。同時又因我是農家子，過慣了鄉村的素樸生活，對於經濟問題不很看得重要；且於幼時受了江湖均產思想的影響——前兩年在寧鄉賣字並曾實驗過——並深記著父親的臨別贈言，很相信「天無絕人之理」的成語，更以為只要自己努力，經濟上總不至於走入絕路。所以毅然不應澧縣師範講習所的聘而於斯年冬天去長沙。畢業之後未去長沙之前的兩星期間，正值國會議員覆選，我因友人之招，曾在選舉事務所中幫忙。那時我對於政治本無何種趣味，可是眼見那些選舉者之賄賂公開和只講成敗不問是非的行為，激動了我厭惡之感。這短時間的生活，竟在我腦中印上一個很深的痕跡。十餘年來，有機會可以踏入政治界而終於不曾踏進去，這種不良的印象很有一些關係。

二、長沙遊學預備科

長沙雖是舊遊之地，然而並不熟悉，到後即和彭松年住在一寺院；該院不收房金，每月只需伙食五千文。但我家的經濟權，操於母親之手，我去常德去長沙均未得其許可，除了臨行時父親暗中的資助僅足敷在常德的零用而外，以後即無接濟，那時生活用費，完全靠彭君借貸。民國二年春天，同鄉舒文先先生，和醴陵劉某在長沙租賃民房創辦遊學預備科，更與我所夢想的遊學企圖相合，乃設法以免費生入學。起初僅免學費，膳宿費由彭君擔保，未一月，我竟為其國文教師代改同學之國文而完全免費。我雖在小學學過英文，但連字母都認不清楚，而校中最低的英文班次亦教莎氏樂府本事和納氏文法第一集，所以一面要趕功課，一面又要改文章，工作過忙，身體很有不濟之勢。所幸開學不及半年，便因創辦人發生意見而解散。我乃於六月隻身去武昌。

三、武昌文華中學

我去武昌的目的在習英文，但經濟上全無計劃，只由彭君替我籌措路費數元，到武昌後便無餘資。寓居黃鶴樓之某客棧，日在黃鶴樓中賣字。所得的結果僅足敷伙食之用，絕無餘力供學費。適教會設立之文華大學中學部暑假英文補習科招生，乃將冬被及衣服當去，湊足學費，按日上課，寓所亦遷至糧道街某客棧。該棧為公寓性質，中華大學學生寓居其中者甚多。相處稍久，與河南王奉三君過往很多，很為相得。適因宋案問題發生二次革命，七月十五日黃興入南京使都督程德全宣布獨立，組織革命軍。武漢風聲鶴唳，檢查甚嚴，湘人尤被注意。某日的早餐後，全棧忽然被查，並捕去久寓該棧之退職軍官湘人某君，凡屬湘人，均在嫌疑之列。某君捕去後一日之間，陸續從該棧捕去的湘人近十人。我因去黃鶴樓未被株連。王君知其事，立即馳至黃鶴樓報告一切，囑我不必回寓。他並知我囊空如洗，而自己又無餘貲，乃將其友人寄存之被褥等當得大洋四元，交我購船票。我乃繞道雇划子潛渡長江，於第二日赤手返長沙。事後從報上知道那次同時捕去的人都由軍法處科以重罪，我無王君，即不被捕，亦將流落在武昌。可是民國三年春，他畢業回鄉，我們音問斷絕，以後永不知其下落。只剩得他那瘦弱的體魄，俠義的丰姿作我想像的資料而已。

第六章　嶽麓高等師範

一、借文憑

回到長沙之後，更是貧苦不堪。彭君雖曾畢業，但仍在省閑居，他既不能多累，而我又無其他生財之道。屢次計議，本打算暫謀職業以過目前。適八月某報載湖南高等師範招生廣告，彭君見之，要我投考。我無中學文憑，報名且不可得，如何去考。彭君以為文憑可以假造或轉借。適同族舒建勳正畢業法政學校，預備去作官，知道這情形，願把他的辰州中學堂的畢業文憑借我。但他是光緒三十三年畢業的，文憑上寫定三十一歲，到民國二年，推算起來，應有三十七歲，而我實在只有二十歲。報名的時候，很怕露馬腳，特別從彭君處借一件老布長衫穿上，並把頭髮弄亂，以遮掩報考處職員的耳目。所幸報名處不在嶽麓山的本校而在長沙貢院坪的收發處；主其事者只是一個書記，我把照片和文憑交他，他也並未詳看，只略一翻閱，給一張收據與我，總算把忐忑不安的心放下了。

當時的學額預定一百二十名，報考者六百餘人，但名額是以地方分配的：全省七十二縣，每縣至少一名，多則三名。我縣報考者三人，除我外還有兩人，他倆都是第二師範本科畢業的，所受的基本教育當然比我好，不過英文比我差。計考三場，第一場國文、數學、理化、英文四門，第四日放榜一共取二百十九人，我列第十四。第二場複試國文、數學，國文係默前場自己的文章之一段，數學則為四則算術題；算術五題均完全作出，國文、反而發生困難：因我作文章從不起稿，綱目想定後，便一直寫下去，這次要重默舊文絕不能一字不差。寫完規定的字數以後，忽然想到全篇的結構和意思是完全記得的，特於正文後致閱卷者一封信，告以全篇之段落與我歷來作文的習慣，而請其不必專重舊文字句的記憶。第三場口試並檢驗體格。兩次考試完畢之第三日發榜，則惟我一人被取。可是我入校之第二日即被人告發，說我的文憑是假的，以年齡為最有力的證據。當時學監處召我去談話，告我以被控情形，我坦然自陳謂文憑確是假的，但應試則完全是我自己，不曾假手任何人。有相片及監考者可憑。如學校以成績為重對我而有疑問，可從新考過；若以文憑為重，則我惟有退學之一途。當時的校長係鳳高翥先生，畢業於東京高師，對我侃侃而談的態度特別注意。經他們詳商之後，仍許我暫時就學，謂將行文到我縣勸學所去請其來函證明，以減輕學校的責任而清手續。可是後來究竟怎樣辦，我也無從知道，不過從此而後再無人向我問及此事。

二、經濟狀況

我當時的經濟狀況很窘，棧房的伙食是彭君替我代付，學校雖然不收一切費用且發給書籍、用品、制服，雖然剃頭、洗衣都不要錢，渡河——校址在長沙之對面嶽麓山下，去長沙須渡兩道河——有學校雇定的划船，蚊帳也有現成的，但入學時的證金十元不能不付，平時總不能不備一點零用，冬天不能不備棉衣厚被。這些，在我都是絕大的問題。後來十元證金，蒙同鄉武澹溪先生——他畢業於北京高師，初任高師齋務長，我入校時，改任第一師範校長——代為擔保，零用則由各友人處零碎借挪，好在嶽麓山是與城市隔離，不進城是無法用錢的，一學期有三、五元便很夠用，不成什麼大問題；冬衣和冬被則由小學舊同學向事成那裏借來。第一個學期總算勉強過去了。

母親因我考入不要錢的學校，知道不能再以經濟的力量限制我，對我也漸平和。到了冬初，由父親轉達母親之意，只要我答應再娶，可以回家，且可供給用費。我因本年二月，妻曾生一個小孩，而且知道她在母家無法安身，對於家中情形很想看看，所以也覆信答應，但自己絕不自動，聽憑母親辦理。母親也知道這不會成為事實，姑藉此宣傳使岳家及妻發急，一面可以出氣，一面又可以轉圜——她想念我到極點，但以性情執拗從不肯將其本心顯露於人——所以也就含糊答應。我於這年年假回家時，母親並接受族人的調停，允岳家將妻及子送回度歲。第二年起行的時候，還讓父親給我制錢二十千文，以便我去長沙還清最緊急的債務。

民國三年的暑假，因為家庭問題不能解決，又回去一次。此次我冒大不韙將妻及子送往岳家，我家庭的經濟來源完全斷絕。初意本打算到沅州中學去教書，後因舊同學黃復強、胡惠人及縣教育會會長舒鑑淵諸君各允年借錢十千文，又得繼續就學。後來黃胡兩君繼續相助兩年，舒君一年。民國五年暑假起，我一面在長沙與同學周調陽、劉範猷等及陶菊隱（名孝宗，當時任上海各報通訊記者）等辦《湖南民報》及在報紙雜誌投稿以文章換零用，偶然缺少一點，則由現在已故之同鄉諶鴻範君借貸。斯年秋並由父親送錢二十千至長沙，年假歸家的旅費也不成問題了。六年春即任兌澤中學音樂教員，且有文章的收入，經濟上已足自立；斯年父親為我預備的畢業費，我完全不用，而請其移作償還黃、胡兩君的舊債。

四、五兩年的年假，我都曾歸家，但因為每次都得暗中去妻家，所以於母親方面都沒有好的結果。這一些家庭的故事，從表面看來，似乎與我所受的教育沒有什麼關係；可是我無家庭的壓迫，絕不能使我對於學業有那樣的努力。這經過的種種，在我的生活史上實極重要，這裏以篇幅關係，只能略述大概。

三、嶽麓書院

那時的湖南高等師範的校址是在長沙對面嶽麓山腳下的嶽麓書院。這裏是完全與城市隔絕的鄉村，而且是朱、張講學的故址，它的自然環境與歷史偉績對於我都有很大的影響。當時的生活情形，至今猶歷歷在目，依戀不捨。茲略述之。

嶽麓書院是以嶽麓山得名，嶽者南嶽衡山，麓者山足，嶽麓者義為衡山的腳，嶽麓志載其形勝說：

「高明廣大，具嶽之體。自平地以趨山巔，又七、八里。峯頂，東西廣約五丈，南北倍之。怪石懸絕，禹碑刻其上。自碑處折而南，兩峯環抱，中含靈泉；又折而南，倏起倏伏，土不勝石，隨拔一峯，如伏釜覆鐘。碧樹千章，曰雲麓宮峯。峯降若干級，江流環帶，中拓一屏如掌。再折而東，盤旋逶迤，特據江邊，則大天馬山也。自碑處折而北，為抱黃洞、崇真觀諸山。又折而北以趨於東，為道林、桃園、小天馬山，再折而北，為官星山、人字山、玉屏山。」此為山之輪廓。山之高度，據當時之學校測量，以校址為基點，到山頂為二百四十一公尺，至雲麓宮為一百八十餘公尺。

嶽麓山面對著湘水而與長沙隔江相望。因為湘江到長沙城外，在江中淤著一個大沙洲，長達數里與長沙城平行。其北面的一部分叫水陸洲，南面者曰牛頭洲。嶽麓書院在牛頭洲的江岸立有石坊；洲上有小市集，叫朱張渡：蓋宋時朱熹、張栻在嶽麓講學所設之渡口。所以學校仍自行雇划在那裏專渡教職員學生。除去春夏之交，山洪大發，長沙城內進水，沙洲全部湮沒而外，自嶽麓至長沙總得渡兩次河。這是嶽麓與長沙的交通情形。

從河濱的石坊（俗稱牌樓口）沿著田隴中石路走上半里，在路中有一座四方涼亭，題名曰自卑亭。從這亭起，地勢漸高，在地勢上固然是含著「登高自卑」，在學問上也含著同樣的意思：因為它是踏進嶽麓書院的第一座亭。經過自卑亭走不上半里，便有一道校門，右旁有縱橫三十八丈的大坪，是當時的操場和書院時供生徒遊憩之地，所以稱為桃李坪。這坪上首之正中有一台，高約一丈，稱赫曦台，其後面便正對著校門。校門之高與台等，所以從自卑亭之通路而來，須拾級而上。進校門，兩旁有廂房各數間，再進為二門，三進為講堂，四進為文昌閣，五進為御書樓（當時之圖書館在此，靜僻異常。）講堂之左右前後是教室、學生自修室、寢室、教員宿舍、膳廳等等。

因為嶽麓書院是歷史上有名的書院，所以有關史蹟的建築物也特別多。在御書樓左面的有四箴亭，石刻程子視、聽、言、動四箴，祀二程子；有宋周濂溪祠，晉陶桓公祠，文昌閣之左有六君子堂，祀朱洞、周式、李允則、劉琪、陳鋼、楊茂元；有崇道祠，祀朱晦菴、張南軒；有王船山祠，劉中丞（琨）祠。校後有校園，校園之中，有唐李邕所書之麓山寺碑，高二丈餘。出校入山有愛晚亭（刻有程南軒青峽詩），學校的左隔壁有文廟，廟後有崇聖祠；離校左之二、三百步有屈子祠。（當時之附屬小學。）這種種祠和堂，都是文化遺產。每一個建築物和每一個建築中所祀的神主、所置的物品，都足以資人觀摩，發人深省。這是嶽麓的精神環境，是嶽麓的特產。

嶽麓書院自宋開寶中潭州太守朱洞創建以來，中經九百餘年，雖曾幾經燬於兵火，但代有增建，故規模宏大，清光緒二十九年巡撫趙爾巽奏廢書院為高等學堂，東西齋舍，又完全改建。而以地面遼濶，均為平屋。民國元年廢高等學堂，高師遷入，又於校左建附屬中學。故全校所占地面達百餘畝。實際上，則除學校而外，只有鄉間最少數之農家，與山上的萬壽寺與雲麓宮。而山間與田野，盡是學生遊憩之地，即謂周達十里的整個嶽麓山都屬學校之地亦無不可。

四、高等師範

嶽麓山與城市既相去那麼遠，學校又屬官費，學生的膳、宿、衣服、書籍、文具、剃頭、洗衣、渡河以及蚊帳——為求一律計，故由校供夏布蚊帳，終年不卸，被褥則自備——故管理頗嚴，學生為著經濟的關係，亦服從有加。而當時的一切都採部別編制制，即各部的學生，自教室、自修室、寢室、膳廳、以至旅行參觀，都按部集合在一起，由學監預為編定座次，學生不得自由移動。即教師亦因所教科目的性質相去甚遠，除去最少數的教育公共科目，由一教師兼任數部的功課而外，亦均各部分立。所以各部之間很少交通——有同學四年，而在各部之間不能互舉姓名者——於本部同學及教師則親切異常，有如家庭。故每逢假日，如無特別事故，學生與教師——教師大都住校，有家者住校外附近，但因要負課外指導責任，每宿校中——不大進城，而在嶽麓之山野間共尋消遣。

嶽麓山的自然環境既然那樣的好，而我自己又是最歡喜鄉村生活的，所以在那裏四年，心情大概都很平靜，對於學業也能按部就班地研習。只因為初從農村出來，又在鄉下私塾和書院中讀了十幾年書，充滿了一腦子的治國平天下的大道理。所以對於學校的正功課，只當作例行公事般地對付，而將所有剩餘的時間都用在遊山玩水和進圖書館及玩音樂上。

當時的高等師範是倣日本制，預科一年，本科三年。預科的科目與中學相似，只不過將時間縮短於一年之內將中學四年的主要科目如數學、博物、理化、國文、英文之類復習一過，本科則分數理、博物、英語等部。新生經過入學試驗之後，進校的第一件事就是填分部的志願書。我本是不曾進過中學的少年，除去國文精通而外，對於什麼科學都可以說是全無根據，就是英文也不及現在上海的小學生。但填志願書的時候，則在第一、第二、第三志願的項目下（志願書中平列三項志願，是恐某部第一志願的人太多，便擇其第二、第三志願編入別部，非如現在大學生之可以自由選擇系別）均填英語兩字，意思是表示除英語部外不進他部。我當時一定要進英語部，固然是由於沒有其他的科學根柢，但還有一個很大的社會意識在背後支配著，那便是留學。

五、留學熱

當時留學生之被人重視，就是在我那最狹隘的社會生活中也可以得著證明：就我所知，在小學時的許多教員，都是從日本留學回來的，而常德第二師範的主要教員幾完全是留日學生，同時民國元、二年之間，各省都在派遣革命有功人員及烈士後裔留學，長沙更曾於元年、二年各舉行留學考試一次。在那時，所謂「西洋一品、東洋二品、中國三品」（此語在清末教育界中最流行，即西洋留學回來，無論任事、作官，其資格與俸給都在日本留學生之上，而日本留學生又在本國畢業生之上。）的成語，還是盛行於社會之上，遂無形中構成了我的留學熱。所以在常德畢業之後，不願去作教員，而到長沙進遊學預備科，其目的是在學習一種外國語，以為他日應留學考試之準備。現在高師既有正式的英語部，且其主任教師為外國人，則這種欲念當然是無法抑制的。——至於學了英文，是否可以留學，到那裏去留學，學什麼，「學成歸國」可以替國家作些什麼，那時完全不曾想及。

編級的結果，我雖然入了英語部，對於英語雖然在起初的兩年也曾用過一些苦功——那時我的英語程度實是差到不成話，最普通的單句尚不曉得作，就要直接聽講，用苦功實是「實偪處此」——但從第三年起，便是隨班上課而已。下課以後，不是流連山水、奔走球場、玩弄音樂，便是去圖書館讀古書。

六、遊山玩水

當時我的下意識中，有兩種極相反的慾念在那裏互為雄長，即是趨新與復古：因為我幼年時代，曾受私塾及書院的訓練，平常所讀的又多是些中國的古籍，對於私塾及書院中的獨立自修的習慣，固然已經有了定型，而師生間的親切關係猶能深切瞭解。由書院改入小學即感到師生間之漠不相關，第一次到長沙而後，更感到師生之商業行為——即學生交費於教師，教師出售知識——的無聊。到嶽麓而後，因為學校是朱、張講學的舊址，更時時引起我懷古的遐思。而圖書館因為歷史上的關係，所藏的舊籍又特別多，所以我每到圖書館，必擇諸子與各種學案閱讀，以冀將來成為一個理學大師，重步朱、張的後塵。在另一方面，又希冀在新時代中作一個出色人物，所以又時時想嘗嘗都市生活的種種滋味。幸得經濟上的限制與學校與城市的隔離，不曾使我走入墮落之途，但理學家也終於不曾作成。只把剩餘的時間移作名士的風流——遊山玩水——與遊藝的活動而已。

在高師以前，我不曾進過完備的學校，對於體育上之各種遊戲，當然沒有造就，但因幼年曾略習武藝，於各種運動都很感興趣；加之有一時期的校長極力提倡體育，每月在校內開運動會一次，所以我也為其所鼓舞而常在操場上練習各種球類及田徑賽。至於音樂，自幼即成酷好，流行的樂器很能玩弄幾種，到高師而後，於西樂外且習古樂，課餘的時間消磨於此者很多；雖對古樂只識琴、瑟、笙、篪等樂器，對西樂只知普通樂理與五線譜，但將畢業時，能在中等學校教授音樂以資生，卻是這些玩藝之功。

七、華爾偉先生

我們在預科時，雖然英語部的英文鐘點比別部為多，但每週只有十二小時，分為文法、讀本、會話諸門，由幾位江浙教員分別擔任（湖南那時還無高等英文教員）。到本科後則完全由一美國人華爾偉（S. B. Harvey）先生教授。他是密西根人，在當地一個文科大學畢業，雖然不曾以文學著名，但在本國教學很久，復在北洋大學教過幾年書，年齡亦在五十以外，所以教學法很好，性情也很溫和。當時的高等師範，實等於現在的學院，要作一個真正的教授，非有充分的研究時間不可，而學校為著經濟上的原因，竟要他每週擔任二十小時的功課，還要改全班三十人的文章。在現在想來，好像是不可能；可是他竟辦到了。他對於我們的功課，固然不曾敷衍，而且選了許多好的教本——如賴德的美學史，杜威的思維術之類——就是對於我們的文章，也是每週每人一篇，第一次改過之後，還要我們重抄再改，有時還要個別的叫去指導。他所以能如此，固然是由於他作事負責，而他的孤獨與我們的程度過於幼稚也是極大的原因。

他雖有家室兒女，但都遠在美國。他來華數年，但說不上十句華語，除了和我們會談以外，幾乎是無從開口的；嶽麓山又是那樣與城市隔絕的地方，他既不能每日渡河與其本國人晤談，則下課之後，除去飲食、睡眠、散步——他每日下午五時必去山上走一趟——以外，便只有獨居室中預備功課，改削課卷以消磨時間。我們在那時，雖然是高等學校的學生，但英文程度或者還遠不如現在都市中的高中學生。我記得他第一學期教我們作英文時，出題之後先在黑板上寫許多綱目，只要我們加若干動詞連結上去，便算完事，——實在只算造句——第二學期始教我們自作綱目，第二年才要我們正式作文。但到畢業時還少有人能作數千字的文章。至於各種教科書雖然選了許多名著，但我們除了逐句照講，逐字照譯而外，實在說不上什麼心得。而正音工夫幾占去讀本課全時間的二分之一。這樣的程度，在他看來，比他本國的小學生還不如。有此二因，所以每週教課二十小時，還能絲毫不苟地處置裕如。

他對人很和藹，無論我們在什麼地方遇著他，總是笑容滿面；每逢開學及散學時，必得開一次茶會請全班加入，講許多笑話，有時並要分送我們一點東西。所以我們對於他的感情很好，常願與他往來。而他那公私分明——他替學校寫一封信去上海訂書，必得向學校算回郵費，而約同我們去長沙遊覽，學校給我們的點心錢，必得要我們退回，由他代付——與作事負責的精神，影響於我的生活很大，至今猶使我念念不忘。

因為他對我們的親切，我對於教育上的復古與厭新的兩觀念，很得許多調和。當時我以為新式的學校，雖然有講堂上的浪費時間，不能如私塾和書院之可以聽學生自由進修，但師生之間也可以有家人一般的感情，同時還可有許多剩餘的時間作自己要作的事，無形中減去了我對於學校的憎恨。可是我在中國人中，不曾遇著他那樣的一位先生，並且經過了幾次事變，我對於學校的不滿之感，又逐漸增加，而復古之念，也在潛意識慢慢地滋長。

在我當時的簡單腦筋，以為教育是立國之本，一切從事教育的人，都是很純潔，很高尚的；而高師是造就教員的地方，主持人更當是純潔而高尚的。可是我跑進高師便遇著驅逐校長的問題，接著就是三十幾位預科同學被開除，第三年又有我平時所敬愛的前校長作籌安會會員而赴京請願，要袁世凱作皇帝。種種現成的事實，把我的理想完全打破。

這些事實，雖似教育界的局部問題，然而都是中國新教育史中的重要史實，對於我個人的教育觀，尤有重大的影響，所以還得略為分別敘述一番。

八、退學風潮

我進高師是民國二年的秋季，那時的校長是湘西的鳳高翥先生。在湖南，因為地勢的關係，向分中、西、南三路。大概說來，中路是平原之地，濱湘水下游，為舊時長、寶、岳諸府屬，西路地居沅、澧兩水之濱，大半屬山地，為舊辰、沅、永、靖、常、澧諸府屬。南路亦為山嶺區，居湘江及資江之上游；為舊衡、永、郴、桂諸府屬。這三路各有其同鄉會的組織，在政治上、經濟上、文化上都立於互相鬥爭的地位；但因為交通的關係，中路的文化比較前進，一切也都占先著。以南路與西路相較，南路又占先峯。西路的鳳先生之所以能作全省最高學府的校長，據說是由於宋教仁先生的關係，民二宋先生已死，斯年十月督軍譚延闓去職，由湯薌銘繼任，二次革命且失敗，政治上的勢力自然有所變更，鳳先生之不能繼續，自是題中應有之義。繼其任者為南路的符宇澄（定一）先生。他本是全省中學（即省立中學，只此一校，故稱全省中學）的校長，其所以改長高師自然也有政治的原因，不過當時我並不曾理解及此。他是長於言詞而有心計的人，進校的第一天，發表一篇大政方針，歷舉其治事治校作人的大計，很使我發生崇敬的感情。——他辦事確很熱心，對我個人也有好感，我改回原名新城兩字，是他於四年一月臨去時特為倒填年月備案的——而當時的學生學籍，是按照縣分分配的，西路的文化雖較後於中路，但各縣都有學生，西路的人數並不少於中、南兩路。西路的紳士以為本路的最高學府的校長被南路的人排擠以去，是一種利權的重大損失，於是鼓動本路的學生反抗。本科的學生為著不久就要畢業，各為自己的前程打算，不肯冒昧加入。而新考入的預科學生三十餘人，入學的時間不過一月，前途如何，尚難預斷，且少年血氣方剛，平素受著封建思想的薰陶，更以為向南路爭利權是好漢所應當幹的。加以新校長宣言治校以嚴，冀為國家作育可作育之人才，而有西路某縣同學綽號王胖子者，本以政治為生，此次之進校，本在發揮其政治勢力，如學校嚴格管理，嚴格考試，均於彼不利，於是內外相成，而彼成為「舉義」的領袖了。

革命兩字，在民元的長沙是最時髦的名詞，自學校以至娛樂場所，都無不以革命為標幟。自從二次革命失敗以後，反動來了，一切不准革命，「學校與軍隊無革命」的飭令下了，更有誰敢在學校裏講革命！然而路界要爭，本路的權利更要爭，不准革命——因為講革命要砍頭——便只有採用消極的辦法，即對外求輿論的制裁——發傳單；對內為無抵抗的抵抗——退學。學校以及行政的當局方面，初且派員勸導，繼則申言開除學籍，追究保人，結果是於剛柔的中間，闢一條中庸之道，聽自願退學者退學。而西路三十餘同學便在自以為「光榮」與學校自以為「省事」的情形下，無聲無息的肩著行李，離開嶽麓山。

我是西路的漵浦人，西路的同學既經離嶽麓山，我為什麼獨留？這其中有兩種重大的原因。第一，漵浦在當時是屬辰州府，辰州府轄沅陵、瀘溪、辰谿、漵浦四縣，除辰谿沒有人應考外，沅、漵、瀘都各取一名。而當時的某職員是辰州府人，雖是經鳳先生的聘請而來的，但並不隨鳳先生同去。在事發之前，彼以鄉誼的關係，召我們至私室剴切曉諭不許參加。我們也以鄉誼的關係而聽其勸導，不曾加入王某所領導的的團體行動。王等以我們不加入——另有沅州、芷江之兩人亦未加入——乃以恐嚇辱罵手段相逼，結果是引起我們的反抗，而堅決置之不理。可是我那少年的心情，寧願加入彼等之所謂「光榮」行動，但因事先不曾加入，事後想加入而又懼不得王等之信任，與辰屬同鄉之制裁，只有置之不問而已。第二是我個人的處境已臨絕地。我的經濟情形，上面曾經說及，家庭的供給既經斷絕，職業的圖謀又非易事，當時之能入高師，不獨解決了求學問題，還解決了生活問題。而況我憧憬著留學生活已不知多少年，滿望著希望之花，不久就要結果，如何能為著假設的光榮，而犧牲著許多年來企求不到的現實呢。所以結果只有眼睛看著三十餘位同學負笈離校，而心酸汗顏而已。（到四年一月符校長也辭職去了，而改由吳嘉瑞先生接任，五年吳又由劉宗向先生繼任）可是另一方面對於教育之神聖與純潔的觀念已減淡許多。但最使我生反感者還是籌安會之事。

九、籌安會

在嶽麓山下靜靜地讀了兩年書，除去家庭問題外，生活得很平靜。民國三年的六月，歐戰爆發，平靜的生活起了波浪，但是這波浪遠在大西洋的彼岸，推到東海之濱，其力量已很微弱；而我在那時，雖因自幼養成看報的習慣而留心時事，但究非國際問題的研究者，對於聯盟國與協約國的得失，不過抱著隔岸觀火的態度，並無多大容心於其間。民國四年五月九日，袁世凱承認日本的二十一條，雖然激動我對於政府的仇恨，啟發我對於國際勢力的認識，醒覺我民族獨立的意識，但湖南在湯薌銘統治之下，學生不敢活動，高師遠居嶽麓，即使城內學生有活動亦很難加入。所以除了在課餘與同學談話中發舒一些憂憤的語言而外，也無其他動作；在心情上仍是相當的平靜。及八月十四日，忽然有所謂籌安會者議倡君主立憲。對於我那時的少年純潔心理，給予以甚大的激動。我自幼不曾加入政黨，對於政黨本無好惡。而少年時曾讀《中國魂》、《黃帝魂》種種宣傳品，在少年思想的抉擇上，自然趨向於民主。但因新民叢報主撰者梁任公（啟超）先生文章的引人入勝，對於君主立憲亦無惡感。可是自民元改建共和政制而後，一般青年既在事實上過著民主政治的生活，一旦令其棄去，自為其習慣及思路所不容。所以在報章上看到君主立憲的言論，即不假思索而斥為荒謬。及梁任公先生〈異哉所謂國體問題〉發表，不獨他的論據正是一般青年所欲說而不能說的；且能引經據典地說出，無異替青年們伸一口氣。最可貴者，是他本是倡言君主立憲的，今亦深切反對改變國體。是共和之成為天經地義，更得一層保證。所以他這文章傳播到湖南的報紙上，我們閱報室內的閱報者陡增數倍，且有情願不吃晚餐（因嶽麓山交通不便，長沙城當日的報紙，要等上午派遣出去的信差於下午五、六時帶回）而專讀該文的，我於讀後並為抄存，那時一般青年對於所謂帝制的心理是可以概見的。

不料在這種青年憤激的情緒下，長沙有了籌安分會，而分會的主要分子，竟有我從前所敬愛的校長在內。這在我當時情感上的刺激，無異觸電。平日對於他的種種信念都一掃而空。初期尚以為報紙之記載有誤，到冬間，他竟真的北上了。即欲自為幻設種種解脫之道亦不可得。於是對彼固由絕望而深惡痛絕，以至彼平日對於個人的私惠如代為改名等，亦視為險詐的手段而懷疑其真誠。——這所謂愛之切而惡之深——同時懷疑到人生的虛偽，與教育者的卑汙。而在精神上起了重大的反響，即緬懷嶽麓往蹟以自慰，而趨於復古。

自我所敬愛的前校長北上參加政治活動證實而後，精神的萎頓與苦痛較前年之不追隨湘西同學為「光榮」之退學而尤甚。於學校則視為解決生活的地方，對於功課，只求敷衍了事。所有剩餘時間都費在遊山玩水與進圖書館搬古董、弄音樂上面。而當時的校長吳嘉瑞先生，為長沙有名之耆宿，於新知雖所知不多，於舊學頗有根柢；教務主任為劉宗向先生，雖畢業北京優級師範，但亦以舊學著稱，兩人合作，頗有以恢復朱、張遺教自任之概。對於各處公共經過之處，錄懸朱、張等之語錄以為砥礪之資，每月一日並舉行祀孔禮，由彼等講述孔孟之學。並請人教授古樂，尤合我的嗜好。我之復古思想，乃因有人引導而益堅。雖然在舊學上並無何種成績，但精神卻因而安定，行為之砥礪亦得力不少。此後數十年在社會上尚能自立，此時之薰陶頗有關係。不過這種之所謂復古亦不過是一種模糊的概念，「古」之內容如何，亦不曾有所研究，只知道懷念往古學者如孔、孟以至朱、張等之獨立不倚之偉大人格而已。在此後教育生活上所表現之影響，只有否定學校制度耳，在積極方面並無何種重要的建設。

十、楊懷中先生

我住嶽麓四年，在學業上固獲益甚多，而思想與行為兩方之獲益尤多。在此兩方面給予我以重大影響者，物的方面有朱、張的遺跡，人的方面，有上面述及的吳、劉兩先生，及美國華爾偉先生，吳、劉兩先生的尊古，引導我講究性理之學，華爾偉先生之治事不苟，態度誠摯，養成我負責任、有條理、富同情的習慣。而在人格上最使我受感動者為楊懷中（昌濟）先生。他本是長沙世家，於舊學極有根柢，而又赴英入愛丁堡大學習文學，當時他教我們的是倫理學。他的道德觀是融合中國的性理學與英國的功利學派的倫理觀而貫通之，故極重實踐。其處世接物一本至誠，而一切都以人情物理為歸。他律己極嚴，不吸烟、不飲酒，讀書作文均正襟危坐，處以虔敬，但對他人則並不強加干涉，常謂美之所以為美，須有多態統一，於人亦然：只要其行為不害及群眾，應聽其自由。在經濟上尤為耿介，除以勞力所得，絕不妄取一文（彼返國時，某政府機關欲聘其為外交顧問，俸甚厚，彼堅拒不受，而願在第一師範作教師。在高師教課亦係兼任，每月薪修不過數十元）而於物盡其用，則特別注重。記得某次發講義，某同學多取一份，彼於課後特召之去，告以一人多取若干頁，於己為無用，但他人少此一部分則無從補起，勢必至於缺頁或補抄，所損甚大。物之價值在能盡其最大之效用，今使之無用，則非物之本願：卒令其退還。某君於此感動殊深，事後公開承認錯誤，坦白告人。其循循善誘之處有如此者。他教我們的倫理學及倫理學史為時不過一年，但他所給予我的影響很大。在行為上他那虔敬的態度，常常使我自愧疏暴，使我反省到養成「事無大小，全力以赴」的習慣。數十年來，凡責任上應當親作的事，絕不假手於人；允許他人一事，必得履行，不能即時履行者，必得記之於冊，必俟履行以後，然後鉤銷；而賣文二十餘年，從不請人代筆，服務社會二十餘年，從不取不當利得。在思想方面，他從人生哲學上，引導我知道中國性理學以外之西洋哲學學說，擴大了我的人生觀，而使我知道個人與社會的關係，體驗著人類有無限的自覺的創造性等等。幾十年來，我於學雖無成就，但對於學之範圍則從書本擴大到直接經驗與系統研究，常識因之日富；更以其所得，向實踐生活中求證驗，致見解日趨恆定，而心境得著安舒。此均他當時所不曾想及的潛移默化之功。

十一、幾本書

在文字方面給我以重大影響的，第一是校內的各種揭示，第二是《曾文正公全集》，第三是一般人所不注意的兩部書：一是謝廬隱的《致今世少年書》（青年協會出版）一是李廷翰的《貧民教育談》（商務印書館出版）曾氏日記，我在十六歲以前即曾讀其石印本而模仿著寫日記，（以後的日記，雖有間斷及遺失，但至今仍能保持著記日記的習慣，其植基當在那時。）不過對於內容的瞭解是很有限的。到高師而後，理解力加強，且自吳校長提倡性理之學而後，於曾氏的修養功夫，尤為注重，我對於曾氏全集瀏覽不止一次，在恆、靜，與省、克方面頗受其益。莊子則讀過不知多少次，但只欣賞其文之雄偉與辯才之無礙，於當時的文章上或有影響，行為上未受其益。後兩書，謝著為一甚薄之小冊，係集其在《青年月刊》上的幾篇通訊而成的。其中論及的大概為求學、處己、待人的諸方面，均係針對青年而發。其中有一篇專論用錢方法的：他鑒於青年之無必要而將父兄血汗得來的金錢胡亂用去，特教大家造預算。先把總收入算算，再把應當用錢的項目分為必需、安適、奢侈三種。首先將必需的除去，如有剩餘，再購買一些安適的東西，如自來水筆、椅墊之類，但縱有錢，亦不可費在奢侈品上面，而應把它用到應當用的如救濟方面去，我的收入本有限，而得來又不容易，但經他這一指點，同時我在幼年時母親對我常講的「吃不窮，用不窮，不會打算一世窮」的幾句話，也常常浮在我的腦中。所以無論什麼時候用錢，都得問問是否必要。居然使我把最少的錢，分配在適當的用途而不感拮据。他的文章本流利可讀，而他又為教會中人，因而對於他更加崇拜，對於《青年月刊》看得特別仔細，對於基督教也發生好感。後來我一度與基督教發生關係，也是因他而來。而幾十年來我在個人經濟方面常有預算，雖不寬裕，但從未竭蹶，卻完全得力於母親的幾句話和他的那篇文章。李著也是一本小冊子，他於辦理貧民教育方法講得特詳。我在單級師範時，本讀過一些日本十幾年前教育學課本中所謂教授論、訓育論、養護論的教育理論，在高師重讀教育學，仍是那些理論，而當時中文出版的教育書，大概都是這一套，西文的則不知應讀什麼書，且亦未見得買得起，所以對於教育理論很感飢荒。李著雖也平常，但他對於貧民教育的原理是超出「什麼論」的範圍，而提出了國家教育的問題，在方法上尤為切實，均屬親切易行的經驗談。好似一盞從事實際教育的明燈。我對著者頗表敬意，對於這本書讀過很多次，而且逢人必講。民國五年的暑假，參加廬山的夏令會，且在小組裏提出講演過，並參以該會社會服務的手冊，而編成一本小冊。我以後專治教育，這本小冊卻無形中給我以一些鼓勵。（十九年入中華書局，不料我當時所崇拜的著作者，竟成同事，而年齡僅止長我七歲。）

十二、朱子教條

嶽麓書院本是朱子講學之地，所以正對大門之大講堂仍為舊時遺物，而有朱子親筆書高達丈餘，「整齊嚴肅、忠孝廉節」的石刻，分嵌堂內外左右壁。堂之西壁高懸校訓「公誠勤儉」大匾額。因為吳校長是前清的翰林院編修，劉教務長也是專治舊學的，所以對於性理之學極為重視，除每月朔由校長率導祀孔講學而外，對於任何場所凡為學生起居所到之地，均擇錄先賢語錄或事跡懸之壁間以資儆惕，並於講堂壁西懸「最近國恥史綱」，以與校訓並立，而於東壁懸湖南「理學淵源錄」與湖南「先正小錄」。在講堂正中懸朱子白鹿洞書院教條。（這揭示均為民國四年九月至十一月所置，為暗中反籌安會之舉）這種種，在一般人看來，亦甚平常，但我因幼時經過私塾與書院的生活，對於所謂性理之學，雖無門徑，但很願接受。又值籌安會發生，思想苦悶無出路，驟睹此種性理之學的教條，內心若似有了安排。因而在行為上也力加洗練，以期希聖臍賢。這些揭示之最使我念茲在茲者，除去校訓的公誠勤儉四字而外，要算朱子白鹿洞書院教條，這教條分五項：一為五教之目，其條目曰：「父子有親，君臣有義，夫婦有別，長幼有序，朋友有信」。二為修學之序，其條目曰：「博學之，審問之，慎思之，明辨之，篤行之。」三為修身之要，其條目曰：「言忠信，行篤敬，懲忿窒慾，遷善改過。」四為處事之要，其條目曰：「正其義不謀其利，明其道不計其功。」五為接物之要，其條目曰：

「己所不欲，勿施於人，行有不得，反求諸己。」第二項為學習五教的次序，後三項則為第二項篤行之事之內容。此教條均從《四書》中摘錄而來，我在五、六歲時即經讀過，十歲以前即由教師講解過，故在我不算生疏。再加以吳校長每於祀孔時提及，於是印象更深。當時在精神上固有所寄托，此後的生活，也無形有形受其影響不少。

十三、依戀

我自未滿五歲入私塾就學，至民國六年夏畢業高師為止，共度二十年之學生生活。雖然因為父母與師友的種種教導、薰陶，養成了自學的習慣，數十年來，不曾有一日離開書報與紙筆，在學業的進修方面，其生活與當學生時並無多大差異，但正式的學生生活，要算至那時為止。我於民國六年暑假離開嶽麓山，當時依戀之情，較之離開家庭猶有過之。十三年我在成都高師送畢業同學之文中曾經說及，茲摘錄如下。以結束我的學生生活。

「民國六年的春天，草色、柳色、桃花、李花，還是一如往年的青著、綠著、亂著、香著，我也照常把我餘暇的時間消磨於田隴園林之中。但無論如何，乘興而出，盡興而返，心裏總不安舒，總似失去一件什麼東西一樣：鮮紅的桃花，雪白的李花，青綠的秧田，垂腰的柳條，當時看來，好像都變其昔日妍柔嫵媚的態度，而在旁邊竊笑我無所依歸的孤獨。是的！我真感著孤獨，真感著無所依歸的孤獨！我想到四年來同學間的切磋，想到教師的指導，想到工人的勞苦，想到家庭的供給，想到只管求學不問其他的生活，想到圖書館的書籍，想到朱、張的遺跡，想到鄉民的和善，想到山林的鳥音，想到田間的蛙鳴，更想到冬日的紅葉，秋日的清泉，（山腰有白鶴泉，秋最清冽）夏日的古寺（山腰有寺名萬壽宮，古木蒼蔭，盛夏如初秋，為我們常遊之地）春日的百花……無一不足以使我繫戀，無一不足以使我想望終身生活於其間。然而無情的時間，偏如流水一般地過去，一轉瞬四年期滿，我終不得不離開我敬愛的師友與可依戀的景物。

「只離開不願離開的人與物也罷！偏偏離開後又要走入舉目無親的社會中；只走入舉目無親的社會中也罷！偏又要在茫茫人海之中自謀生存。我本願終身作學生，故未離校前，也曾畫過許多餅！然而畫的餅終於不能充饑，只有將再在校求學的希望完全打消。作事嗎？當時既在教書，自然不患無事可作。可是什麼事是我當作的？我最宜作什麼事？只教書嗎？還作其他？為『五斗米折腰』嗎？還是『效陶淵明躬耕？』專心做事嗎？還是一面求學？求學怎樣求法？因職務的妨阻，不能求學又怎樣？凡此種種，均使我寢食不安，夢魂顛倒。於是聽得東風，愁腸百轉；看得春日，離恨千結；『東風不為吹愁去，春日偏能惹恨長』的真意義，始真領悟。——不但領悟而已，當我們行完畢業禮，不得不攜行李出校時，竟因愁恨交加而哭了。人生快事的『大登科』，只是如是如是而已。」

第二篇

教師生活

第一章　初期的嘗試

一、試作教師

前章曾說過，清宣統三年的端午我因鬧革命而被縣立高等小學開除學籍。畏著家庭的追問，不敢歸家，得著總角之交的黃復強的介紹，在他朋友黃中傑的學館裏教體操和算學，暫時謀食住問題的解決。這時我正十八足歲。過教師生活要算自此為始。

我所受教師的教導，有私塾的章句，書院的講學，和學堂的講堂功課，其方法是由個別而小組，由小組而班級。我當時不曾學過教育學、教學法，也不知班級制度之被採用，是有何種社會背景。只以為最新的便是最好的，而最新所習得的是班級教學，於是依樣畫葫蘆地把在高小教師教我們的方法移著去教十一、二歲以下的小孩子。

那時期種族革命之說甚昌，我國積弱的原因雖論者不一其說，但東亞病夫之恥，則一般青年所同欲伸雪的。所以體操是一般學生所注重，而軍操尤被重視。我在學校本是隨班上課，對於體操並無專長；但黃君不曾學過體操，也許連「立正」「稍息」都不清楚，十一、二歲的小孩子是更不必說的了。記得那裏的學生不過十餘人，最小的不過八歲上下，我因自以為富有革命精神，而把他們用所謂「軍事部勒」教導之。經過短時的訓練，孩子們步伐，居然能夠隨著一、二、三的口令而舉動齊一。這不獨孩子們很高興，以為將來可以加入革命軍，就是黃君也表喜悅：因為他的學館最缺乏此種功課，因而自覺得缺乏尚武精神。今有我為之補充，他的學館也將因而生色了。

我在小學三年所習的算學，雖然不過到四則雜題也和體操一樣是隨班上課，並無可以教人之處，但黃君的學館，平時無此科目：不獨說不上四則雜題，孩子們連阿拉伯數目字都不認得。我如盡出所學以教之，彼等將視為數學大家了。所以黃君和孩子們也很歡迎。那時的學校除了用教科書而外，學生都是按著教師在黑板上所寫的講義抄錄的。這原因，一面是由於教科書的不普及，一面恐怕是教師不能整本地按照教科書教——教師之最大部分都是不曾受過學校教育的，對於教科系統，尤其數理科不能完全理解，應屬常情——可藉講義以掩其短，黃君學館的學生，既然不曾學過算學，則我這學到四則雜題的教師，自可以從已抄的講義中間加醋加醬而成為「新味」了。

我的體操算學知識雖有限，但作事負責則自幼便養成了習慣。那時我既為生活問題而宿於校、食於校，除了閱讀自己所要閱讀的書籍——實際上，自己能備以及能借得到的書亦至有限——而外，總是與學生在一起，為他們講解功課，改正錯誤。黃君因事外出，亦每為代理一切。所以相處數月，大家都很相安，且很相得。

二、職業之始

那年秋，我既考入地方自治研究所，準備學作紳士，黃君的學館也因某種原因而不繼續，我的教師生活也因而中斷。第二年即民國元年的春天，黃復強君受著二區區立小學的聘，擔任體操算學教師。開學未久，他的父母要他回到縣立高小再讀半年，取得一種功名——那時科名獎勵雖廢，但鄉間仍以為高小畢業是廩生，畢業時，照例要送報條，開宴會——而我雖曾得著自治研究所畢業文憑，實際上則無地方可治，而在家中賦閑。黃君為兩便計，請我去代課。因為我曾在鄘梁書院住過院，又曾檢定及格，並在縣城裏有幾個月教學經驗，所以學校也就許可了。

四年前我從鄘梁書院走到縣立高小，現在書院雖改為小學，科目也依章改訂，但是茂林清泓的環境，肯構肯堂的建築，仍和從前一樣。舊地重遊，精神上的愉快自不待言。那時學生百餘人，共分四班，教師七、八人。雖稱國民小學，但學生年齡有大於我的，不過身體卻無高於我者。我代黃君任全校的體操和算學，每星期要上課二十四小時，同時還要編輯所謂算學講義。但以「年富力強」，對於工作並不覺得繁重。在算學方面，因為學生的程度較高，不敢如去年在黃君學館那樣草率，自己頗為努力。記得黃君備有陳文、陳棍的算術教本多種，我曾通統為之演算一過。在算術程度上頗有餘裕。對於學生的課卷，也如在黃君學館時一樣地負責改削。所以代他三個多月，大家都很相安。

因為學校是就書院改設的，而書院又在深山之中，所以所有的教師、學生都寄居校中。教師的膳宿，均由學校供給，學生則自備伙食，不繳學費。所有教師薪修及學校開支，除以學田的所入抵銷外，不足者由縣庫補助。不過那時的薪修甚小，校長每月制錢十六千文，教員自八千至十二千文不等，書記則每月四千文。當時學校的經濟情形，我不詳細，不過至今尚能記憶的，是學校不獨可以完全自給，且有餘款解還縣庫。

我在書院作學生時，是每月回家一次，現在作教師仍是每月回去一次。從前每次回去，縱不向母親索取錢文，但除了某年積得四千文帶交母親外，平常是沒有錢帶回去的，現在則每月有八千文的薪修：為要遵守「父母在，子女無私蓄」的古訓，每次發薪，總是帶回家中，全數交給母親（我家經濟權全操在母親手。）如有需用如購書或捐款之類，則向母親索回。父親以為我是在外面作事的人，手中應留若干，以備緩急。母親則不獨不予諒解，反謂我之薪水不只此數，必有一部分以至大部分流入妻之私囊。雖請黃君證明亦不相信。於是精神上之苦痛，較之在家中坐食尤甚。不獨對家庭不感生趣，對職業也不感興趣。雖曾勉強將那一學期的功課了結，但離家自立之念時在燃燒。暑間因著我晉二十歲生日，母親與岳家決裂，致我不能安居，竟至愉自出走。於是初期的教師生活也即至此而中止了。

第二章　生存競爭之始

一、高師畢業

我之得入高等師範已是意外的意外。我曾說過：在嶽麓山上的四年，不獨解決我的求學問題，同時也解決我的生活問題。且可進一步說：我一生的前程都是植基於那時。倘若那時的高師，不是全部官費，我應考縱能取錄，亦絕無法終業。因為最初的兩年，能力與機會均不如最後的兩年，決不能恃賣文供零用，更不能以兼課供生活。自當時以至現在，每講到以至想到我的生活史，我無不讚美而感激當時的官費制度。我無高師，縱能努力，但為生計所逼，必及早就業，而學識的基礎太薄，縱有成就，其結果必不能與現在相等。我受此制度之惠甚多，我感激它，我曾倡教育免費之議。——中國教育建設方針——希望執政者注意及此，使限於資力的青年得以上進。

我在高師四年，在經濟上除去父親及友人稍有供給外，第三年起之零用即靠賣文的收入。第四年畢業將近，在個人固然要自謀生活，而妻與子寄居岳家，原屬萬不得已，畢業而後無論從那方面講，都得自行扶養。所以畢業在他人是一件愉快的事，在我則是一件頂苦惱的事情。因為必須踏進教育界的生存競爭之場，而不能如前此之以教學為客串了。

那時的高等師範，照章均設有附屬中學和小學，就一般情形講，凡本科畢業生之優秀者，大概可以留在中小學服務。不過所謂優秀，是以學校的學科成績為標準而不是全部能力的總和。我在學校的時間，費去於圖書館的較之用之於學科者多，在全部本科畢業生百二十餘人中雖也不出前二十名，但依習慣，附屬學校之留用畢業生，是以前數名或每部、每科——那時高師之本科稱「部」，專修科如文史、音樂等稱「科」——之前一、二名為限，當然輪不到我。而況教育部於前一年決定劃全國高等師範學區為北京、南京、武昌、廣州、瀋陽、成都六區，每區設國立高師一所。湖南的高師，應歸併於國立武昌高等師範。我們的學校，只辦至我畢業為止。校址亦須移交省立工專，談不到附屬學校，更談不到畢業生之服務於附屬學校了。

高等師範本是以造就中學或師範學校教職員為目的，教育部且有服務年限的規定。依法令講，高師畢業生，應由教育行政機關分派至各校服務。可是我國的教育行政機關，素缺通盤的計劃，更少統制的力量。湖南的全省，在當時不過十餘所中學及師範，如何能驟容此百二十餘之數理化、英語、博物本科生，更如何能容同數之文史專科生——兩年畢業，專修國文、歷史——而況當時政局擾攘，我等畢業之日，正是張勳在北京擁清帝復辟之日（七月一日），教育部自然管不到我們這些小嘍囉。而湖南又以護法戰爭，干戈擾攘，政府忙於軍事，也無暇顧及我們；教育司雖然也照例發給各校一封「榜及第的介紹信，但實際上則公立學校的校長為著經費無著，地位動搖，自顧且不暇，更何能問及我們，於是我們只有「各自奔前程」了。

二、各奔前程

各奔前程的方法很多：第一是席父兄之餘蔭：此輩如私立學校高級職員，或有特殊事業或職位的人員的子弟，他們的入學，本是有預定計劃的，畢業而任事，只是其預定計劃的實現，當然無問題。第二是恃親故之引援：此輩之入學雖無預定計劃，雖無空的位置等著他們，但因為親戚故舊在教育界有相當力量或淵源，為之向當局者引薦，成功的希望比較大。第三是賴母校之發展或收容：當時的學額，是以縣為單位，而每數縣有聯合中學；如現在之畢業生是由某中學而來的，倘某中學班次加多，需要教師，自然願聘本校的舊畢業生；又如班次不加，而該生與母校平日之感情尚好，亦可由舊有的教師分配一部分職務於彼，不過在事實上並非必要，故稱之曰收容。第四是家境富裕再謀深造的：此輩在生活上本無問題，但既畢業，亦須謀一歸宿，於是有再進一步求學者，不過為數最少。我現在所能記憶者，只有已逝之楊亦曾君一人入北大耳。第五是憑著偶然之特殊技能，以補他人之缺者。如某校偶缺某科教師，既不能延一專任，校中諸人又力不能兼任，於是乘其臨時之需要而加入。第六也可說是最末一著的，就是捧著教育司和學校的介紹書，向各處沿門托鉢，但其結果往往是最壞的。

當時我的情形，除了第六項是我分所當為而不願為者外，第一至第四是根本談不到。因為我為農家子，「人」與「財」均不能助我的出路，雖也有母校，但以家庭關係，回故鄉既不可得，而在常德第二師範進了六個月單級班，連本校校長及教務主任都不曾晤談過，如何可以望其收容——我因為好發表，且曾一度作過新聞記者，最希望能入新聞界，但是「此路不通」。——而卒能於畢業前一學期即能兼職者，一方面是由於我個人有著第五項所說的小技能，又一方面則得著兩位同鄉前輩之吸引。此故事當於下章詳言之。

第三章　音樂教師

一、兌澤中學

我曾說過，湖南以地勢的關係，向分三路，各路有公所，在清末均改為學堂。西路之西路公學，照民元之教育部令，改為私立學校，更名為兌澤中學——南路者為嶽雲中學，中路者為妙高峯中學——學校的校址在長沙城內的荷花池。因為湖南的教育發軔於私立學校——胡子靖先生的明德學校，陳夙荒先生的楚怡學校，朱劍凡先生的周南女學均創於清末，在中國新教育史上均有地位——故政府對於私立學校，不敢輕視；省議會並通過議案，在相當的條件之下對於私校有補助費；而公立學校則因政治關係，校長以執政人員之進退為進退，教職員又以校長之進退為進退，故風潮迭起，學者教者，難得安寧。私立學校則主權屬之創辦人，不受一般政潮之影響，而辦學者又皆熱心教育之士，均能刻苦耐勞，視學校為其事業，以故長沙私校之校風與成績往往超過公立學校，而學生亦以私校者為多，名教師亦多集在私校之中。

西路公學最初的創辦人為熊希齡、廖笏堂等鄉紳，後來熊等出任政事，乃由湘西之在北京及長沙的優級師範畢業生等負其責。民國二年，我縣畢業北京高等師範本科的武紹程先生返省，初任職於高等師範，不久改任省立第一師範校長，為著政治的關係，不過半年便卸任，於是因鄉人之推舉，而任兌澤中學的校長。同鄉諶伯疇（鴻範）先生畢業北京大學的預科，本在京與武相友善，乃為之分理庶務兼教員。那時我們縣裏留省的人甚少，在教育界服務的，只有他兩人；而我是學師範的，且入校由武任保人，他並曾教過我們的論理學，自然為著師生與同鄉以及同鄉會的關係而與他們有往來，年暑假不歸家時，並曾移住他們的兌澤中學。

諶君是我縣一區龍潭的人。這區姓諶的最多，而且多屬富厚之家。他之任兌澤中學的庶務，不僅負事務責任，有時還要負墊款之責。因為在民初改辦伊始，補助費未定，學生不多，學校經濟不時發生困難，武先生在經濟上無活動力量，全賴他為之支撐。他雖出身富庶之家，但為人極忠厚，待人極懇摯，對於朋友之急難，尤能挺身相助。他知道我的經濟情形，平時相助之處不少。他雖長我十餘歲，但我倆在私交上可稱莫逆。當我二十三歲的時候，他赴寶慶任財政上之職務，而將全家及其家人的事務，委我代為處理。可見他對我信任之深。我於治事，因自幼即有負責任的習慣，對於他所委托的也都能切實辦理，不負所托。

諶君和我的私交既有這樣深厚，我的生活他自然時時留意。我自民國五年一度作新聞記者而後，賣文雖也可略有收入，但長沙除報紙而外很少其他出版物。而且湖南省銀行以政潮關係，民國初年的銀兩紙幣到民國四、五年之間已降至對折，而文稿酬報的單位仍舊是銀兩，所謂收入，也只好勉強供我那鄉居窮學生的零用而已。在事實上，六年的暑假我必得獨立門戶，養活妻子。諶君固知我是學英文的，最適當的職業是在中學作英文教師，可是兌澤的英文教師過剩，其他各校則以無淵源而插足不進，而況與我同時畢業者有三十人，誰都願留在長沙，即使他校有缺額也輪不到我。所以我當時的唯一出路，只有兌澤中學。

二、客串

民國六年的春天，兌澤中學的音樂教員忽然出缺。──他是浙江人，年底返鄉就職。諶君知我平日好弄中西新舊音樂，而他自己對於音樂又為門外漢，以為弄音樂者必可以教音樂。實際上我的音樂嗜好是有的，研究則根本談不上，不過平日因嗜好之所在，在單級師範和高師預科時，對於教師所教的普通樂理，用心聽過兩次，同時看過一二冊最淺的英文和聲學──其目的在翻譯出來換錢，但結果沒有人要──抄錄著若干流行的歌曲和進行曲耳。在技術上雖曾跟著高師的一位體操教師學風琴和聲奏法，而能認識樂譜，奏簡單的複音曲調，但屬「玩耍」的玩意，對於聲樂更無素養，如何可以正式「下海」。諶君和我談及兌澤音樂教員的事情，我切實把上面的情形告之。他以為當時的中學生，對於音樂歷來視為無足輕重的隨意科，教師的能力素不注意，舊任教師也不見得有何種深湛的研究。他並以為我對於音樂的程度或不如前任，但我的中文是至少比他好，如果在歌詞的選擇與講解上用點功夫，學生是不會有問題的。至於學校，誰都知道我畢業後是會插入的，不分現在任職諸人的鐘點，而僅僅填補他人的空缺，在同事方面也是無問題。經過幾度考慮並與武先生商量之後，終於在民國六年（一九一七）的春季離高師畢業期尚有半年的時候，接受著兌澤中學代理音樂教員之聘。所以稱代理，一以示我之專科非音樂，為應學校之請而勉為其難，二則如學生有問題，又以代理兩字為伸縮而不至於減學校的威信，掃個人的面子。這種種，我初出茅蘆，當然不能理解，一切都是由諶君和武先生預為佈置的。

那時兌澤中學的學生共有六班，每班只有音樂一小時，故全校的功課都由我擔任。我在四年前曾兩度作過教師，雖然說不上什麼經驗，但初上講台的羞怯情態，是可以減少一些。在高師數年，對於各種課外活動都肯參加，中間且有兩年的暑假加入長沙青年會赴廬山參加華中基督教所主辦的夏令會，故於公開講演有訓練。而當時的教學法教員是徐特立先生，徐先生是長沙唯一的教學法專家，他的教學經驗豐富，且肯用功，他雖不識西文——他習法文是始於民九去法國勤工儉學之時——但對於日文的新書看得甚多；他的講義固然年年修改，他的方法也時時進步。高師的目的雖然是在養成中學教員，但他所講授的為各科教學法，各科教學方法都講到，且以各科教材實地施教。他的理由是：高師畢業的學生，不一定任專科教員，應有一部分以至大部分負教育或學校行政的責任。倘若對於各種教師的教學法不能判斷其優劣，殊不能認為稱職。他善言詞，詼諧而喜悅之情，時時擺在面上。所以就是自命各科專家的我們，也很歡喜而注意他的講授。

我在高師習英文，但我的趣味，自幼便是多方面的，所以對於徐先生所講的各科教學法，都津津有味，筆記記得特詳，且常常加以揣摩，表以動作，以模擬各種教師。音樂是我所素嗜，教音樂自然也是模擬過的。我在兌澤教我本行以外的功課而未立即失敗者，徐先生的教學法是很有幫助的。

代理聘書接到之日，離開學尚有一星期。就歌曲與樂理言，自信可以應付得過去，但在態度方面，如何方能引起學生的推誠相與，在語言方面，如何方能表示我的有條理、有學問，在技術方面，如何方能表示我之熟練與優越，使學生由種種方面發生崇敬之念，是我當時日夕所考慮的事情。為恐萬一失敗而為人所訕笑，故對這種種問題也從不敢和朋友商量，或向教師請求指導，只是私自努力自求解決。因而在演奏方面，每日總費半天以上的時間，在音樂室練習各種歌曲，多重奏的進行曲更多加練習，其目的是要在每班初上課時奏著不同的複音曲，以顯淵博。在聲樂方面，每日清晨及薄暮時從學校後門跑到愛晚亭旁的山谷中向著樹林歌唱。同時並按照徐先生教學法上所說的準備一些「台詞」，於唱歌之後向山林演出。這一切雖為個人的活動，但演奏、歌唱以及講演時，都假設著有許多聽眾在坐聽。時間更扣得很緊，不使其過長過短，以免有講不完或剩得太多之弊。在另一方面，則編輯許多講義，講音樂之特質及效用等，以備印發學生而示我這音樂教員是有異於一般音樂教員的。

記得兌澤最初上我的音樂課的是本學期就要畢業的一班。引導我上講堂兼為我致介紹詞是諶君。因為年暑假我曾寄居該校，面貌本多相識，而因為在報上寫文章，姓名也多相識的。再由諶君加以渲染，我於是成為什麼什麼的大家了。他介紹畢，我自然要說些謙而不卑的話，隨即改正講義和樂譜上錯誤，再講講音樂學習的方法，已經去了一時之半了，坐下按著幾曲複音，當著催眠劑，大家都洗耳靜聽，我知我的種種準備不是白費，精神更安定。乃將最後的一刻鐘自己示範唱歌，唱畢一遍，再令全班跟著一句一句的唱，唱完之後，下課的鈴聲已響。一課的時間，雖只有五十分鐘，但樂理器樂聲樂面面俱到，總算是教學法不曾白學。接著上第二課的是一年級新生，對付他們更為容易，只要把上前一課所講的改淺改短，當他們作小兄弟看待就行了。

一週過去了，各班都曾教到，諶君於最末一課下課後約我至其室中坐談，謂學生對我的教學方法及技術學問均甚滿意，恭喜我從此每月有二十五元的收入。這數目自然是很小，但想到半年之內有一百二十五元——那時私校教員薪修每年作十個月算——的收入，似乎有點喜悅到不相信了。

這學期我一面作學生，一面教書。但從嶽麓山到荷花池的路程在二十里以上，中間還要過兩道河。所以來去一次，在路上就要半天。而高師的功課，可不能全天請假。只有揀著功課較少的日子教書。故每週六點鐘的功課，要費三個下半天。為著節省經濟計，來去都是步行。雖然花費時間很多，但身體上反而得著許多益處。

以上是我正式以教學為職業的最初紀錄。

第四章　本行

一、同行競爭

民國六年的暑假，正式離開嶽麓而遷居兌澤。八月中秋，岳父因裝貨赴常德，順道把他的女兒和外孫女帶著，寫信給我，要我親去迎接。於是從那時起，我在長沙算有家，而這家就寄居在諶君的寓所，一切得著他夫婦的幫助，即伙食亦附寄他家，所以雖有家室之累，但這累還不算甚重。

我未畢業前，在兌澤教音樂，可算是「客串」，畢業後再單教音樂，則未免於「本行」——英語——有虧。在體面上固須教英文，為收入計也得加些鐘點。可是兌澤在那時受著種種的限制，並無發展之餘地。暑假雖曾畢業一班舊生，招收一班新生，但教員則並不曾畢業出去，無須添招。所以我的英文課便大成問題。不料二年下期的學生，以為其英文教師的程度或教法不合於他們的胃口，而知道我是在高師專習英文的，同時又因半年的音樂教授，彼此相處，尚稱相安，故向學校請求要我兼教他們的英文。這於我自然是很相宜。但在方式上則未免不妥：因為湖南自民國二年二次革命失敗，湯薌銘督湘後，對於民黨壓抑甚力，軍費支出龐大，省庫虧欠無法彌補，則濫發省銀行之紙幣，以致通貨膨脹，物價高漲。四年十二月二十五日蔡鍔在雲南首義，反對帝制，五年三月桂督陸榮廷攻入永州，北京政府令倪嗣沖帶兵入長沙，助湯反攻，雖經熊希齡等之反對而倪駐岳州，但湯以進退為難，於七月去職，由湘人公推劉人熙繼任，八月，譚延闓繼劉而湖南的財政以迭經變亂，已陷絕境。省銀行的紙幣價值，一天一天地往下降，民國五年冬，尚有對折。六年八月護法之戰興，湖南重為戰場，八月六日，北廷任傅良佐督湘，月杪譚去職時，省鈔已跌至三折左右，因而物價陡高，教師們按著原有的收入十足領到，尚難維持，而況那時的省教育經費，短絀異常，省立學校尚常欠一年以上，私校補助費更說不上。在這種情形之下，減少某人的教課鐘點，就是減少他的必需生活費，不問有何種理由，在生存競爭上終非出以爭鬥的形態是不可的。

平時年暑假我偶然寄居兌澤，和當時的一般教師似乎都發生一些友誼。有若干人，因為我在外面比較活動，很有願我畢業後為該校服務的表示。而英文專任教員某君對我尤為客氣，時常在眾人面前恭維我的幹才，而每謂兌澤的池子太小，不足以容我這蛟龍。他是沅陵人，清末在北京大學預科讀過兩年書，他的英文是從那裏學來的；雖然是該校的專任英文教員，但從不擔任二年級以上功課。他當時之對我客氣，恭維我的幹才，是明知道我畢業後必入兌澤，而所習的科目又與他的行業有衝突。下意識在拒絕我入該校，但表面則以池小不能容蛟龍的話諷喻之。其他諸人之表示願我入該校服務者，自然是交際詞令，但也許含有幾分誠意：因為我的本行，與他們所任的科目是不相犯而無利害衝突的。

當時的校長武先生是北京高師英語本科畢業的，也曾兼教一班三年級的英文。上年學期將終時，他知道我的經濟與體面問題，同時更理解生存競爭問題，曾和我商量，欲將他所教的一班英文讓我教；而當時的修身課是某老先生兼任的，他要回家，故他自己擬兼修身，以補英文課的收入；在我則並無所謂。不料聘書尚未發出之時，二年下期的學生發生了要求我教英文的問題。武先生的社會經驗與人事經驗俱甚豐富，他能預料到種種可能的糾紛，結果是他自己教了那班的英文，且兼修身，而我接教他所遺下來三年上期的英文。

二、求全之毀

這種處置，在武先生可稱煞費苦心，但事實上卻發生兩個問題：一是某君功課確實減少一班，收入自得照減，不滿意是人情，此不滿意不能向武先生發舒，也不能向我發舒，而惟有向學生發牢騷；其二是二下的學生因為所求不遂，而又要聽某先生的牢騷，也懷著不滿之感。經過近年的醞釀，終於展開了另一個局面。

我的英文程度自然不甚高明，但究屬經過四年的專門訓練，閱讀寫作以及語言的能力，對於當時的中學生是可以應付得下來的。而因為在嶽麓時有幾位青年會外國幹事曾兼任過我們的功課，為著練習語言，不時與之往來，有時並約之來校向學生講演而自任翻譯。於是學生中不免有所激動，而對我的傾向更佳。民國七年的上期，我除原教全校音樂及三年下期一班英文而外，更多教一班二年下期的英文。這一班本當由某君教授，武先生以前學期接手他所教過的一班，程度太劣，恐畢業發生困難——那時中學畢業，由教育司派員出題監考——有損校譽，因決定只讓他教一年級。於是某君原教四班英文，至此已減去一半，其經濟上之影響自不待言的。

當時中學的音樂本屬隨意科，且最初有很多的準備，而又繼續教過一年，自可不多費時間去準備它，不過於空閒偶為彈唱當作消遣而已。對於英文，則不獨學校與學生看得重要，就是自己為著自己的前途計——我那時冀求考取官費留學之夢正酣——也決不肯輕易放棄。除了功課的準備外，且定閱路透社英文電報及幾種英、美雜誌。在語言練習上也不時與舊日之青年會教師往還，以求不至生疏。所以就責任與能力言，我對於英文均遠過於音樂，不料民國七年暑假將近時，學生對我竟發生罷課的風潮，而使我的本行職業至此而斬，而且永遠不再幹此行，是真意想不到之事。

民國七年的春天，為著教學的便利，遷家於學校的附近。那年四月，譚氏去湘，張敬堯繼任湘督，湖南省銀行的鈔票又在下跌，而達到兩折以下，但物價的高漲，還跟不上幣值的下跌，所以我當時每月七折八扣地拿到五、六十元的紙幣的薪金，於維持家庭之外——由故鄉帶來之一女，於六年冬病故，民國二年所生之長子，已於五年春夭逝，故只夫妻兩人，所費甚少——還可時常請客。而那時常常過往的，都是兌澤教職中孤魂野鬼——無家屬者之稱——故在生活上頗為舒適而愉快。不過我好買書，當時的書，上海定價一元的，長沙要買四、五元，而外國書尤貴，所以在經濟上雖無虧缺，但儲蓄是有限的。到了五月初，因著一時的高興，約同「孤魂野鬼」們在家大吃一頓，腸胃發生毛病，跟著受涼而成為副傷寒病。這病我知道以住醫院為妥，但是住院費要光洋——湖南那時的幣制有六種：一為光洋，即銀幣之未經本地錢莊以鐵器作記號而兩面光亮者。二為雜洋，即銀幣之經錢莊以鐵器作記號者，有時竟至兩面是洞，看不出文字和花紋，又稱爛板，通常每元較光洋低數分至一角餘不等。三為中交鈔票，其價格通常與光洋同值，有時且高百分之五至百分之十以上，蓋旅行者或捲逃者謀攜帶之便，寧願以高價收購也。第四種是不兌現的省銀行的鈔票，有銀兩、銀元、制錢的三種，後兩種又有新票（當地稱洋貨紙票子，謂其紙張漂亮也）舊票之分，此項鈔票之最低值只有面值百分之一，新票較高一、二成。第五種是紋銀，與光洋為七錢二分之比，但市上不甚通行。第六種為當二十文銅元，為唯一之輔幣，但自省銀行鈔票降至百分之一時，銅元亦絕跡於市——雖然價格不貴，每天只要幾角錢，但是以紙幣計算便要上十數元，當然超過我的經濟能力，所以只有實行曾滌生「不藥是中醫」的教條，而靜居家中。這靜居近一個月之中，曾蒙許多朋友慰問。而長沙青年會總幹事美人饒伯師先生——曾在高師教過我們的西洋史——的不時攜藥相貽，使我病得早癒，尤為感激。

我病的時候，音樂算是非主要科可以缺席，英文則不便缺。而一時又不能在校外請人替代，於是我所教的三年下期學生，仍由武先生代理，二年下期則由原來之某君代理。於是乎二年生經過比較，說某君教學方法好，他們容易懂，我教得太快而太深，不是他們所能理解，所以仍要求由某君教下去。武先生自知走錯了一步，初雖堅決不答應，卒因學生以罷課相要挾，而想出一個調和的辦法，即我仍因病請假，一直要病到暑假方許痊愈，於是學生的要求達到目的，學校的威信不至墮喪，而我的面子也無問題。我的薪水仍然照送，下年如何，且俟下年再說。

這方法在表面上自然很平妥，不過我那時年少氣盛，最不服輸，我雖然不是什麼英語專家，但至少不弱於某君，今有人說我不及某君，自然要忿火中燒。最初的計劃，是約集全省的英語教師及英、美人之在長沙教英語者聚在一處，由我兩人就英語本身及教學之各方面當眾表演，請求大家評判優劣。武先生說：「這不行。」其次請武先生及另一英國人或美國人給我們評判優劣。武先生又說：「這不行。」；第三是各教同年級之學生一班，於學期終了請他人出題考試，比較學生成績之優劣，武先生再說：「這不行。」他說：「這問題不關能力而是人事，你現在不知道，等你到我這麼大的年齡時，（他比我大十五歲）你便會知道。」他要我忍耐，且等下年再說。我當向他起誓道：「從今以後，我絕不再進兌澤中學之門」。這是民國七年六月初的事情。總計我這高等師範英語本科的畢業生，在名義上作過中學英文教師一年，實際上則教書不到八個月。教過的學生不到一百人。這與國家設科之旨相去不知幾千萬里了。

這一次我所得的教訓，是神聖、清高的教育界，也和其他的各界一樣，有人事問題，而人事問題且可以壓倒能力問題。而我的生活以及學業，均因此而大轉變、大受益。

第五章　教育學講師

一、研究教育之始

我雖起誓不再進兌澤中學，但絕不能起誓不生活，不獨個人要生活，血與肉做成的妻要生活，即將來臨的小生命（斯年秋舉一子，但第三年又殤）也要生活。從個人主觀看來，生活的方法，似以著述為最便利而較可靠；——因為「人事」問題較少，投稿到上海可以換光洋，所以看作最便利。事實上未免看得太簡單——所以除繼續在當地報紙投點零碎稿子而外，因為對於教育發生許多問題，乃立志要研究教育學，且要從事教育著述。自六月起，把家中所有的錢，拿去購備所有中文的教育書籍。可是除了教科書以外，只有張子和的《大教育學》（商務出版）算是唯一的專著，但把所有教育書籍讀完了，仍舊是訓育論、養護論的那一套，失望之餘，求知慾更加發展。因為自己無錢購西文書，乃向饒伯師先生借書，他雖不治教育，但其本國朋友中有學教育的。他為我借得出版不久的一本桑戴克的《教育學》（Thorndike: Education）及《教育心理學》（Educational Psychology）節本，我讀之如獲至寶，始知教育要社會化，生活化等論據，及刺激與反應之原則，及其在教育上之應用等等。再由他代借來杜威的《民治與教育》（Dewey: Democracyand Education）更知教育學之外尚有教育哲學，於是從事教育著述之志願益堅，而夜以繼日地讀書。此時高師同學劉範猷君知我失業，其兄棠猷君任桂東縣知事，屢次來函約我任科長，均以要讀書著書的理由辭謝之。但是灶頭的鍋，灶肚的煤，絕不能等著我慢慢地把書讀好，寫成文章或書冊，寄出去換得了錢再去放米生火。所以還得暫時謀有以解決之道。

那時的朋友，除了諶君對我最關心且不時予以接濟外，其次自然是武先生。但他們的勢力範圍差不多以兌澤中學為限，我既起誓不再入兌澤中學，他們在職業上很難有為我為力的地方。再其次往來較多的，要算是饒伯師先生。他那種治事鍥而不捨的精神，與待人的誠懇態度，尤其當我病時的慇勤，我對他有種不可言喻的崇敬。某次他向我談及基督教問題，我以中英書各有底而（即中英文寫法不同，中文書的封面，在英文書應為底面）為喻，發生很激烈的辯論。但過不了幾天，他仍如從前一般的熱烈，與我談論人生各方面的問題。我對於基督教素無研究，當時所謂激烈的辯論，不過是些常識的疑問，自然經不起對於宗教有素養的人的解釋，而我在學校曾習過心理學與哲學，知道人類的生活中有宗教情操，同時又因民國四、五兩年，我都曾參加華中基督教聯合會在廬山所辦的夏令會，對於他們辦事的毅力與熱忱頗為讚佩。所以與他談論幾次之後，無意中對於基督教徒及基督教發生一種微妙的好感。第二年夏，因他的多方勸導，卒加入其所屬之長老會。我之一度服務教會學校，其淵源在此。

自民國元年以來，因南北與黨派之爭，湖南首當其衝，幾無寧日，督軍省長之更調至七年三月止有譚延闓、湯薌銘、劉心源、陶思澄、韓國鈞、沈金鑑、劉人熙、陳宧、陸榮廷、傅良佐、周肇祥、張敬堯等十二人，除陳未到任外，譚任三次，劉任二次。政局變動之速，為全國冠。而首腦每變動一次，部下也跟著變動。於是公立學校校長教職員之更換也每年或數月一次。教育經費之拖欠則成為全國一致之風氣，湖南自不待言。而那時的督軍兼省長為張敬堯，係一純粹軍人，於教育尤不重視。加以省銀行紙幣低至兩折以下，教育經費縱能如數發給，教員亦不易生活。饒伯師先生旅湘十年，知道當地教育界的情形，而勸我改入基督教教育界。他並謂教會學校，是不受政治影響的，用人以人才為主，且不限定基督教徒，而經費比較充裕而安定，行政比較統一，只要有能力是可以安心治事，切實發展的。我當時感覺教會學校確是不受政治影響，比較安定，同時又要解決目前的生活問題，而允許他如有相當機會，當可為教會學校服務；但唯一的條件，是不能妨礙我的著述工作。

二、代理教育學講師

那年的暑假，湖南基督教教育聯合會在長沙雅禮大學召集全省教會中小學教師開辦暑期講習班，時間為一個月。教育學兼心理學講師，本約定商業專門學校校長湯中擔任。臨時湯因事離省，饒伯師先生薦我為代。我那時正讀桑戴克及杜威的著作，把他們的意見摘錄若干，再加以本地風光的實際問題，講演了十餘次，聽眾好似聞所未聞，大為滿意。我自己對於功課講授的滿意而外，且有一種至可笑的幼稚心理：是因為雅禮大學，在北門城外，離我寓所甚遠，每次均由該校備轎接送。當在轎上擺來擺去的時候，每以為從此以後，大可以儕入大教員之列——當時有名而兼課多的教員均坐轎——只可惜這種威風是我最初也是最末的一次。因為這勞民傷財的轎子，以後因著人力車的興起而被淘汰了。

三、一身兼三職

暑假講授教育科目，既然得著聽眾的好評，饒伯師先生乃因勢利導，薦我到北門外長老會所辦的福湘女學任教育學科教師，同時聘我在其所主持之青年會任社會服務部幹事；而省立第一中學的校長某君，是高師的舊同學，以在張敬堯治下任校長，似乎有點於心不安，必欲拉許多同學去作伴，而派我教三小時的音樂。我因要看看省立學校的內容也勉為接受。於是以一身兼三職了。那時除一中的薪修用紙幣，且不能按期領支外，青年會及福湘均以光洋計，此二處合起來雖然不過四十元，但按紙幣計已是二百元以上。而當時歐戰甫停，美元差不多與華幣等值，我的收入除去供給家用外，還可餘下三分之一以至半數作購書費，我的學業也無形中增進不少。兌澤中學的風波可說在我的生活與學業上開一個新紀元。

那時既以一身兼三職，活動的範圍與社會的經驗，也因而擴大。而此三處的風習，都有其特異之點，如省立一中為公立學校，雖然很窮，但一切都帶點官氣，學生有十餘班，教職員有百餘人——那時長沙兼課之風最盛，有些學校幾於每班有一位國文或英文或數學教員，其起因由於校長在「人事」之不得已，而以派功課為敷衍各方面推薦人員之工具；後來則所謂名教員者，成為學校的台柱，各校爭聘，其本人無辦法，乃到處兼課，使各校教師名冊上都有其姓名；有因為敷衍各校計而每週兼課至四十餘小時者，來不及，則各校排定時間輪流請假：此風當時在北京亦盛行。——校舍大、排場大，不過教員下課便走，與學生除在講堂上見面外，不發生其他關係。福湘女學保有教會的傳統習慣，一切均以傳教為目的，但其校舍之精緻，辦事之有規律，教職員之負責任——該校當時除我外無兼任教師——學生之勤奮，為當時公私立學校所不及。青年會雖亦為傳教機關，但用社會教育的方法為傳教之工具，故與各方面之聯絡較多，而社會活動的範圍亦較大。我在一中所任的功課甚少，每週只要去一次，福湘亦只去四次，每日的下午都在青年會。所謂社會服務部者是專為我而設，其目的在推廣社會教育。我雖然對於李默非的《貧民教育譚》讀得很熟，而且讀過社會服務的專著，於社會教育的方法稍有所知，且亦願努力於社會教育，但因為從未受過宗教訓練，且非教徒，對於會中的種種設施及同事之種種習慣都覺格格不入，且病其太宗教化，而不能心安理得。同時對於教育著述大發迷夢，只求有充分的讀書時間，不願多兼職務。故自民國八年起，將一中與青年會的職務辭去，而專任福湘女學的教務主任兼教育科教師。

第六章　教務主任

一、奠定教育著述的基礎

我任福湘女學的教務主任，雖然不到十一個月，但這不到十一個月的短短時間中，卻使我的生活——物質與精神的——發生重大的變更，使我走上學術研究的康莊，同時也奠定我著述職業的基礎。其原因半由該校，半由當時社會思想的變動。

民國六年七月，張勳復辟失敗而後，馮國璋代理大總統，段祺瑞復任國務總理，所謂北洋派的勢力逐漸擴展而有「席捲天下」之勢，但國會議員吳景濂等則不以六月政府解散國會之命令為有效，於九月一日在粵自行集會，並選舉孫中山先生為大元帥，而兩廣督軍陳炳焜、譚浩明且早於六月二十日宣告自主。九月十八，湖南零陵鎮守使劉建藩對北京政府宣告獨立，向長沙進兵。到十一月十四日，北廷任命的督軍傅良佐、省長周肇祥竟退出長沙，當時北洋派為直、皖二派，不能統一意志，進攻湖南，於是於十二月任譚延闓為省長兼督軍，以期收拾殘局，但譚為湘人，且屬黨（國民黨）人，當然不是北廷所能利用，所以軍事仍不停止，湘軍且於七年的一月二十七日攻占岳州。在北廷方面，則令曹錕、張敬堯等攻岳州。四月一日長沙棄守，於是張敬堯以前敵司令而任湖南督軍了。一直到九年六月十一日，始被湘軍逐走。

民國六七年之間，湖南政治的變動，既那樣急劇，教育自然受其影響。因軍費無著，湖南省銀行受政府之命，採用通貨膨脹政策，紙幣價格日趨下跌。至七年底，舊幣價格降至百分之一，公立學校不獨經費為難，人事亦因政治的變動而時常變動。私立學校因有學校可收，以及主持者之勇於負責——湖南私校主持者對校事負責成為風氣。以武澹溪先生之素無經濟能力，且於六年底輾轉請人介紹向陳宜誠先生借三千元維持學校。——較校稍好，但生活的緊縮，終於趕不上紙幣的貶值。而張敬堯是一位純粹的武人，根本不懂教育，更以為許多亂子都是學校所造成的，而痛惡學校，痛惡教職員；所以他到長沙的第一著，就是逮捕教育界所謂滋事分子。而當時教育界前輩如胡子靖、陳夙荒以及平時稍形活動的教員多人，都成為政治難民，逃往省外。後來，他雖然也用了湘人作教育科長，但一切「以順為正」，對於省校校長一概更換，教育經費則不發給。——結果該科長為其舊學生刺死。所以當時長沙的教育界在物質和精神上都是很苦的。我自七年秋在青年會及福湘女學任職以後，經濟上固較安舒，自八年改任福湘教務主任而後，精神亦較安定，因為只要對於自己的職務能盡責，政治上的變動可以不過問，「人事」的防禦工作可以不必作，活動的範圍可以不牽到當時的政局，不必準備逃難，而可專心從事於職責之履行，與學術之研究。這是就福湘對於我生活上之一般影響而言。影響之最大者為教育經驗之擴大，與學術研究之加深。

二、教育經驗

先說教育經驗。

我對於私塾書院、及新式學校均曾經驗過，其內容、其特點，我能舉得出。雖然也知道有所謂校風，但各校之情形，總是大體相似的。未進福湘以前，以為中國的新式學校是仿自西洋，該校由西洋人辦理，一切當更合乎理想，內容當更完善。七年下期，初入該校任課，看得校舍堂皇、清潔、整齊，學生服從、勤勉，校長辦事認真等，而深加讚美。八年春改負行政責任，便發現許多不合理想之處而感不滿。當時很想抓住學生的信仰，努力為之改革，但結果終於失敗，至十一月竟因一篇文章之故而離開該校。

這學校是美國長老會所辦的，一切建築費及基金都募自美國，且由該會供給美籍教師三人，中國教師的薪修則由學費支付。該校有中學及師範，當時學制在形式上是遵中國教育部的規定，中學師範均為四年畢業，師範有預科——此為當時部定章程所規定——中學亦有預科，而所用教本除中國史及中國文外均用美國中學之課本。而全校學生不過六十餘人，故師範中學兩部學生每每合班上課。但這些都不能加以非議。我所感到不滿者：第一是該校之一切設施與中國國情相去太遠，第二學校主持人不明教育原理，第三是對於學生思想之窒錮太深。——其實則均可稱為我不明其設校之旨而然。

該校設立的目的，據說是要培植小學教師——師範生——及女界領袖人才——中學生，畢業後大概都能升學——的，但課程則既不依照美國的、也不依照中國的規定。譬如師範科是應當學習教育學，兒童心理學及教學法，但該校並不注意於此，不過有教育學之總名稱，隨意指定一教師任之。於國文則不獨時間少，其所延之教師，常為清末之秀才等，不獨缺常識，且文章亦多不通！但我入校之前一年，聘李肖聃先生專任國文，因李之學有根柢，且善教學，學生得益不少——以至一部分高年級學生，對於本國文字，每每不能應用。於中國史地更是隨便講授，所用課本，每有失效多年，只因教師不能改教新教本而沿用之；且講授亦只是照書直唸，令學生默誦而已，根本失去史地之效用。在常識方面，更為缺乏，不獨無時事研究，且無人指導閱報，將畢業之師範生，對於中國教育制度、教育界情形，每每茫無所知，至有詢以國民學校為何物而瞠目不知所對者。在英文方面，其程度自較一般學校者為高，但外國教師把她們當作本國孩子看待，對於應用英語雖可學得，但閱讀與研究能力並不能與語言能力成正比例；翻譯能力幾於根本無有。她們曾經用英文學過之理科、數學等，不能用中文解釋——因為名詞不懂，現在大學及專科用原文教本者也有此弊——換以中文教本反而不能讀下去。所以她們除了旅居英、美或在中國與英、美人相處而外，在中國實少用處，嚴格說來，實不能算作中國國民；至於宗教儀式的重視，那最不必說的了。這都是我認為該校教育不合國情之處。內地一班教會學校的校長，每由牧師兼任，該校校長則由美國的某女士專任，但對於教育則似無專門研究。不獨對於中國情形不瞭解，對於美國的教育情形也似漠然。圖書室雖然也購備一些美國新出版的教育書籍，但也不甚閱讀。故對於教師所用之教學方法，是否合宜，此項方法，對於學生之學習是否有利，各種教材是否過舊，能否為學生所負擔，均不過問。在訓育方面，除去宗教儀式之絕對重視而外，對於學生的活動也少過問。我們有時也談及「此時此地」的教育，我對於她有時也有相當的建議，她都似不甚關心。這是我對該校感覺不滿意的第二點。美國是民治先進國，最重男女平等平權。中國舊習慣雖以「男子治外女子治內」以及「男女授受不親」為信條，但自新女學設立而後，此項信條已逐漸打破，清末初設女校時，雖有檢查書信與監視會客的規章，但到民國已漸少採用。教會學校之目的在傳教，傳教要迎合一般人的習慣；因社會上舊習慣的力量大，主持者要跟著習慣走，自然不能加以責備。但從學校的本身講，至少不應變本加厲。該校對於學生禁閱某種書報——當時的「新青年」是被禁的——以及檢查書信，監視會客，已經盡其迎合舊習慣之能事了。某次某女生在學校接得其表兄的一封信，學校以來信為男子而又非父兄，於是鬧得滿城風雨，校長於夜間令人把我從家裏請去，以信示我。我看了，覺得平常，並不能視為情書，她謂總是犯規，且學生嘖有煩言。我謂上帝造人既分男女，則男女之結合當亦不違反上帝的意旨。該生為三年級，年將二十，即使真與男子通信以至結婚，似亦非不正當之事。而況美國是重視男女平等與戀愛的，中國許多事如辦學校設教堂等等都是在學美國，則該生與某男子縱屬戀愛，似亦不足言有罪。她在理論上無可反駁，但她以「犯校規」三字而令其退學。該生臨去，涕泣不止，我則為之不快者屢日。我於這種不近人情的處置固感不快，而於美國人幹這種事尤為不快。這是我對於該校感到不滿的第三點。此項都是舊經驗中所無的；所以對於我是一些新的收穫。

三、學術研究

次說學術研究。

我對於該校，固然有上述的三種不滿，但是那經費固定，校風淳厚，以及當局辦事認真，與不受政治影響的種種優點，是當時他校所不及，也是我認為可以大大有為之處。所以自七年秋任課以來，便有盡我所能為之切實改革的意願。八年改負一部分行政責任，此意願更加強烈。而當時的學生最大多數是從教會學校而來，對於社會上以及一般學校之種種情形所知甚少。我以較新的教學方法，灌輸較新的國家知識，而時在歐洲大戰方正結束，我國民治主義方正發展之時，一般青年都有民主思想的傾向。我的教導自然為學生所歡迎，我的改革行動也自然更具體了。

我對於該校之改革意願，完全是改良主義，即就我的力之所及，在功課及課外活動上指導學生，使之較為中國化，於學校主權則絕對不加干預。最初校長及校董頗想把該校辦成與周南女學對立的一個學校，對於我的改革活動也很同情，並且時常慫恿我向當地以文字宣傳。所以在八年下半年，福湘在長沙教育界中漸被人重視，而學生亦稍增。我則以所志既遂，心安理得，而服務更為努力。為著要實現我的改進的更大意願，自覺有更大的學術修養之必要，於是我的整個的身心都放在校務與自學的兩事上。就是暑假，也不斷的努力研究，從事譯述。自

「五四運動」以後，求知慾更為發展，各種刊物風起雲湧，使我應接不暇，竟因讀書過度而生胃病。我的教育學術研究及著作生活，也在此時植立較深的基礎。

我最初感到學生的國家常識之不如人，第一是由於文史教員不努力灌輸本國知識，第二她們無閱報的習慣，第三她們不與一般教育界接觸。當時的國文教員李肖聃先生，是湖南教育界有素養的教師，對於國文的教學方法及選擇教材都不錯，我們談論尤為相得。所以國文改進的責任，由他擔負去了。歷史初為某教員兼任，後因他去職，改由我擔任，同時又兼任教育科目之教育、心理，及教授法等科目，各班學生每日都得上我的課，對於本國史實與當時時事，都有機會受我的指導。我欲養成她們的閱報習慣，每日都為之圈定若干段國內外的重大新聞，強其閱覽，且於每次上課之最初最後數分鐘或講到課程與時勢有關係時而詢問之；對於當時的《教育雜誌》、《中華教育界》、《新青年》、《新潮》、《星期評論》、《解放與改造》、《青年進步》、《婦女雜誌》等等亦復如是。所以學生的常識很有進步。為欲使她們與一般教育界接觸計，對於師範生則引導其參觀當地之教會及非教會小學之教學；於參觀歸來，倣一般師範學校之辦法，開批評會，為之講評優劣。同時並利用長老會所辦之平民學校為實習機關，而帶領學生實習教學，並為之示教。八年下年，長沙有全省學生聯合會之組織亦令其加入。且每於其出發前予以指導，參加後聽其報告，予以批評。當時我的職務最多，工作最忙。而學生對我，也非常親切，諸事依賴我。稍重要之事我如不在校，彼等常來家請教——我家離校甚近。學生與教師家庭相往來本是教會學校之通例，不過對一般教師之往還不多耳——所以我的精神上很愉快，而治事與治學更努力。

在治事方面，平時總是按時辦公，有事則絕不限時間以辦完為止。有時因要指導學生，吃飯不依時，或特別早到遲去都是常事。在學問方面，則一方感著各種知識需要之加多，一方又感到原來的知識之太少。我過學生生活二十年，雖於讀書有興趣，於中國舊學稍有基礎，但對於新知，尤其是教育學科則修養很淺；而於一般社會科學可稱全無門徑。我當時兼教歷史，於西洋史雖在高師讀過邁爾通史，但所得有限，故須從頭學起，於中國史只讀過《了凡綱鑑》及《資治通鑑》之一部分，對於新的史學茫無所知，故亦須從新研究。因要研究歷史，遂不得不兼習地理——我因未入正式中學，故史地修養甚淺——更不得不旁及社會、政治、經濟諸科。為兼教歷史之故，我的治學範圍擴大了多少倍，而時間與精力也就費得特別多。同時在教育科目方面，雖曾讀過當時所有國內出版的教育書籍，及一部桑戴克的《教育學》與杜威的《民治與教育》，但心理學則只讀過桑戴克的《教育心理學簡本》而不甚了解。雖然用當時商務出版的心理學教科書可以敷衍教課，但心裏則至感不安，適逢該校圖書室，有杜威、桑戴克、詹姆斯、孟祿、賀爾（Stanley Hall）等的各種教育及心理學的著作，以及其他英美文學、社會科學的書籍，於是我有如哥倫布之發現新大陸，當時精神上愉快自不可言，而求知的慾望則發展至於極點，只恨我不能將整個的時間，都放在圖書室裏。那時對於以上諸人的學說，都飢不擇食地只想囫圇吞棗地吞下去。而詹姆斯的《小心理學》、桑戴克的《教育學》、《教育心理學簡本》、賀爾的《青年心理》、孟祿的《中等教育》讀之尤多；就是詹氏的《大心理學》、桑氏《大教育心理學》、孟氏的《教育辭典》也常為翻閱，且發過多少次雄心，想把它們一一翻譯出來。此外對於其他社會科學的書籍及文學等也不時涉獵。年餘以來，不獨英文的閱讀能力增加，而學術研究的範圍也大為擴大。民國八年的暑假，竟以賀恩的一本書為根據而編成一部《心理原理實用教育學》——下章詳述——以為教育著述的嘗試。這嘗試得著楊懷中先生之助而出版，我以後的教育著述生活的基礎，也以此而奠定。

以上是福湘女事直接對於我學術研究上所生的影響。此影響雖也不小，但與社會環境所予我的影響比較，則後者更大。再略述之。

四、「五四運動」

當時社會環境所給與我以重大的影響者有二：一為湖南政局之混亂狀態，一為「五四運動」。

當時湖南政局之變動情形，前面曾經說過。張敬堯治湘時之摧殘教育，迫害教育者之種種行為，使我一面憤恨政治之不良，同時教育救國之信念又抬頭。對於福湘之改革，自視為教育救國的信念的實現，而改革稍有成績，則更自信教育一定可以救國。在另一方面，則以為教育學術之提倡與新教育學說之介紹，更是教育救國的主要法門。所以除研究應付職務上之知識而外，更努力於一般教育學術的介紹。這動機促成了我從事教育著作之追求，其影響不止及於當時，且及於此後之數年。

「五四運動」發生於民國八年五月四日，直接的原因是歐戰告終，我國代表在巴黎和會中抗爭山東問題的無結果。間接原因，則因為自民國來，政治混亂不堪，雖然改元數年，但人民所應享的民主國家的幸福並不能如所預期，而外患壓迫也並未比從前減少。同時俄國革命成功，歐戰後世界和平的聲浪甚囂塵上，又給予國人以重大的刺激。當時的一般人民，尤其知識分子，心裏都懷著一種疑問：就是「中國革命成功了這許冬年，何以政治混亂如故？外患壓迫如故？這其間必定有一種原因。」追求原因，差不多是知識分子的共同心理，而早一些時有陳獨秀提出一個答案：謂這些問題，都是舊倫理思想與舊文學思想在作怪，在《新青年》雜誌上為文肆力攻擊。——附和之者有錢玄同、胡適諸人——這種思想本來是封建社會的產物，不合半殖民地資本主義青年的胃口——男女問題即其大端——平時隱忍不發，已是委曲萬分。今有人倡導之，一般青年自然是「心所嚮往」。而巴黎和會之結果，更把中國數十年來政治上民族獨立的願望摧毀，於是對於種種屈折，蘄求用行動來伸張之。結果在外交上雖未成功，但思想的解放運動，則由此而爆發。一般青年驚醒之後，對於已往的種種，都要從新估價，而知識的鑽研更成為一般的要求了。於是由政治運動發端，而逐漸蔚為「新文化運動」。

「新文化運動」是當時社會上最流行的名詞，含義頗為廣泛，解釋亦不一致。陳獨秀在他的〈新文化運動是什麼？〉一文中所下的定義比較概括。他說：「文化是對軍事政治（是指實際政治而言，至於政治哲學仍應該歸到文化）產業而言，新文化是對舊文化而言。文化的內容是包含著科學、宗教、道德、美術、文學、音樂這幾樣，新文化運動是覺得舊的文化還有不足的地方，更加新的科學、宗教、道德、文學、美術、音樂等運動」。他對「新」字並沒有下定義，只說了一般人對於科學宗教等之誤解而主張提倡自然科學、嚴守科學方法以研究說明一切學問；主張除去舊宗教的傳說的、傳會的、非科學的迷信，而抽繹其能利導感情衝動的要素以為新的宗教；於道德主張把家庭的孝悌，擴充到社會的友愛；於文學主張用通俗易解的白話文，為表現有文學價值的工具，而其作品之優劣，於通俗易解而外並應注意文學價值之高下；於美術音樂，則主張就現社會流行之戲劇、繪畫、歌曲加以改良以培養創造中國的新美術與音樂。最末並提出新文化運動應注意三件事：即（1）團體活動，（2）創造精神，（3）要影響到軍事、政治、產業上去。

他這篇文章的題目好像很嚴正，但內容亦甚模糊——我上面為之歸納已很費力，但「新」宗教、「新」美術，「新」音樂究竟是什麼，仍無確定的界說——一般青年對於新文化之意識，自然更難清晰。其最普通的概念，所謂新文化者，在消極方面，是反抗一切舊制度、舊禮教、舊文學，在積極方面則提倡白話文、注音符號，實行男女平等、戀愛自由等等。其口號為擁護德、賽兩先生——德即德謨克拉西（Democracy）義為民主，賽即賽因斯（Science）義為科學之簡稱。

我對於當時社會之種種，自然和一般青年一樣，而驚醒則比較的快：是因為自民國五年起我便繼續不斷地閱讀《新青年》——最初並不是知道這刊物的價值而訂閱，是因為它是由湖南陳家在上海所開的群益書局所發行而訂閱——對於陳氏的議論，當然是表同情的，不過因為知識的限制，不能有深切的表示。及「五四運動」以後，「從新估價」的口號打入了青年的心坎，於是各種刊物如雨後春筍接踵而起，各省學生聯合會成立而後，學生界的刊物尤多；省有刊物，校亦有刊物，個人集合的出版物亦不少——湖南即有毛澤東主持之《湘江潮》，——那時的我，正當已醒未清之時，對於舊者幾乎樣樣懷疑，對於新者幾乎件件都好，所以不論什麼東西，只要是白紙印黑字，只要可以買得到，無不詳加閱讀。竟至吃飯入厠都在看書閱報，以至成了胃病。而上海《時事新報》的附刊〈學燈〉，《民國日報》的副刊〈覺悟〉，北京《晨報》的附刊〈晨報副刊〉以及《每週評論》、《星期評論》、《新青年》、《新潮》、《解放與改造》、《少年中國》、《少年世界》等卻成為我研習社會科學及文學藝術哲學等等的主要教本。——杜威的講演尤看得仔細。同時寫文章也由文言而改為語體。

當時長沙無代售各種刊物兼報紙的書店。楚怡學校的體育教員黃醒，個人創辦一種《體育週報》，以之與各種刊物交換，且代售各種刊物，並由自己送達。我與他本相熟，托他把能辦的刊物都送我一份，同時於本省的報紙而外，並由他代訂《時事新報》、《民國日報》及北京《晨報》一份。中秋節他送來一張帳單，三種報紙連同五、六十種定期刊物，共為九十餘元。這數目是一年的費用，當然不算大，可是我那時只有四十五元一月的薪修，要養活小家庭，且得供養母親及妹與妹夫的用費——八年夏，他們三人曾來長沙住兩月——如何能付得出。可是退定嗎？又捨不得那許多精神食糧。結果是給他寫文章。但是《體育週報》的篇幅甚小，酬報甚薄，不能抵帳，乃向上海、北京各處投稿。結果黃君的帳，雖曾靠筆耕所入付清了，而福湘女學的職務，卻因十月十三至十五在「學燈」上發表一篇〈我對於教會學校的意見與希望〉一文而丟掉了。

五、泣別

那篇文章本甚平常，不過將我上面所說該校的優點與缺點詳加說明，而希望大家照我的辦法改革而已。不料這文寄到長沙，激動了長沙的教會教育界：有人以為這是向他們投了一顆炸彈，把多少年教會學校的內幕散播到全國，而有人向福湘的當局說話：以為我的思想有危險，長久下去，學校或將不保。同時學生對於我的信仰心日增，我的話逐漸有替代學校律令的趨勢，而學生出版刊物既為我所主持，學生參加校外活動又由我在領導。我雖赤膽忠心地為著學校努力，但旁觀者看來，很有取而代之的危險。在這種「功高震主」的情形下，主持者的潛意識中已多少有些不安。再加以外來的閑話，我自然不能再幹了。

記得學校當局托饒伯師先生和我說及種種困難情形時，我立即告以不必擔心，我當即時去職，且立即移交。他怕學生有問題，我謂我當負責說明原由，而且擔保其決無問題。我們的談話為下午，我當時即將一切職務理清，當晚即將所借書籍交還，學生有知道我要去職的消息的，於夜間暗中發起慰留，我於翌日到校照常治事，並無任何表示，第三日始不去校，學生派代表來家相邀，當告以必去之理由與決心，令其轉達同學安心求學，並切囑其不可有任何舉動以損我之聲譽。她們知我不能強留，乃請准學校，於當日下午課畢開歡送會。我出席時，見全體學生制服在座，所有教職員亦都請到——學生之首腦為寶慶之蔣英——我精神振奮異常，與他們談話時餘，告以求學作人的種種道理，並允在文字上指導她們。臨別之際，她們排隊送至大門，有哭不成聲的，我雖極力抑制，但出門而後亦不禁泣下了。此種由師生的誠摯感情而演成的悲壯別離，我有生只有此一次。這一次給我的印象太深，我當時本不必再作教師而仍教書數年者，實她們無形的鼓勵有以致之。

第七章　師範教員

一、「五四」後的中國教育界

民國八年十一月辭去福湘的職務而後，直至九年六月住在長沙過著述生活，且與嶽麓舊同學方擴軍、宋煥達、楊國礎等辦《湖南教育月刊》。——後詳——為著《教育月刊》討論著湖南教育的實際問題，引起了張敬堯屬下的注意，出到第五期便被迫停刊。當時北洋軍閥的直皖兩系逐漸對立，吳佩孚駐湘的直系軍隊，於九年五月為著準備對付皖系撤防北歸。湘軍乘機北進，六月占衡、潭、寶各地。長沙教育界有起而響應的，而張敬堯的壓力則愈大；就是我這無名小卒，也不得不離開長沙。因為一年來在上海投稿較多，且與《時事新報》的主筆張東蓀先生常有通訊，在舉目無親的世界中只有打算投奔到他那裏去。而其時梁任公先生除去主持尚志學會努力文化事業外——我的第一部教育書稿即由尚志學會收購的——兼創共學社與商務訂約延人譯書。《時事新報》與梁先生的關係是大家所知道的，尚志學會與共學社的事業，可說是《時事新報》與《晨報》的延擴，所以他們很想從所謂新進作家中延攬一批人，以為文化努力。張君得著我要東下的信，復信表示歡迎。六月初我正收拾行李，準備去滬，但因妻正待產，故未即行。十一日的深夜，我所住的小吳門街道，陡聞行軍之聲，以為北軍又要舉行深夜抄查了，惟有穿衣起坐，靜待光降。可是只聞跑步聲，不見人進來。等到天明聲靜，開門一看，湘軍譚總司令（延闓）的佈告已遍貼街衢，所謂張督軍者已於昨夜行軍聲中逃往岳州去了。第二日晨九時，大概他還在逃命，我現在唯一在湘所生的女孩子澤湘已產生了。我們當時很高興，以為是她將張督軍趕走的。這時的長沙雖然「改朝換帝」，我不一定再要出走，但以有約在前，仍於六月下旬去滬。

張敬堯去後，北政府雖然為著體面計而特任吳光新督湘，但是事實上，他打不到長沙，自然無法到任；所有湖南的政權，自然仍為譚延闓所掌握。不過此時因為南北紛爭，湘當其衝，頗有左右為難之勢。湘人為自全計而以「自治」為緩衝。——湖南自治正式宣布於十一月二日——既要自治，則湖南人應當貢獻其所有於湖南。且譚總司令雖是軍職，但究屬文人出身，掌管省政又是第四次，對於湘人尤其湘教育界，自要招集流亡以謀恢復。於是湘教育界因被張壓迫而出亡以及原在外而欲為桑梓服務者均相率來歸。我到滬未兩月，因易寅村（培基）先生任湖南省立第一師範校長，而派遣其教務主任熊仁安君赴滬聘請教員，我也以長沙教育家之頭銜而被聘為第一師範的教育科專任教員了。

「五四」運動以後，舊社會上的一切被否定，對於什麼都要從新估價。青年們多少年來被社會風俗習慣的種種壓抑，當時都可以無顧忌地推翻。在行動上，學生運動竟戰勝了政治，政府的官吏且有應學生之請而革職者；言論的自由更不必說了，於是世界上的各種學說、各種主義，都各隨所好而儘量介紹，儘量研究。在教育方面，當時的學校制度以及教育制度，本不能滿足青年以及社會的需要；加以八年五月，美國的民治主義教育大家杜威博士應北京大學與江蘇教育會等之請而來中國講學。其親炙弟子胡適又是當時文學革命的先驅。一年之間，師生講演的足跡幾遍中國。杜威的民治主義的教育哲學尤其「教育即生活」「學校即社會」兩句話，差不多是教育界——包括學生教師——的口頭禪。其理論見之於教育界之行動者，第一是學生自治會之組織。一部分所謂前進的教育家或輿論家，更推演「學校即社會」之義而倡「學校猶政府，學生猶人民」——覺悟上此種議論不少——之說，學生不獨要自治，且要治校，校長教職員之進退亦當由學生投票決定，而有所謂「校長民選」的名詞。第二是極端尊重學生個性，學校功課應聽學生自由選擇，自由進修，於是有選科制及能力分組制之提倡。第三是教材要以改造思想為主體，不獨形式上一律要用語體文，內容上除去國文科要絕對負指導思想的責任而外——十一年孫俍工與沈仲九在民智書局所出版的《中學國語文選》可作代表——甚至於理科、數學也要如此。實行這種「新」教育學說的先鋒，要推浙江省立第一師範——八、九年之間經子淵（亨頤）先生任該校校長，其教員之重要者有沈仲九、夏丏尊諸人。九年夏，因學生施存統的一篇「非孝論」而經及沈夏等因之去職。九年秋由姜琦接任校長，曾一度聘我任國文教師，我以非所長未就——其次恐估要算湖南省立第一師範罷！

二、湖南第一師範

易寅村是當時湖南的名宿，而又以「新」人物著稱。他和譚延闓有相當的私交。那時湖南既在醞釀自治，教育自當革新，所以張敬堯屬下的校長自當更換——實際上彼等亦站不住，有些早已他去——於是易以名宿兼「新」人物的關係而被聘為省立第一師範學校校長。但易原非教育界中的人，自己並無班底，乃請北京高師畢業之熊仁安君任教主任，匡互生君任訓育主任。他倆是「五四運動」中有力分子，很相信工讀主義。既入一師，對於素日所信之主義有了發展之地，自然要力圖發展。而且少年心情總是以事業為前提，不重視所謂黨派。所以當時聘請教員完全採取人才主義。他們以為湖南的人才太少，且有些人因為曾在張敬堯治下服務，品格上發生疑問，即算是才，亦不便用。而況負思想改造之責的人，要以國文教師為主體，此輩人才長沙似亦無多。所以八月間熊仁安君親去上海聘請教員。當時被聘者有曾在浙江一師教書有成績之夏丏尊、沈仲九——沈係後去——及武昌三傑之余家菊、陳啟天——又一傑為已逝之惲代英，均畢業武昌中華大學。我在滬曾識惲，至湘始識余、陳——諸君。我呢？大概是因為一年來寫過一些文章，那年五月，又在商務印書館出版一部《實用教育學》，承蒙他採及葑菲，親至松社——任公先生為紀念蔡松坡先生之社，在上海姚主教路，為一花園，占地數畝，後出售——勉以敬恭桑梓之義。我於是於九月初與熊君同行返湘——湘人之同返者尚有孫俍工。

那時湖南一師的事權，大半為熊、匡兩人主持，易則對內不過照例畫諾，其主要責任在應付政府、籌措經費——其時教育經費仍有拖欠，常由易借款發薪——他們抱著很大的希望與決心，要把學校辦好，且要把學校辦到成為湖南文化的中心。其第一步政策是教師除萬不得已如課程鐘點太少或請不著專人之類而酌聘兼任外，均一律改為專任；且將授課鐘點減少，使學生有時間為課外研究，俾教師有時間為課外指導。第二是竭力提倡學生自治：不獨學生自己的事要自治，且要治校，故校務會議中有學生代表。第三是各種社會活動之提倡：校內提倡學生組織各種活動團體而外，且令學生參加政治社團，而為之領導，當時的師範學生雖然都是二十歲以下的青年，但其所負的責任則比成人所負者尤多。

長沙教育界正從張敬堯的高壓之下解放出來，教職員為著要迎合外界的潮流——以民治教育為主潮——固然個個抖擻精神在幹，而學生之求知慾，則真如久經飢渴之人，只要是可食可飲的東西，都急不暇擇地囫圇吞下去。一師既從省外聘得如許「文化先驅」者任教員，學生之來歸自然是有如潮湧一般。學校為了寢室無床位，教室無座位，與無錢備伙食——那時師範免學費、供膳宿及書籍——不能多取學生，但為應中學畢業生之請求又添辦兩班二部，同時因「額滿見遺」的仍不在少數。而有少數青年，竟願自備一切請求旁聽。當時的一師，真可謂盛極一時了。

我教教育學及教育心理學，余家菊也教教育科目，陳啟天教社會學——他學政治，余習教育——每週都只教課十二小時，月薪均為光洋八十元。夏與沈——沈至校未久，因思想苦悶曾自殺一次未遂，教學之時間較少——及孫則每人教國文兩班。在教學時間講，我們都不算多，但要自己編輯講義，而指導學生課外活動的事則特別多。即以校內而言，各班各級均有各科研究會，全校又有種種不同之會，而我們以有「名」或「遠道而來」——我雖湘人，但此次則從上海來——之故，什麼會都得參加。加上校務上之種種會議，更不能不出席；又加以在訓育上採用導師制，由學生自由選擇導師，學生選我們作導師的達百餘人。他們的生活我們也得負一部分責任。於是我們每週所費的時間平均算來每日八小時都不夠。此外還有兩件事使我們感到無辦法的：一是學生的個別請教，二是他校之敦請講演。

就一般情形而言，青年在學問上因為識力不足，最易採納虛聲；在情感上，只要接觸時相見以誠，也容易發生信念。那時我們都是年青的人——夏丏尊最長，也不過三十一、二歲——而且是書生，對於社會的機詐未經習練，且在教育思想上受著個性發展的影響——以我所受之影響為最大，因正在研究桑戴克之《教育學》及《教育心理學》——故對於一學生之來問者不問其為學校功課，或社會問題以至個人私事無不竭誠指導。學生以其可親，於是來者絡繹不絕，我們為表示誠摯起見，每每廢寢忘食地盡情討論。因為學生對於我們比較信仰之故，學校行政上的問題有為學校當局所不便或不能解決的，也每每由我們代為解決。於是我們的時間便每每感到不夠。而其他學校為慕虛聲之故，每欲請我們兼課以應其學生之要求，我們以契約為言，聯盟拒絕，但偶請講演則不能不應。我以湘人，在長沙多年，師友的關係比較的多，為著某前輩要我在其所辦之學校兼課兩小時，親自登門數次而未允，幾至鬧成公憤。至講演方面，在城內、校內我既不能不多方應付，有時且得去外縣講演。但無論教課講演以至指導學生，都得自己努力學問；且當時對於各種思潮，各種學問，都懷著若飢若渴之感，非努力亦不能滿足自己的慾望。結果是因積勞過度而於十年春赴湘潭講演歸來即臥病月餘——當時青年求知慾之切與各校競爭之烈可稱無以復加。九年秋由省教育會延請杜威、羅素、蔡元培、吳稚暉、張繼、張東蓀、李石岑諸先生赴長沙講演，對於蔡等以下諸人除去公共講演而外，各校均請蒞校講演，蔡、吳竟至聲啞足軟。

三、罷教

民國九年十一月二日，譚延闓等正式宣言湖南自治。二十三日譚延闓宣布軍民分治，廢除督軍，民選省長，且聲明即日解除軍民兩職；總司令一職，交趙恆惕接任，省長一職，向省議會辭卸，咨請另選臨時省長。二十六日，趙恆惕就總司令任，省議會並選林支宇為臨時省長，亦於同日就任。這種變動在當時的政治上的目的，是要避開南北兩政府的問題而制成省憲，徹底自治。在教育界，則一般人對於趙、林的信任未免較譚為輕，而趙、林接任後對於教育經費仍不能照發。於是十二月之某日，第一師範以罷教向他們示威了。

五四以後，學生罷課是常事，教師罷教則不大聽得。第一師範既由「名宿」任校長，又是當時當地文化運動的領導——其時毛澤東任附小主任，頗為活動——而況有省內外的名教員；同時湖南之自治，又要在政治上樹立模範為各省倡。這種事體之發生，在「省」的面子上固然不好看，而在「校」則可推到「客卿」——省外教員——身上而更好說話：所以獨由一師發難，所以經「合作」而由夏等遷居我家，不數日即解決了。

罷教的步驟是早經預定的：大概由校長先向政府請發經費，不得，即由教員相率罷教；「客卿」遷出，發表宣言，學生請求返教不遂，乃向政府請願等。當時的趙、林兩人，雖也不願與教育界過不去，更不願有玷「模範自治省」。但教育經費在譚時即已積欠不少，一時得不著許多錢——要發便須遍發——而且就是有錢，也不能發得太快，致成惡例。所以結果大概是犧牲學生十日上下的課業，而一次領得一筆欠費，與以後按時照發的擔保而功德緣滿。其他各校既然平等待遇，也就不必重演舊劇了。

四、能力分組制及選科制

教育經費有著，教師生活可以安定了，湖南省又要切實自治而制定省憲法了。一師在十年的上半年又努力作了兩件事，一是改年級制為能力分組制及選科制，一是校長民選。

選科制是允許學生於必修科目之外，可以就其性之所近選修若干種科目，能力分組制又稱學科制，則將年級制度打破，而將各年級同一科目排在同一時間上課，聽學生依其程度隨班上課，依其能力隨時升級。如二年級上學期的某生、其國文程度只能及二年上學期，而算學則可達三年上期，則國文在二下，算學在三上受課。倘其算學能力特優，或於假期自行補習而能跳級，則下一學期可聽其升至四上受課。此方法行之於美國大的中學，其教育原理之根據為發展個性。中國的學校自「五四」而後，如浙江一師，東大南高附中已在採行這種辦法。這辦法是自由主義的教育者所贊成而我尤為贊成——理由詳下章——所以一師要迎頭趕上去，而改用這種辦法，我們自然高興。就是我的講義，也重為配置。重新寫過。因為學生可以按其各科之能力選班上課，更可於無必然程序之科目（如教育學在三年級或四年級學習，並無嚴格的程序）中自由選習，於是學生自由了；自由到完全自主，而以主觀的好惡，及虛聲的崇拜為選擇班級與學科的標準。結果，在學生方面，許多是躐等躁進，食而不化，白費光陰；在教師方面，則有若干教師的教室擁擠不堪，課外改卷及指導來不及，而有若干教室的學生寥寥可數，甚至寂無一人。這一來，學生的成績成問題，教務行政成問題，而人事上（學校對無人或少數人聽講之教師無辦法，即教師亦不自安）亦成問題；不得已而回轉頭來在各班人數及學科程度規定種種限制，雖然不免有若干問題，使當局者忙於應付以至窮於應付，但在師生諒解的情形下終於相安無事，這不能不歸功於平日師生之推誠相與。

五、校長民選

學生自治，在當時已成為風氣，當時蘇、浙各校多在提倡學生自治，組織學生自治會，並有由學生在校組織似市政府之機關；但為「擬型」的，其職權只在處理學生自身的事務，且由教師為之指導。在一師，則因湖南為自治模範省，就政治立場言，學生是人民的精華，自然要有更大的自治權。而當時的《民國日報》為著國民黨的政治策略問題，常常鼓吹「學校猶政府，學生猶國民」之說，鼓勵學生統治學校干預國政——此說在某時期的政治上雖亦收效，但青年之犧牲實太慘，十七年二月中國國民黨四全大會之宣言曾慨乎言之，力予糾正——此說在浙一師曾經實行過，在長沙更當實行。於是十年春學校竟創行民選校長制，由學生投票選舉易氏為校長。這理論我並不贊成，其理由至簡單：就是學生們是知識未充，諸事待教的青年，對於自身事務的判斷尚不可靠，——所以在訓育上主採導師制——如何能判斷教導他們的師長。如果認為他們判斷可靠，則根本不當來作學生。至於發展個性，訓練自治，那是教育者的責任，不是學生的事。我曾提出這種至簡單的理由與當局者談過，但他們為著「應時勢之需要」——實以政治問題為背境，蓋「罷教」以後，政府對一師甚為注目，特以此示學生之信仰，及「易長」之不易耳——不得不行；我也不更反對。不過當時的社會經驗甚淺，以為教育應該離政治獨立的，今與政治關係如此之深，終不能視為心安理得，而不願久幹下去。同時並感到中國新教育制度之不合社會需要，而思從歷史上尋出一個結論，所以下年仍赴上海，冀圖實現我的教育理想。

六、課餘生活

我在長沙第一師範雖只教書一年，但此一年在個人方面，未曾為風潮的對象，與學生同事相處都相得，算是我教師生活中最完滿的一段——自六年畢業高師以來，教過的學校有長沙兌澤中學、第一中學、福湘女學、湖南一師、吳淞中國公學中學、南京東大附中、第一中學、成都高師。除長沙一中、東大附中、南京一中為兼任，與學校不發生重大關係。其餘五校均專任，而有四校均為風潮的對象而去——當時個人生活方面常為我所回憶而當記述者有下列數事。

那時我與夏丏尊、沈仲九、孫俍工、余家菊、陳啟天諸君雖然都是初次相識，但因為大家都是「新文化」——新文化最簡單的標幟，是棄文言而寫語體文——中人，思想相通，而大家又都肯努力學問，沒有染著一般教員放下課本即行聚賭的習氣，所以感情上都很好。平常無事，很容易集在一起清談，而夏、沈因為我在上海住過，略習下江生活，過從尤密。記得當時我家居南門外之社壇街，離學校不遠，知道他們不慣湖南的辣味，有時備幾樣不辣的菜，請他們到家便飯，而他們也不客氣，覺得在學校的飯菜吃厭了，要想變換口味，便自己在街上買了他們所歡喜或他們認為我家所歡喜的菜來。而我住樓上，廚房在樓下進門的廂房，他們帶了菜來，總是先交燒飯的男工戴師甫——長沙飯司的通稱——他們有時因為有事將買來的菜交給男工即行他去，等到將要吃飯時再來。家人看見他們來了，正以無菜發愁，不料他們竟先去廚房，端著熟菜上來。丏尊的黃酒瓶也隨著打開——我不飲酒，對於酒完全外行，而丏尊好黃酒，故每次的酒都是他自帶——等著戴師甫隨著送上杯筷，便很自然的吃起來。慢慢地成了習慣，戴師甫看見他們來一定要吃飯的，就是他們不帶菜來，也不必諄囑，自會備菜。而我們之間，也覺得這種無拘無束有如家人的生活很為有趣，每次見面總是無罣無礙地暢談。如吃晚飯，則非到學校要關門的時候不散。在罷教的時候夏、沈寄居我家，我們三人促侷斗室之中，話匣子總是不關，有時夜以繼日地睡在床上通夜談話。那種誠懇坦白的同事生活，也是我教師生活中所絕無僅有的。

因為常與夏、沈、余、陳諸君過從，而他們所習的又各不同，余與我雖同教教育科目，但平日的學歷也不一樣，於是他們各方面的知識也都與我的知識交織，而將我的學問範圍擴大，學術眼界提高，在那時我的薪金雖然只有八十元，但學校把我當作「客卿」而以「光洋」計算，而長沙當時的生活程度又甚低：我租居一層全樓面，大小房間四間，外加樓下的廚房及工人房，每月只要租金五元，所以全家的生活費，用不到收入之一半，而有一半以上，可以供我購備書籍。當時流行的雜誌、報紙固仍照常購閱，因外滙便宜（美金不過一元稍多），又得丐尊介紹一種由日郵——那時客郵未廢——代收貨價向日本丸善書局購書的方法。於是購備的書籍甚多：不獨購齊了我在福湘所看過的及新的教育書籍，且兼及哲學、倫理學、社會學、經濟學各方面。最使我當時高興而永久不忘的，是美國孟祿主編之《教育辭典》五大冊，我在福湘看過之後無時不想念著，但長沙的本國學校則絕無第二部，就是一師也無此預算；而我於十年春積儲了兩個月的購書費，竟以六十元從丸善購得。我從長沙小西門的日本郵政局取來時，坐在人力車上，便將包裹打開每本加以翻閱，到家裏放在書櫥上，站在旁邊看了又看，且在繼續不斷地多少日中，有暇便翻閱。我那時的喜悅之情與驕傲之感，應是我有生以來所未經歷的。自此而後，我在教育常識上固然得其助力不少；而以後丸善成為我的書籍供給者，我的衣食節餘之資誠然大部分流到他們的銀錢庫裏去了，而我的新知識卻日新月異地換來不少。這一點是應當歸功於夏、沈兩人的。

第八章　中學主任

一、學制系統改革先聲

「五四」運動而後之兩年間，國內的政治雖然仍是混亂，不獨南北對峙，在南且有粵桂之戰，在北有直皖之戰。但全國教育界則逐漸團結，全國教育會議的議席能集合全國各省的教育界人士於一堂，討論全國有關的教育問題，其最重要者是學制系統。

中國的學制最初採自日本，民國元年雖經改訂，但內容與前清者並無多大變更；學校訓育之採管理制，教學之採注入式，也和從前無大出入。自「五四運動」以來，各種舊思想發生動搖，學制及教學與訓育之方法也因著不合「潮流」而被懷疑。八年以後之全國教育聯合會會議，每次均有學制改革之議案——十年教育會議之提議學制改革案者計達十省——雖然採用美國學制系統的傾向，因杜威之來中國，與民治教育思潮之激盪而加強，但在十年十月以前——新學制草案通過於十年雙十節——各處主張不同，教育刊物發表之個人意見者尤多，而當時之教育部，其政令亦如北京政府，不能出北京城門，各省教育界就其所信而在其所主持的學校改訂學年期間，試驗新訓育及教學方法——學生自治及設計教學盛行於八、九年之間——者更不在少數。在這種自由的空氣之中，所謂教育者，如果他也是不滿意於現實的一分子，誰都會感著當前的教育有問題；為著要解決問題，誰也會本其自己的理想假設一些解決的方法。至於這方法是否真正適合當時社會的需要以至是否能解決其所感覺的問題，那又是另一問題了。

那時學制是國民小學四年、高小三年、中學四年；師範學校預科一年、本科四年；甲種實業學校預科一年、本科三年；專門學校預科一年、本科三年或四年；大學預科三年、本科三年或四年。中學的一段是大家視為不滿意而以為必須改革的；我當然也是其中的一分子。不過我對於專門學校及大學預科尤不滿意，以為它的時間大部分用在復習中學的功課及語言上，實屬浪費，而主張取消。於中學則以為應打破「完足普通教育」的空話，而當負「升學預備」與「職業準備」的兩種機能。所以主張改為五年：前三年普通科，後二年分科，且於前三年之第三年起設選科；在訓育方面既不贊成舊時的管理制，也不贊成當時的學生自治制，而主張採英國大學所通行的導師制；在教學方面則反對注入式而主張採用自學輔導制。這一種主張之來源，一半是從閱讀若干英美教育書籍而來，一半是個人的私塾與書院生活所遺留下來的影響。同時受了男女平權思潮及男女同學事實——民八北京大學開女禁，民九廣東的所有大學均開女禁——的影響，主張男女同學；受了文學革命的影響，國文科主張用語體，並以為語體文之學習要先從講話入手。而眼看到教育時時受政治的支配，教育者的進退常以政治為轉移，不問教育者有什麼主張，離開政治的支持力便無法實行，因而主張教育獨立。我當時在教育學術之研究上甚有興趣，在一師與同事學生相處也甚相得，自然不想有別的活動。但因為懷了許多教育上的主張，下意識中也未嘗不有擇機實行主張的傾向。這機會果然於十年春來臨了！——這以下就要講到中國公學了。

二、中國公學

中國公學在中國新教育史上有其特殊地位：因為她是由於留日學生反抗日本取締規則而成立的。清末變法之初，政府為求速效，派遣大批學生赴日本留學，至光緒三十一年（一九〇四）達萬餘人，其間分子自有良莠不齊，日本文部省於斯年冬發布取締清國學生規則，嚴定學生入學資格。當時留日學生，以前一年曾公布取締韓國學生規則，今對清國繼之，是不啻將清國視為日本之保護國，群情大憤，一時退學歸國者達千餘人：到滬得鄭孝胥資助銀千兩於一九〇六年春賃屋設校，名中國公學校務由王搏沙（敬芳）先生等主之。但來學者寥寥，經濟又復窘迫，幹事姚宏業（湘人）先生於十月十三日憤而投江自殺，以期喚起國人之注意。卒由政府及各省撥給津貼，以底於成。一九〇七年復由兩江總督端方奏請撥給吳淞礮台灣公地百餘畝為校址，並由大清銀行助借十萬兩建校舍。民國成立，經費無著，由孫中山、黃興諸先生維持之。四年經王請英人在河南所辦之福中公司年撥二萬元為經費，並推梁任公先生為董事長，熊希齡、王家襄先生等為董事，但於六年因故停辦。八年梁等致力於文化運動，很想吸收一批人才，造成一種新勢力，除領導北京《晨報》、上海《時事新報》並創辦《解放與改造》——後改名《改造》，由中華書局出版，十二年停刊——主持尚志學會、講學社、共學社等團體，約集一般人譯書撰稿外，並擬在事業上有所表現。所以於八年秋將中國公學重行恢復，設商科及中學，由王任校長。十年春，梁王請張東蓀先生北上，商量改革辦法，因教務長劉秉麟君須去英，聘張繼任，並決定請我任中學主任。張返滬即快函我於春假去滬商量校務，我以教課未完，且欲專事學術之研究，又不悉該校歷史，不允即去；四月間長沙聘請名流起草憲法，蔣百里先生為被聘專家之一，曾過舍相訪，說明公學之種種情形，我之教育主張亦概被接收；而長沙當時之政治情形又復紊亂——譚、趙兩系爭鬥頗烈，趙且向議會辭職一次——一師前途未見光明。遂於結束功課之後，又於七月重行隻身赴滬了。

中國公學的歷史很特別，當時的行政組織也很特別。校長之下設事務會，由事務長主持之；其下分設圖書、儀器、監學、會計、庶務、文牘、齋務、校醫諸課；設商科教授會，中學主任教員會，其下各設教務長及教授教員。校長直轄的只有校長辦公處中之書記。而課程也很特別：商科為專門性質，科目以教授之有無而定；中學則英文每週達十小時，三、四年級均用英文教本，且有論理學、心理學等科；其組織系統及課程標準既不遵部章，亦非有何種學理上之根據，只是主持者自由意志之表現耳。就組織系統言，學校經濟權，學生管理權，均操之於事務長之手。教務部分，只是「上課」而已。當時商、中兩部的教務長為劉秉麟，於春間赴英留學，事務長為四川之李君，而校長遠在北京，李君實屬實際的校長，而在劉去之後，由東蓀任教務長，要與分庭抗禮，依理是難免有問題的。而東蓀為政論家，於學問、尤其是哲學有其獨到之處，作評論很能動人；但事務經驗則比較的少；其為人，則完全書生本色，對於社會的情形不大理解，對於辦事的手腕尤不講究；再加以我這更書生、更急進的湖南人與之合作，其有問題，便由或然而成為必然。

三、初次風潮

我於七月五日到上海，詢東蓀以學校情形他謂不甚了了一切都待我來辦，不過教員的聘書曾與李君商定，已經發出，不過為期半年，鐘點則待開學時再定。我雖然也是書生，但有點學校行政經驗，對於這辦法總覺得不妥：當時曾露不幹之意。第二日我們同去吳淞訪事務長李君，在火車將達礮台灣車站，莊嚴偉大的紅色建築物即映入眼簾，令人起崇敬之感。及下車向對面田野間之麻石路行半里入校，便見廣大的操場，蒼鬱的樹木，在那裏靜靜地護衛著校舍。校舍之正面為一字式大樓，樓下為辦事室、會客室及教室之一部分，樓上全為教室。進一層與正校舍成丁字形者有平屋三排，兩邊為理化室，圖書館、膳堂、教員宿舍等；正中隔天井為大禮堂，可容千數人。禮堂及廂房後為與正屋寬度相等的學生寄宿舍兩排。再後為廚房，水塔及發電室——自來水及電燈均由校自行設置——再右面數十畝之大坪之邊緣，有教員住宅兩座，分為四宅。這種雄偉的建築、寬敞的校基，幽靜而便利——每小時有淞滬小火車開行——的環境，除去嶽麓書院的高師而外，我曾服務過的學校都不能及：足見創校者之抱負遠大、計劃周密——「一二八」後，全部被燬——返滬時再經某君引導至海濱眺望：那海天一色偉大的自然環境，更令人依戀。我的心境陡變，決心要把這莊嚴的殿堂，變為理想的學府，而準備接受中學主任的聘約，努力於實現我的教育主張。

當時曾見著留校的幾位教職員，惟李事務長去京向王校長述職未返，未獲見面，因而對於學校的情形，仍不能了了。但是返滬而後，即照著我們預定的步驟進行，一面約請教員，——教員之以「聲應氣求」而來者，有葉聖陶、朱自清、陳兼善、常乃悳、劉延陵、劉建陽、吳有訓、許敦谷諸人。我們決定共同負學校的責任，一律稱專任教員，月薪一律百元——一面擬定改革計劃，準備登報招生。七月十三，李事務長自京歸來，與我見面於東蓀家中，當將我的主張及我們所擬的辦法詳細告之，彼亦甚為贊同，當於翌日接我往吳淞住居，籌備一切。二十日，當時的董事熊希齡、王家襄兩先生過滬，東蓀引導到校參觀，不料與李於言語之間，大生衝突，不歡而散。不數日我因病瘧移居滬上——仍居松社，時鄭振鐸編「學燈」，亦居該處——由東蓀將已決定之計劃登報招生。不料廣告發表之翌日，即有否認之啟事見於報端，於是中國公學成了雙包案，而筆槍墨戟地爭論不休，為報館添廣告生意不少。我睹此情形，深感學校前途暗淡，自身力量薄弱，力求引退。而東蓀則以為學校改革彼應有權處理，李之行動應屬無效。於是一面派人去京，一面函電告梁促王南下解決，不許我退。而學生因我們改革計劃之廣告及新聞而來投考者為數不少，教員且有已到滬者：以此種種聯帶關係，即退亦無法退起。直至八月二十而後，王校長親到上海決定贈李以出洋考察之名義及經費，請其離校；並任張為代理校長，再在各報以校長名義發表啟事，聲明誤會解決，照常進行。我於八月二十五日再行入校，籌備於九月十二開學，而糾紛也就如膿泡一般，既經破皮，非把膿流盡是不能收功。開學剛一月第二次風潮又起了。

四、二次風潮

因為姚宏業烈士是湖南人，所以當時中公的湖南校友比較多，以後幾度復校也都有湖南人在內；而「不服人」與「好動」又差不多是多數湖南人的天性。那時的該校教務長——已去英，與當時之事無關——和齋務主任都是該校的湖南校友，教員中有兩位教國文的老先生是湖南人，鬧起事來，學生的領袖通例是湖南人——京滬各校以至工廠的一般情形確屬如此——所以這次的事，雖然由李、張開其端，然而若果沒有「湘軍」，是不會爆發得那麼快而演得那麼有聲有色！

舊國文教員中有位石老先生，年齡已及花甲，而酒興又甚豪，差不多是每餐必飲，每飲必醉，既醉之後則井田與共產，老子與杜威均可併為一談，於當時之所謂新文化反對甚力，對胡（適）陳（獨秀）諸人時加痛罵，但學生中頗有信其淵博而好與之遊者。東蓀上年之發聘書，原係應李之請，對於學校情形，不甚了了。後來知道這種情形，以為我們以新文化為號召，此公如何可留。而我從友人中知其暑假在湘活動，曾函湘中友人為之另謀輕鬆職務，不成；彼欲返滬而我友阻之，且告以故。於是怒不可遏，以為爾小子敢敗我事，是「豈有此理」，立即束裝至滬向我及東蓀算帳。在原則上我們既決定不能容他，在事實上又經聘定葉聖陶、朱自清，亦無法容他。但他既來了，為著聘約關係，便又無法去他，只有請他教將畢業之一班。他謂來滬之目的在「衞道」，所以各班學生都得教，否則送其應得之薪修，結果是依約送其半年之薪而去：此其一。石老先生去後，其「高足」尤其是同鄉在情感上之不滿自是常情，於是某生於聖陶教國語文時大生問題。當時我們以教育者之立場，惜其思想中毒，由我召至私室，開誠教導，並予以朱文叔編之《國語文類選》令其閱讀，而不予裁制。彼等誤以為教師怕他們，而更謀興風作浪：此其二。齋務主任吳某，雖為中公校友，但是不能教任何科目，文字之運用，亦不甚自如，故其薪修較低，不能與新生之專任教員者相等，就「主任」之地位言，未免有失體面；且石去而後，亦自覺不能久於其位，故利用校友頭銜鼓動學生，以求固位：此其三。還有一位由東蓀新聘的商科英文教員某君是湖南人而新從美國留學回國的，抱著風頭主義，想得更高的地位以自高身價，也從旁燒一把火，此其四。這四者是「湘軍」的原因。

其次，李君雖決定出洋考察，但直到十月九日方始離校。兩年以來，他本屬事實上的校長，東蓀任教務長欲與分庭抗禮，已覺與習慣不合，經一度糾紛之後，彼則離校出洋，東蓀反升一級而任代理校長，不論出洋在名義上說得如何好聽，事實上有何種利益，但感情上總難得平靜。隨便發發牢騷，是亦人情之常。而舊教員之鐘點及所教科目有更動，辦法也有更動，在習慣上已使他們不快，而新辦法，尤其是教員要負訓導責任與學生共起居的辦法，更有點為他們吃不消；且半年之後是否能繼續，亦成疑問；有人「舉義」，則為孤注一擲，以冀反抗成功而能保持著舊業，甚至擴展一些職務多得一些收入，亦屬人情。此為又一部分之原因。

第三我們自願負學校全責的所謂專任教員九人，都是些閱歷太淺，理想太高的少年，以為「世上無難事，只要肯努力」。對於自身的力量估計得固然失之過高，對於他人的心理以及各種心理關係與利害關係所滙集之種種趨向，又未免估得太低以至於完全忽視。等到各種支流滙為大河而發現其勢力時，則築堤已來不及了。我們當時對於學生抱定誠懇態度，事事予以切實之指導，以期其成為有用之才，但不知在「誠信未孚」以前，指導未必被接收，誠懇反視為故意。例如我們為增進學生健康計，規定早操，且大家共同於每早六時五十分上操場，但對於一部分貪睡的少爺們卻使其不便。我們為充實學生生活計，提倡課外活動，而尤注重於師生共同生活，則浪漫學生感到拘束。我們為謀學生畢業後能在升學與職業兩方面均獲便利，而將畢業期間由四年改為五年，且於三年作一段落注重基本學科；並於第三年起設相當範圍的選科以適應個性；後二年分為文、理、商、師四系，於必修科外兼設選科，使學生就其性能與經濟能力分別選系，但在「混資格」的學生看來則未免多餘，一般家長亦將以為延長一年負擔太重。我們為整齊學生的學業計，打破年級制而用能力分組制，使學生依其各科之學習能力，按科進修；更採學分制，使學生可按其能力努力進修，在規定年限以內提早畢業，（五年課程，如學生能力優，平時努力而又在年暑假補習者可於四年或四年半畢業），能力不及者可延長畢業期限，這辦法在優良而努力的學生固屬滿意，但以學校為傳舍的學生，則未免失望。而舊生因編級試驗之由高級改入低級者則更不滿。再如我們「聲應氣求」的專任教員，為著研究學校改進上各方面的問題常在一起，在私交上自然也日趨深厚，而過從甚密，但在他人看來則未免顯分黨派；而我以「主任」之地位而如此，尤見顯分厚薄。凡此種種，均辦事上所極當注意、而我們尤其是我竟忽視之，如何能無糾紛。此為我們自身的原因。

又其次，中國公學在歷史上與政治有關係，並與政黨有關係；而東蓀是政論家，在政治立場上有其背境，而又主持「風靡一時」的《時事新報》，其論敵當然是不能免的。以政論家而辦學校，若果平靜無事，社會上不會注意，論敵雖注意也少可「論」的資料。但因為自己有報紙，決不會不宣傳的：因宣傳而得著社會上許多人的注意與期望；可是有問題時，社會之注意尤大而責望更切。在論敵方面縱無惡意，亦將視為好的新聞資料而加以紀載、渲染、評論，以聳社會觀聽，以結學生好感。自八月間之廣告戰起，「民國日報」即小有言論，十月而罷課，該報之紀載與言論自更多，社會的激動也就更大，而措置也比較的困難：此為社會的原因。

原因雖有上述的種種，但抽象講來，可以「思想衝突，利害衝突」八個字概括之，具體講來，是我們「閱歷太淺，處事無方」。

五、風潮大概

以下說風潮的大概情形。

九月十二日開學以前，為著支配教員的功課，重編舊生的年級，費了許多氣力勉強就緒；但是舊的——包括教員及學生——怨氣之充塞當是不能免的。故開學未久，即由某某組織幹部以謀出氣。吳君則集合湘人，自稱「湘軍」，聲稱為石老先生謀報復而和之。不過新生人數較多，而我與新教員又均住校，與學生共同生活，要發「怨氣」也少機會。適逢十月十日因國慶放假兩日，新教員赴滬者不少，而我亦因病赴滬。這機會是反對者認為「千載一時」的至寶，於是由商科學生及齋務主任為首，分頭召集會議，決定「舉義」辦法。他們的目的與計劃，都在推翻東蓀的代理校長而擁護新來的教員某君。某君雖曾於開學時用英文發表一篇「初小教本」式的演說，贏得一些掌聲，但在學校的資望究屬太淺，不便一躋而為代理校長。而商科學生年齡較大，知識較充，若起首便將真正目的標出，必不能得人同情，乃看定中學生易與，而以中學為入手的工具。

他們以中學生年事甚輕，可用謠言鼓惑、武力壓迫使之成為工具：乃利用國慶放假機會以國慶名義召集開會，由某君於述國慶校史之餘，慷慨激昂地說我們對舊學生如何排擠，如何暗中記過，如何準備扣發畢業文憑；再加以一些刺激話而提議罷課驅舒，並由預定之人舉手贊成，於是議案通過。而十二日上課時，中學部除四年級外，各班教室門均有糾察隊把守，不許教員學生入內而罷課了。

十二日的上午，我曾抱病勉強由滬赴校，車到吳淞鎮，同事劉建陽、陳兼善等在車站專候，強我下車，而告以校中發生風潮，學生被人利用，有武力對付之說，勸我返滬。不得已而返滬訪東蓀。彼謂：適得所謂學生代表函稱驅舒罷課，附有宣言一紙，一片胡說而外，並把你的履歷改造，說你是什麼高等講習科畢業，在福湘及一師任教都是偽託，大概他們預定計劃要罷課鬧風潮便不得不發宣言，要發宣言便不得不造罪名，而對於你的歷史又不熟悉，所以有此笑話云云。正談話間，校中職員某派人持函請彼下午赴校解決。他下午到校，約代表個別談話，對於彼等之要求，當然不能允許，只勸其安心上課，請由王校長處決。談話畢欲返滬，而學生則召集大會，要他到大會去解決，他不允而出，學生追至車站。此時已由有計劃之行為成為群眾運動，已失理智的統馭力。在車站對張施以辱罵而外，返校即將中學辦公室搗毀而將重要文件取去，於是已入第二階段，而照預定計劃張舒並驅了。

群眾的武力是一鬨而散，但學校的事，卻不是一鬨所能了結，要散也不能散離學校。而搗毀辦公室之舉，在計劃者看來終覺有點不是。於是一面想法恢復秩序，而假學生推舉之名，以「湘軍」中之商科及中學學生兩人為幹事，代行中學主任職務，據辦公室辦公。一面發表新聞謂張如何壓制學生致引起學生的不滿，而不承認其為代理校長，由學生推舉代表，自己自治。這又一方面，當然是不能聽其如此的：乃布告開除搗毀辦公室及代表與代行中學主任職權之幹事。而布告貼出之後，即被撕去。於是報紙上之宣傳品更多，所謂「十大罪狀」的宣言除在報紙宣布之外，（這次之事，只有《民國日報》及《時報》登載學生所發新聞，其他各報均不登載。）並在校散發，乃又引起另一部分學生之抗議而發反宣言。好在十三日是姚烈士的忌辰放假，大家忙亂一天，也沒有什麼。十四日，幹事們要表示其維持秩序的能力，主張恢復上課，而原來不罷課之學生則不上課，所有新教員亦均離校而罷教，要上課也上不成。胡亂過了兩天；到十六日是星期日自然放假，無所謂上課與反對上課的問題。十七日東蓀因得王校長覆電嚴辦，在滬決定率警察重帶布告去校（布告措詞頗嚴，有「諸生須知本校係私立，與其他教育機關不同，諸生倘願受本校教育，本校自當盡扶掖之責，如有故意破壞，以學校為兒戲，各該組學生一律解散亦無所顧惜」等語，而又未將校長之電說出，學生的反應也自不同）勒令學生出校；結果由齋務主任吳君擔保被開除之學生翌日離校。可是東蓀離校而後，其「摧殘教育」「壓迫學生」的罪狀——那時學生與軍警時常發生衝突，輿論每不直軍警，「摧殘教育壓迫學生」差不多是教育界罪狀之公名——遍布了學校。原來同情學生的報紙，自然照例發表新聞，且有言論以示公道。在校內則商科學生至此已「忍無可忍」而全體加入，舊教職員亦「忍無可忍」而全體加入；而新來之商科某教員遂被教職員學生推舉為代理校長，通電校長備案，且由新代理校長召集善後會議，負責維持一切。於是直入本題而以驅張為主，驅舒為從。第二日據謂學校已入新時代而成為民選校長的共和政體。於是十八日新代理校長向舊代理校長接洽印信，舊者以印信受之校長，當交校長，新者不得要領而去。教職員學生乃聯名詳函校長及校董會報告經過，並派舊校友齋務主任吳君赴京訪校長校董而外，兼訪舊校友而當時在京之名流某某請求援助。這時則以擁護新代理校長為主題而入最後階段了。其致校長校董函中歸納我的罪狀為「破壞學制，顛倒學科，托名自治，放棄責任」十六字。（前四字指修學期限由四年改為五年，第二四字指行學科制及分科制選科制，後八字指設學生自治會。實則均為當時所謂前進學校之普通辦法，且教部曾有明令允各校試驗，不能稱罪；不過行得稍早耳。若遲一年便不成罪名，再遲一年不照此辦理，又要成為罪名了）而不說資格問題。在另一方面，除我於十八日赴京報告校長請其南下處理外，並由「新教員」及「擁張學生」各發宣言一種。學校則一直停課到十一月二十日。

這次風潮發動者的計劃以及步驟都不算錯，然而結果終於失敗者是由主持者不明經濟權能與時代思潮的力量。所謂經濟權能者，一種事業，必得有相當的經濟去維持它，主持者必得有支配經濟的權力，方能掌握管理權。若果自身沒有經濟權，除以革命方式獲得支配權而外，便只有取得有此經濟權能者的信任，方能支配事業。學校雖稱文化事業，其需要經濟權能是一樣的。這學校的校舍校基雖屬公產，但每年二萬元的經常費則來自校長任總經理的商業公司。不以革命手段改組學校，如何能違反校長的意志而驅逐其所信之人，更如何能以素無淵源的少年為他的代表。其次則一種事業，於經濟權能之外，其措置至少要不背時代思潮方能發展，否則縱有權統制一時，不久亦得崩潰，絕不能維持久遠。這次主動風潮的人物，既如此頑舊而幼稚

——如某新教授——就是取得主持者的信用而代為統治，其內部亦將發生問題，而況連信用都未取得：所以結果是終歸失敗。

我於十九日到津，得見多年景仰的梁任公先生，而王校長在津有事，亦在梁寓相遇。他們都是年已五旬飽經世故的前輩，我將學校經過情形約略奉告，且請辭職，他們都說這是題中應有之義，不足為奇，而且以為最易解決，用不著我擔心，更用不著言辭；下月初，王去滬一行，即可解決。我北去的目的，本要去京、津、寧三處參觀學校，他們謂校事可以暫擱，安心把幾處的學校參觀完了再回上海不遲。我在三處參觀十日，至十月三十日始返滬。到滬以後，將各方情形報告東蓀及所謂「新教員」，對於學校事無任何建議，惟在寓寫〈北遊雜記〉，述參觀各學校之情形，與對於當時教育上之意見；寫中國公學風潮問題，述風潮又一面之情形及我的感想——均在十年十一月份「學燈」發表——十一月初，王校長到滬；經過他與各方面的幾度接洽，明白各種癥結之所在，先為個別的解決，然後於十一月十日約同東蓀及離校的教職員一同去校，召集全體教職員學生在大禮堂開會。他演說達三小時之久。一場風波，就此解決。

六、風潮結局

王先生少年留學日本，因反抗日本取締留學生規則而歸國，與姚烈士等創辦中國公學，且為最初的負責人；最近又籌款復興，在學校的歷史與功績言他都是最有資格的。而他教過書、作過國會議員甚久，擅長演說。而常識豐、世故深，能揣摩聽眾心理，給以投機之話，使之感服，而演說之方式又很好。他登台便領導全體向禮堂上懸掛著的姚烈士的遺像行禮，第一句話是向烈士告罪，而且咽不成聲。台下的聽眾無不有同情之感而寂靜無聲。他從創校艱難說到停辦時的苦痛與恢復時的喜悅，再將種種過錯都歸咎於自己之不能常川駐校，再將我們的種種辦法，如率警到校及嚴厲佈告等都歸到他的意志上，東蓀不過代表其實行耳。最後則從時代思潮上提出最堅決的主張，一定要實行新辦法以為學校增光，而恢復到創校的光榮史上。同時則聲明有違反此項主張及彼所委之代理校長與所聘之職教員者即屬違反他的意志，當切實予以制裁，不能寬容，即全體解散亦所不惜。最末是宣布某某教職員辭職，某某學生自請退學。這一席話，不獨表現他的權與力，而態度的誠懇，言詞的動聽，誰也不能不被克服。於是一場風波，即此了結——「湘軍」也於此次消滅。——出禮堂而後，並召集所謂自請退學的學生三十四人話別，又談一時餘。當晚再請辭職的教職員晚餐作為餞行。我於佩服他的精力與辯才外，更佩服他的辦事手腕；只感得自己太幼稚，太激爽。而他這次演說卻給我以永久不能忘的印象。

由十一月十一至二十五之兩星期間，他每天同東蓀到校，處理各種事務，學校則於二十日從新整理，正式上課。並於二十五日登報通告校友及學生家長。罷課四十日、學生退學三十四人、教員辭職數人之大風波，至此乃真結束。我於事後曾作〈中國公學風潮問題〉一文。載十一月「學燈」中，謂所得教訓有二：一為與思想相去太遠之人共事，偶有利害衝突便會爆發，故處事須特別謹慎。二為當青年感情最易變動之時，欲有所改革，須依其舊習慣而逐漸進行。又述應反省之事四：一曰誠信未孚，進行太驟；二曰觀察未周，布置不善；三曰未能防患未然，致使安心求學之學生亦犧牲學業；四曰未能和平處理，致開除學生有背教育本旨。最末則曰：「決不因此負氣，更不因此灰心，並當本此經驗，從教育原理上研求有裨益於青年之適當教育方法。……至對於此次反對我之同事或學生，我不僅無怨意，並抱無限歉忱：蓋所以使彼等誤會者，皆我之『德』與『能』未充有以致之。」

這次的風潮我雖疚心，但並不灰心，其他諸同事也抱同樣的態度，以為荊棘斬去了，光明的大道便在目前，而於事後努力於如何為學生補課。惟有文學家的葉聖陶君感情素厚：看到這種情形，精神苦痛異常，無論如何都不願再幹下去，所以國文一席改聘沈仲九，而吳有訓要去美國，乃改周為群任數學，劉延陵亦他去，又改聘王希和任英文。——十一年秋朱自清他去，由孫俍工繼任國文，——十一月二十日以後，大家都加多鐘點，並將年假縮短以期補完本學期應教的課；十一年上年，我們仍是行五年的學科制，十一年下年改行新學制；學校的名稱也改為中國公學附設吳淞中學。

七、自由園地

從十一年起，舊教員已完全退出，剩下我們所謂志同道合的十餘人。我們都很年青，也都很「前進」，對於當時社會上的種種問題，都有一些意見，對於教育則因為我們多數是習教育的——常、陳、周、陶、孫、劉、吳都是北京高師畢業的——故意見特多，而主張也特多。因為吳淞與上海隔得相當遠，而我們又都是外路人，且都有努力學業的習慣，所以每逢假日或上課之餘非有要事不去上海，總是大家集在一起清談。因為各人所習的科目不同，所談的範圍也漫無限制，真所謂「天下之大，蒼蠅之微」，都是我們談話的資料。我們除去好談能談而外，且好寫能寫。某種問題談得有結果，或有很相反的意見，每每筆之於書向報紙雜誌發表。所以那時的〈學燈〉與《教育雜誌》——編者李石岑、周予同：李為東京高師畢業生，周為北京高師畢業生——的重要論文，我們包辦了不少。在教育上，各人對於學校的辦法和前途，雖各有其不同之理想，但於舊制度及方法之懷疑，卻是一致的。而懷疑之最甚者，當推常乃悳與我。其次為沈仲九與孫俍工。常君根本懷疑當時之學校而主張全民教育，主張毀校造校——有《全民教育論發凡》一冊，於十五年由商務印書館出版——其思想之背景為大同主義。沈與孫則傾向於無政府主義，對教育全體雖未曾發表何種系統的主張，但對於辦學校的方法與目的卻常有精到的議論。我那時在思想方面頗受了民治主義與實用主義的影響，而又係從農村社會出身，所以傾向於改良主義與個性主義。不過我當時要以「教育家」自命，對於教育上各方面之理論和實際都很注意，每想於破壞舊教育之餘，能提出一些新的建設方案。在事實上，我的學校教育經驗也比他們的多，有些見解也比他們的合於實際些——我在當時的團體中有實際教育家之稱——加上地位的關係，所以我在那時隱然被他們視為首領。

當時我雖然也有五年的學校教育經驗，但複雜的人事問題與複雜的社會關係，則完全不能理解。每逢大家對於某事談得有辦法時，大家都是本著一股熱忱，恨不得立即實行。代理校長的張東孫先生，其書生氣也和我們不相上下，且不常到校，對於學校的情形不大明白，只要我們說什麼是好的，什麼事應該辦，他雖未見得都贊成，但經過幾次辯論之後，他總不堅持己見而聽我們自己試驗，於是我們把當時的學校，當作實驗理想的自由園地而自由試驗。至於因變動太驟，所應有的種種反應以及所應生的種種結果，不獨我們不曾顧到，即他亦不曾想及。因此，在十一年一年之間，我們因為受了「五四」運動的洗禮，既不顧舊的拘束，政府的政令又每每不出都門；而且該校為私立，經費出自私人，與政府之關係較少，同時學校當局的初意亦有使之「特殊化」以為號召社會之工具之意願：所以我們敢於不顧一切，只本著我們所見而努力地天天改進。到了十二年一月，應有的反應及結果來了，我於是離開吳淞。

這一年，我們作了許多事，計算起來有（一）行五年的能力分組制及選科制，（二）行六年的新學制，（三）訓育採輔導制，（四）體育採工作制，（五）設分科教室，（六）教學採用道爾頓制，（七）實行男女同學。這七件事實在是很平常的。有許多事不到幾年，許多學校都是這樣辦，或以為應該這樣辦。但我們因為「先著一鞭」，致生許多問題和困難。而當時的辦法，卻在「時代」上留下一些痕跡；事情雖然是過去了，但有些問題似乎還未解決。所以還得簡單地把我們當時的見解與辦法重述一番。

八、主張五年制理由

首講五年制：茲先錄中國公學中學部的課程表如下。

甲、前三年之課程表

學程＼學科	倫理 學目	倫理 學分	國文 學目	國文 學分	英文 學目	英文 學分	數學 學目	數學 學分	理科 學目	理科 學分	史地 學目	史地 學分	圖畫 學目	圖畫 學分	音樂 學目	音樂 學分	體操 學目	體操 學分	共計
甲組	實踐倫理	一	讀本三 作文一 寫字一	五	讀本四 文法三	七	算術	五	生理衛生	三	中史二 中地二	四	鉛筆畫	一	唱歌	一		一	二八
乙組	實踐倫理	一	讀本三 作文一 寫字一	五	讀本四 文法三	七	算術二 代數三	五	動物二 植物二	四	中史二 中地二	四	鉛筆畫	一	唱歌	一		一	二九
丙組	實踐倫理	一	讀本三 作文一 文法一	五	讀本四 文法二 作文一	七	代數	五	動物二 植物二	四	中史二 中地二	四	寫生	一	樂典唱歌	一		一	二九
丁組	倫理原理	一	讀本二 作文一 文法一 演說一	五	讀本四 文法二 作文一	七	代數三 平面幾何二	五	應用物理二 應用化學二	四	世界歷史二 世界地理二	四	寫生	一	樂典唱歌	一		一	二九
戊組	倫理原理	一	讀本一 作文一 作文一 演說法一	四	讀本四 文法二 作文一	七	平面幾何	五	應用物理二 應用化學二	四	世界歷史二 世界地理二	四	圖案畫	二				一	二八
己組	倫理原理	一	讀本一 作文一 修辭學	三	讀本四 文法二 作文一	七	立體幾何三 三角二	五	應用物理二 應用化學二	四	世界歷史二 世界地理二	四	幾何畫	二				一	二七
共計	六		二七		四二		三〇		二二		二四		八		四		六		一六九

乙、後二年分科選科課程表

學程	組別	選修科（學目／學分）	分科 第一系（文）（學目／學分）	分科 第二系（理）（學目／學分）	分科 第三系（商）（學目／學分）	分科 第四系（師範）（學目／學分）
學程	庚組	英語五 國文三 心理學二 法制二	最近西洋史二 文學概論三 文字源流二 第二外國語七	立體幾何三 高等代數四 礦物三 三角二 生物二	商業常識三 商業算術三 打字二 高等經濟學三 商業地理三	兒童學三 教育學三 手工二 圖畫二 音樂二 遊戲二
		共計一二	共計一四	共計一四	共計一四	共計一四
	辛組	英語五 國文三 論理二 經濟二	最近西洋史二 中國文學史二 文字源流二 第二外國語七	高等代數二 三角二 物理三 化學三 第二外國語三	廣告法二 簿記二 銀行概論三 財政學概論三 高等經濟學三	教育學二 教育史三 手工二 圖畫二 音樂二 遊戲二
		共計一二	共計一三	共計一二	共計一三	共計一三
	壬組	英語五 國文三 簿記二 社會學二	世界文學史三 文學名著二 第二外國語八	解析幾何三 物理四 化學三 第二外國語三	會計學概論三 國際公法二 國際貿易二 商法三 銀行簿記三	實習三 教育學二 教授法三 醫藥常識一 手工一 音樂一 圖畫一 遊戲一
		共計一二	共計一三	共計一三	共計一三	共計一三
	癸組	英語五 國文三 進化論大意一 近代思想論二	世界文學史二 文學名著三 第二外國語九	解析幾何二 物理三 化學四 天文二 第二外國語三	商業實現四 貨幣三 匯兌三 保險二 運輸二	教授法三 青年心理二 教育行政二 哲學概論二 實習五
		共計一十	共計一四	共計一四	共計一四	共計一四
共計		七四	四五	四五	四五	四五

辦法說明摘要：

1.每一學科，在一學期內每週授課一小時為一學分（即一單位）。實驗、實習以每週二小時為一學分。每一學期以十八週計算。

2.各科定為若干學分。又依教材之程度分為甲乙丙丁戊己庚辛壬癸十學程，一學程經過時期為一學期，一年分二學期。

3.學級編制，即以學生各科程度高下為標準；以每一科同學程之學生編為一組。學生學級升降以對於某一科其學程之學分能否合格為定，不牽涉其他各科。例如某生國文程度合於第一學程，即編入國語甲組，英文合於第四學程，即編入英語丁組等。

4.學生某科應在某組受課，經教員考查學業成績後加以審定，考查及審定方法由教務會議定之；編組事宜由教員組織編組委員會辦理。

5.學生所修學科分為分科、必修科、選修科。

6.課程表甲所列之學科為必修科，學生均須修習。分科分文、理、商、師範四系。學生可隨其性之所近，擇習一系。選修科所規定之科目可任選二十七學分。

7.修業期限定為五年。但學生所學之學科已滿規定學分並均及格，而且修業年限已滿四年，許其畢業。修業年限已滿五年而學分不及格者，得延長修業年限一年。這種辦法，在當時是創舉，既打破了部章，也不照抄某一國的辦法。然而不是無理由的標新立異，是有客觀的背景的。其理由我在十一年一月的《教育雜誌》上「中學學制問題」一文——此文因有時間性關係未錄入《教育叢稿》——中講得很詳細，茲摘錄如下：

「首先所要說明的，我對於中學教育主張升學預備與職業教育雙方兼顧。此事可從理論與事實兩方面說明：人之個性至不齊一，心理學、遺傳學均能予我人以明確的證明。兒童至青年期，個性之差別漸顯，個人之需要漸異：有偏長於文藝者，有偏長於數理者，有偏長於其他各科者；有宜深造者，有宜淺就者；學生因個人家境之關係，有畢業後須升學者，有畢業後即須謀生者。倘只有升學預備，將置要求職業之學生於何地。故欲中學教育能適合學生個性與社會需要，均不可不顧及職業教育。不過前三年為灌輸基本科學知識起見，可以不必分科。再由事實講，我國由科舉改學校，雖說有二十餘年的歷史，但以人民富於保守性，與數千年社會上重「士」的緣故，一般作父兄者，大多數視學校為科舉的變相，送子弟入學，亦希望其入學得一資格，在社會上可以充紳士；甚且有許多為父兄者，送子弟入學校，並無何種固定目的，對於子弟之個性平常更無考察，慕某校之名而遣其子弟投考；子弟以須受競爭試驗之故，每不能考取其父兄指定之學校而改入他校。至所考之學校與自己志願或其父兄希望相合與否，都不過問。而事實上則除都市少數特殊學校外，內地中學生之有職業要求者占大多數。這種情形，只要把民國八年湖南各中學校畢業生出路拿來詳細比較一番，便可知道升學者不及百分之四十，而在社會上謀職業者占百分之六十。由此看來，中學校於升學預備之外應顧及職業教育。

「第二要說明的：為什麼不用學年制而採學科制？去年我們在長沙第一師範改行學科制的時候，曾發表過很長的言論，我現在摘錄如下：

『要知道學科制的優點，須明白學年制的缺點。學年制是什麼？就是學生功課的程度，以時間的「年」為標準凡是一學年的程度，必須具備兩種條件：一、經過一年的時期；二、學完一學年內的應學的功課；已經學完功課而不滿一年或滿一年而不學完功課，都不能看作有一學年的程度而不能升級的。因為這個緣故，所以發生下列各種弊端。

『1.學生的智力有強弱的不同，同一程度功課之學習的時間，智力強的學生和智力弱的學生，在實際有遲速的不同。照學年制的辦法，凡是同一程度的功課，必須經過同一的時間，對於學生智力的差別，完全不曾顧著。所以一方面阻抑優等生的進步，一方面使劣等生不能不躐等或用功過度。這樣的辦法，實在不能使學生的智力有適當的自然的發展。』

『2.行學年制：凡是一年中有一、二科不及格就不能升級，要留級一年。留級以後，凡以前已經學習合格的各種科學，也不能不復習一番，不但使學生減少興趣，而且於時間、腦力、經濟三方面都很不經濟。』

『3.行學年制：在同一學年者，有劣等生有優等生，程度容易不齊，教授易感困難，教材上如果顧著優等生，在劣等生就覺得趕不上；如果顧著劣等生，優等生又覺得進步太緩，空耗時間。』

『4.本年級的界限也是現在學校的一種不好現象：往往高年級的學生，自以為居特殊地位，看輕低年級學生，有時且要命令他們。低年級的學生，一時迫於習慣上的勢力不敢反抗，但是心中終覺不願意。因為這個緣故，所以各級往往發生意見和衝突，全校學生不容易有共同的精神。』

『以上四種都是學年制的弊害。如果行學科制，那麼，學生的程度以各科為標準，某一科合某程度，即在相當程度的一級聽講，不致因一、二科不合格牽涉各科，也不致因多數人牽涉少數人，所以第一、第二、第三各種弊病，均可免除。而且一人可在各級聽講，譬如國文在甲級，英文在乙級等，那麼，年級的界限也自然打破了。』

「第三所要說明的，是學生修業期限平均為五年：學科制本以各科程度為標準，只要學生把規定的科目習完，就可畢業，不像學年制不論學生的智力如何，一定要照部章規定經過四年。這裏規定五年是以中材生的智力為標準的。我們所以不照部章四年而改為五年的有兩種原因：第一、我國現行學制中學以下之修業年限共十一年，比英、美、德、法諸先進國者為短，程度更不能與之並駕齊驅。加以年來國內專門學校及大學校的程度有逐漸提高之趨勢——近來南高、東大、北高、北大之入學試驗均經提高程度——中學畢業生入學常苦程度不及，致使專門及大學增設預科。我曾想與其在專門及大學校增設預科，費一大部分時間複習中學校的功課，不如將中學修業年限增長，俾學生入大學得逕直前進，而有較高深的造詣為妥。此就升學講，我主張延長修業年限一年。第二，在中學校畢業不能升學之學生，全國雖無詳細的統計，但據我所知湖南各中校與江蘇一中、南高附中諸校之實況，不能升學者最少占百分之五十以上。欲此百分之五十以上之畢業生謀職業，自必予以相當之生活技能。要學生的技能在現在的分工的社會中能占中等位置，決非數月或一年之職業教育所能收效，而不可不有稍長的訓練。此就職業教育講，我主張延長修業年限一年。

「第四所要說明的，何以只分文、理、商、師範四科？講到分科，我們原想於此四科之外，增設農科——因學校有百數畝空地——應用化學科、新聞科等，只以經濟關係，不能同時並舉，故只暫設四科。文、理兩科是為升學預備而設的，商師兩科是為職業教育而設的。升學預備未始不應多分科別，只以調查國內專門及大學校之設科，比較需要此兩科之根基者為多，故只暫設此兩科以應急需。至於職業教育只分商、師兩科者，因校地不便及來學學生之需要而然。

「第五所要說明者，分科何以從第四年起？江蘇一中、南高附中、南開中學之分科均從第三年起，只北高附中從第四年起。我以為中學生無論其畢業後升學或就業、均不可不具稍高之基本科學知識。我國國民生長於充滿迷信的老大國家中間，雖說由科舉改學校，日日講介紹科學、提倡科學，有了二、三十年的時間，但社會上一般人士仍是充滿迷信思想。我們所需要的學生，不只是要他們僅具有一種職業技能，如現在一般所謂勞工者之流，且要他們於生活技能之外，具有良好公民的資格，所以我們於他們的科學知識不得不希望稍高一點；況且這些普通基本科學，無論學生升學或就業都是不可缺的。因此我主張中學前三年讓學生習普通科學，後二年選習分科課程。

「第六所要說明者，分科之外，何以有選修科？選科制在美國本有三種辦法：一種是自由選科，學校不加何種限制，任學生自由選擇；一種是限制選科，由教員加以指導，在相當範圍內，可任學生自由選擇；一種是學校選科，即由學校規定學生必選何種科目。第一種辦法，非很大的學校不能擇用，我們只能採用第二、第三兩種辦法。所以分科之外又有選科。學生於第四年入某科之後，在選課表中應當選何科，由教員指導定之。到第四年應入何科，須參合三方意見：即學生家庭之希望、學生本身之志願與教師對於該生考察其個性所得之結果。這樣辦法，雖不能說使學生人人各得其所，但對於學生個性與社會需要，比較總能顧到一點。

「第七所要說明的，中學校如此辦理，是否與現行制之各種實業學校及師範學校相衝突？

中學校這樣辦理，自然與實業學校師範學校有衝突。不過我是主張單軌制的，主張將與中學同等之分歧學校，都在『中學校』三字之下辦理，所以不顧及與現行制相衝突的地方。

「第八所要說明的，此種中學學制，內地可否倣行！我們此種計劃是根據內地中學校的一般狀況與中國公學之特殊情形而擬訂的，除在本校逐漸實行，及與同人共同研究以期臻於完善而外，無何種希冀，亦無何種宣傳，內地學校可倣行與否不敢妄斷。」——此文成於十年十一月十五、全國教聯會之新學制系統案即於此時議決，中等教育段除學制系統案中六年外，其他辦法與此大體相同。

九、規定中學課程的原則

以上為我在新學制未公布以前對於中學學制的整個意見。——對於新學制的整個意見在《教育雜誌》十四卷學制課程研究專號中有〈對於新學制草案本身的討論〉一文詳細說及——至於課程中何以要更改部定章程，而有那種編制，我也有很詳的理由，且曾為新學制的中學校私擬一種課程標準，於《教育雜誌》十四卷中學制課程研究專號中——此文未收入〈教育叢稿〉——發表過。茲錄其原則如下：

「甲、規定課程的一般原則：

1. 課程是達教育目的之一種方法。

2.課程是隨著教育目的的變遷而變遷的。
3.課程的內容於適合現代生活之中要具有打破現實生活創造新生活的質素。
4.課程應有達到教育目的的簡捷性。

「乙、規定中學課程的特殊原則：
1.中學教育的目的在兼顧普通文化與職業教育，課程的內容也應當兩方兼顧。
2.中學學生身心發育正盛，思想變遷甚速，課程科目應有選科以應其需要。
3.中學生的活動力強，課程材料宜選擇與日常生活切近者，使與環境多有接觸。
4.中學生的感情特盛，課程的內容宜廣，活動宜多，以豐富其生活而使之社會化。
5.中學教育非以研究純粹科學為目的，課程材料的排列，宜多心理的少論理的。
6.中等教育應注重學生自動，故授課時間每週最多不得過三十小時。」

十年十月二十七日至十一月七日，全國教聯會在廣州開會議決新學制系統草案，各地爭相試驗，我們也於十一年秋起照新學制將五年改為六年，分為高、初兩級各三年。因為新學制於斯年十一月始由教育部公布，課程標準至十二年方始公布，故我們試行新學制時初中課程即照甲表，不過將史地改為「社會常識」而加一部分政治、經濟的材料，將理科改為「科學常識」注重生活教材，音樂圖畫改稱「藝術科」——受美國混合教學之影響——並於第三年起略有選科，以為學生入高中分科之標準。高中部分則將原來之「系」改「科」，並將商科及師範科併為「職業科」而仍分商、師兩系。但因當時舊生仍照舊制辦至畢業，新生無高中，故課程未詳訂。

以上是我們對於學制及課程的主張。

十、輔導制

在訓育方面，我們也有一種理想：在消極方面，既不贊成舊的管理制，也不贊成議會式的學生自治辦法，而主張教師輔導學生自治。所以不訂管理規則，只根據實踐倫理的德目如清潔、合群、互助、勤學、容物、省克——從朱子教條抽繹而來——舉若干事例編成條文極簡單的訓育大綱，交各學生令其隨時省覽，以期實行，教師則從旁輔導之。故主任及專任教師均為輔導員，與學生共同生活。並設學生自治會，訓練團體生活。不過初行時，學生因過慣了管理生活，驟然解放，反不能自主，於是我們在十一年上年，經過多次研究討論，擬定一個改革學生自治的方案，於下年起逐漸實行。經過一學期頗有成效。此方案我曾於《新教育》第七卷五期中發表過，今摘錄如下：

「（一）診斷（現自治會之缺點）

（1）會務只有少數人負責，多數人視為無關重要。

（2）每次集會，職員出席不踴躍，缺乏熱心會務的自動精神。

（3）每次改選職員，總有若干人不願就職。

（4）有時議決之規章辦法，不能執行。

「（二）原因

（1）平日少真實團體生活的練習。

（2）缺乏教師指導。

「（三）改進要旨

由養成團體生活的習慣著手，至能完全採用地方自治為止。

「（四）改進步驟

（1）教師與學生共同為團體活動之分子。

（2）團體組織以學生為本位，教師只利用機會引起其動機，自立於輔導地位。

（3）團體活動完全由學生自主，教師只在旁監察。

「（五）改進方法（甲）剛關於全體的

（A）強制的組會（或班會）

（1）每組（或每班）規章均由學生公共議定，報告訓育股備查。

（2）每組（或每班）舉領袖一人或二人，負執行規章之責，指導股在旁監督。

（3）每組（或每班）設輔導員二人或四人，以專任教師充之。輔導員指導本組進行事項，開會時出席發言，但無表決權。

（4）各組互相關係之事項，由各組代表與顧問聯席會議解決之。

（5）各輔導員每月集合一次或二次，互告各組問題，共籌進行辦法，務使各組或班能向同一方向進行。

（6）各組進行事項宜擇其輕而易舉者切實施行，不必作大規模之組織。

（B）自由的

（1）師生共同組織各種學術研究會，教師學生同為會員。

（2）學術研究會會員以研究之學術為本，會員不分組（或班）別。
（3）一切規章由各會自定，報告教務股備查。
（4）各學術有關事項，由各有關係之團體開聯席會解決之，並得由各該團體舉代表向校行政機關陳述意見。
（5）組織宜小，事項宜少而易行。

（乙）局部的

（A）顧問部

（舊生方面：注意指導學生行為，處理學生個人私事。）

（1）由學校組織顧問部，以主任（或校長）為部長，專任教員之一部或全部為部員。
（2）學期開始將部員姓名（新教員在外）布告學生，聽其自由擇一人為本期之顧問（新生在外），關於個人身心上不能解決之問題，都可隨時詢問。
（3）顧問部每月舉行一次或兩次會議，商決指導大綱，報告各人所遇之問題，共同研究。
（4）顧問員一人，指導學生二十人或三十人，學生過多，以先請者為限。
（5）顧問可隨時召集被指導之學生個人或團體談話。

（B）小團體（新生方面）

（1）學校先將訓育大綱規程，布告學生。
（2）以寢室為單位，由指導股編號。
（3）先從簡而易行之事如清潔整理之類做起。

（4）一切規章室徽，均由各室學生自定，指導股只監察其勿與訓育大綱之規程相背。
（5）各室舉領袖一人，負執行規章之責，指導股從旁監察，比較其優劣而執行賞罰。
（6）各室組織就緒再分為若干區，遇有各室共同事項，由各室代表出席，舉行聯席會議解決之。指導股在旁監察。
（7）各室可由指導股推請教員為顧問。

「（丙）地方自治制

俟團體生活的習慣養成，再由小團體連成大團體，實採行地方自治制的精神。學生範圍以內的事情，完全由其獨立處理，只受學校行政機關的監督。因為期尚遠，故不具體列成方案。」

「以上的方案雖然很簡單，但是實行起來，卻非短時間所能辦到。我所以要提出這方案的原因，第一是根據觀察中學訓育方法與主義的變遷而來，第二是鑒於現在中學訓育的普通現象，第三是以吳淞中學的訓育狀況為背景。此案雖經通過實行，但其結果如何，此時尚難預斷。惟其中有幾項須特別說明者，茲述於後：

「（一）我草此案有三個假定：（一）認定中學學生行為與知識一樣，同是要教師指導的，不能獨立進行；（二）人格感化要以信仰為基礎；（三）規律生活之中要有自由的活動。第一項或以為不認中學生有獨立的人格有背於現代的潮流，其實中學生正是青年期，心身發育正盛，自我性雖極向外擴張，但其經驗智識殊不足以副之，於是言動常不健全。凡學過兒童心理學或青年心理學的人都知道青年過失（Juvenile delinquency）是青年期的普通現象。在此時期若不加以相當的指導，任其絕對自由活動，前途實極危險。我這假定，雖說是青年心理學所詔示的，但大部分亦以個人歷年服務於中等教育界的經驗為根據。無論他人怎樣說我違背現代潮流，但是我總不願作違心之論。第二項也是心理學所詔示我的因為暗示的力量。在訓育上的效用很大，而暗示之收效，必定先引起學生的信仰，這種感情交互影響的事實，是一般教育者所時常經驗的，用不著再說。第三項在表面看來似乎是矛盾的，但切實從青年心理上研究起來，卻不如此：因為青年期學生之經驗識力不足以副其理想，故不能不隨時予以指導監察，倘因為指導監察之故，而一切言動都予以嚴格的規定，則又過於機械，仍不足以發抒青年的個性而使其言行趨於正軌。這事就從常識上觀察青年也可以知道。

「（二）因為我平日對於中學訓育有這三種假定，故草此方案時，第一，主張師生共同生活為訓練團體生活之基本辦法，並且學生自治權的範圍，是與年級成正比例的——即年級愈低者自由之範圍愈狹，諸事都有教師在旁監察。第二，主張於規定的團體——即組（或班）會以外，有自由組合；大團體的組織以小團體為單位，而小團體之事項以簡單易行為主；並特別注重養成適當的領袖人才。第三，主張於團體生活之外，同時注重學生的個人問題——以其重要不下於學習功課：現在中學生常感困難的婚姻問題、家庭問題、職業問題等，教師除個別接洽外，絕不能在課堂上或集會場公開為之解決——故設顧問部，由學生擇其平日所信仰之教師請為顧問；為顧問者，對於學生日常生活上的事情都負指導之責。第四，主張教師時常開會互相報告，互相討論，使學校有一致之校風。

「（三）新生無請教師為顧問的資格，新教師無作學生顧問的資格，是因為他們初到學校，彼此都是新人，學生對教師無從發生信仰，教師對學生也不知道誰好誰不好。

「（四）顧問的精神有幾分與英國大學的導師制（Tutorial system）相似，這辦法是我四、五年的理想，在湖南第一師範曾經施行一次；只因當時教師指導的人數沒有規定，遂至多者指導百餘人，少者無一人，教師之間很有問題。此次採限制的辦法，事實上問題較少。至於誰宜為顧問，最好由校長自己決定。因為教師各人的能力不同，長於教書者，未必都能對於學生行為上負指導的責任。

「（五）這方案只略提進行的大綱，詳細的具體辦法，自然可以隨地而異。但如要依此大綱切實施行，在我看來，最少也要三年以上的時間方能見效，等到有了成效，再為大規模的學生自治會組織不遲，故中學校學生地方自治的方案未草出。這方案就謂之為中學學生自治的預備計劃書也可。」

十一、工作制

在體育方面，我們以為其目的不僅在增進健康，應於筋肉活動之中同時增加生產。所以主張以工作代替體操。這種思想的來源是當時的工學主義。歐戰時，留法的勤工儉學會吸引著很多的青年去法國，而工學主義的思想也散播在許多青年人的腦中，此主義最簡單的說法，為「人」是有肉體、有精神的動物：精神要食糧，所以要求學，肉體要食糧，所以要作工。僅僅只會作工的人是一個不完全的半邊人，僅僅知道讀書，也是一個不完全的半邊人。要成完全的「人」必得要手腦並用，必得要工學並行。學生雖然以讀書為主要任務，但為健康計，必不可不有筋肉活動。與其以體操來活動筋肉，不如從事於生產工作。這主義在「五四」前後之北京高師很盛行，匡互生、熊仁安、孫俍工均是其中的重要分子。在長沙一師時曾想提倡，但是結果只由師生共同移去一座小山作為操場，說不上生產。吳淞則有百餘畝的空曠校地，眼看到荒廢得可惜，而孫君又是工學主義的健將，我在教育上也曾主張以工作代體操，所以十一年下半年便實行著以工作代體操的試驗。曾將校外空地劃分若干小塊，由俍工仲九領導著自願的學生工作；不參加生產工作的仍上體操。結果是因為大家的農業的知識太差，生產不著什麼，而少爺（學生）老爺（教員）們的氣力未經訓練，不能持久。除了把若干地段挖鬆，留下商科的大少爺（學生）和大老爺（教授）作笑料而已，沒有其他的成就。可是這主張之信念，我至今還是未改。

十二、分科教室

在設備方面，行學科制，本要設備分科教室。而我在一九一五或一六年時，即因華爾偉之介紹而知道美國的葛蕾學校制度，以後研究教育方法，雖曾涉獵著蒙台梭利教學法，設計教學法，但在設備及學校場所的運用方面，仍是醉心於葛蕾制。吳淞中國公學的地點，當然不能與葛蕾相比：在校舍運用上，是絕對不能像葛蕾那樣終日不空的；但設備及校內運用亦未始不可倣行一二。所以當時的中國公學中學部除了理化室、圖書室而外，我們曾設備分科教室，如國文、史地、生物之類，而將各該科應用的書籍或標本儀器集在一起，以便教師學生分科研究參考之用。所以教室不獨與當時一般學校班級教室之「空無所有」的不同，就是沒有課的時候，也是開放著，而聽學生自由入內。十一年秋季，並特別籌了三千元，專為擴充各科教室設備之用。這辦法，不獨是我們異於一般學校之處，也是我們十一年下期改行道爾頓制的基礎。

在教學方面，我們反對注入式，採用自學輔導，特別注重學生的自動。我們以為任何學問，非經過自己的努力與融化，徒由他人灌注是無用的。這在作過私塾、書院、學校各種學生的我，感得尤為深切。所以各組的功課，每週最多不過三十小時，使學生多有自習的時間，並規定教師在課外指導的責任。但因注重發展學生個性而採用學科制，發生的困難特多，有若干竟至無法解決，常常使我回想到舊時私塾與書院個別修學的便利與愉快，但受環境與時代的限制，又絕不能恢復私塾或書院的教學方法。適逢十一年六月，美國柏克赫司特女士的道爾頓制介紹到中國，我們以為這方法可以解決我們大部分的困難，經過多次研究之後，決定於十月起，先將國語及社會常識兩科，試行道爾頓制了。

十三、道爾頓制

道爾頓制的試行，在中國以我們為最早，而介紹以我為最力。我們曾於十一月在《教育雜誌》中出一道爾頓制專號，說明我們決定採用此方法的原因，也就是學科制的困難的告白。這件事不獨是當時教育界的一件大事，同時是蘄求解決我們所感到學科制的困難，也是行學科制的人的永久問題——一九三六年，陶玄女士在滬創世界學校採學科制，所有的困難均是我們當時所經過的——的嘗試。所以我仍在這裏把我在道爾頓制概觀緒論中的前兩段錄下：

「我們現在所感的困難……一年以來，辦事上所感的困難很多：因為學生多、教員少，課表的排列很不容易。所幸全部百六十餘人共分六班，而有三班三、四年生仍是年級制，所以雖有困難，但還容易解決。去年上半年我們覺得班級教室不好；各科在共同的教室教授，沒有特別設備，環境的力量太小；於上學期終了，議決改為分科教室，特別籌三千元為設備費；並改五年為六年，行三三制。下學期居然實行了，這時候我們所感的困難更多：第一，上年六班學生中只有三班行學科制，下年六班學生中有五班行學科制，而同程度之學生又都只有一班。第二，行學科制學生的班級加多，而學校更注重多聘專任教員，教員的人數反比上年少。第三，上年用班級教室，同樣科目可同時教授（如甲乙組同時各在本級教數學、英文之類），下年因教室以學科為單位，除英文鐘點較多，一教室不能容許多時數設有兩教室而外，其餘各科均只有一教室，同樣的科目均不能同時教授。第四，學生經過一年以後，雖一年前各科均同在一個年級者，現在因為各個人對於各科的興味與入校前的根基之同，各人各科的組次（以一學期為升降單位，定名為甲乙……組：甲組為一年一學期，乙為一年二學期）極不一致；有國文在甲組，英文在戊組，數學在丙組者。這樣一來，上年我們只要避學生各科的衝突，下年更要加避教員與教室的衝突。又以學生各科升降完全以學業成績為準，組次的複雜，竟不能列為公式：

開講前兩星期，即與教務股主任常乃悳先生編製課表，費了十餘日的時間，結果仍有五分之一的學生的功課衝突，並有數人同時有三科衝突，上一科必缺二科。這種情形，不僅學生有許多要學的功課因為不能學而感痛苦；我們為職教員的也覺得犧牲一部分學生的學業，實在是極不對的事。後來想法將授課時間延長，夜間七時至九時仍然授課，結果還是有數人免不了衝突。至於功課的排列，完全以避免衝突為單位，什麼推理學科應列於第一、二小時，技能學科應列於第三、四小時的教育理論卻絲毫沒有顧及。經過這種困難之後，我們有時反感到從前的年級制便利，而有回復舊制的動機。我們也知道這種困難，在同程度的學生有六班以上的大的學校，或兼任教員很多而不用學科教室的學校都可不成問題，但我們總不相信很有學理根據的學科制竟成了資本主義的裝飾品，所以雖有困難，還是盡力想法解除。不過結果仍與我們的預期相差甚遠。這是我們事實上的第一種困難。其次，就是學生畢業期限問題：我們學校中有許多學生因為未入校以前的教育不同，有英文在三年級一學期，數學或其他學科在一年級一學期；我們原想把年級打破，但因學生各科升級降級都以一學期為單位，所以遇著這種學生，便無辦法。照他的英文程度，應當於明年上學期畢業初級中學，照他的數學程度，應當兩年後才能畢業於初級中學。若因他的英文程度已達初中畢業的程度而令其停止修習，抽出其餘的時間補習數學，則學校中只能一學程一學程的學習，不能同時並進。且該生未習完甲學程以前，學力上亦不能兼習乙學程。這樣，抽出其已修完某科的時間補習他科，亦勢所不能。所謂打破年限，各种單獨進行的理論，仍是不能實現。這是我們在事實上所感的第二種困難。此外，我們在事實所感到的困難是各科最高級的學生不能超越升級（學生本學期某科成績在甲等，於年暑假自己補習，至下一學期入校時可以請求教員按照某科遞升級次的程度，試驗其補習的學科，及格後，即准其不經過本學期應遞升之級次而超升一級，如由甲組入丙組之類）。年暑假學生補習某科其程度不及一學程者之學分無效，（例如某生在暑假補習英文可學一學期應修學分之半數，因校中無半程的班級，該生此時欲超升一級學力不夠，只得仍在應遞升之級受課。）都是不能解決的問題。

「從理論上講，現行的學科制中似乎也有幾個問題是答不出來的：第一，學生各科升級降級為什麼要以一學期為單位？這種單位的規定，是以學生的智力為標準，還是以他種理論為根據？我們也常常講：年級制不適宜於發展個性，改行學科制，學生可以各科單獨學習，某科不及格，只要複習某科，不牽及於其他已及格之學科而強之重習，以致耗費時間。從前學生因各科平均分數不及格，降班要重學一年，現在某科不及格，只要半年的時間重習某科，比從前已經便利多了。從我們的經驗證明起來，這話確是事實。但從根本上講起來，學科制之不適宜於個性發展，留級的時候虛耗光陰，與年級制比較，還是五十步與百步的問題。我們過細想想：學生某科某學程不及格，不能在高一學程的級次聽講，事實上誠然如此。但他一學期之中，對於某科決不能說他一點功夫都沒有用過，也不能否認他在這一學期中最少也曾學過這學程底十分之一以至五分之四的。從前全部重習固然是對於學生的時間太不經濟，學理上太無根據，現在要學生重習其十分之一以至五分之四或十分之九的學科（學生某科某學程不及格確有相差很微的）時間又經濟嗎？又有學理上的根據嗎？至於個性的發展，現在一般教育者都很重視，而心理學者對於個性的研究，尤其不遺餘力。就其大者言之，凡屬人類，其一切機能的性質都屬相同；自其小者言之，任何個人的一切機能，都沒有第二人能完全相似。簡單說：人類的個性，從質上講，任何人均同；從量上講，任何人均不同：個性發展，重量還是重質，恐怕沒有人不說是重量的。那麼，聰慧的學生一定要經過一學期才能遞升一級，愚拙的學生也要經過一學期遞升一級，否則重複學習，經過一學期後，還在原級。我們過細把學生的智力測驗一番，把學生的成績考查一番，再過細比較一番，所有中材生果能人人適如其量嗎？高材生在一學期中能不能學一學程又幾分之幾嗎？劣等生是不是在一學期中只能學一學程的幾分之幾嗎？學生的智力不同，我們一定要他們按部就班，個性果能得適當的發展嗎？並且現在實行學科制的中等學校，大概都是分科制，行選科制雖有數校，但對於選科開班的人數最少亦有十人以上的限制。假定某校有個性近於美術的學生五人，無論如何，學校決不能單獨為他們五人開班，這五生勢不得不改學其所不願學的學科。這樣，又能發展學生的個性嗎？這些問題，我們主張選科的學科制的人，能有完滿的答覆嗎？第二，鐘點制度之下，每點鐘的鈴聲一響，學生教師都要到教室裏去，下課鈴響的時候，又都要出教室。這種辦法，從好處講，可以養成按時治事的習慣；從他方面講，足以減少學生的研究興味。因為學科的段落，很難一時一時的劃分；假定學生正在習數學題目，一題將完未完的時候，上國文課的鈴聲響了，他不得不棄其未完的工作去受國文，走入國文教室之後，腦筋中也許為數學的觀念占著，或者因為心意專注於數學問題，國文課講些什麼還是模糊影響、不得要領。從教育上講來，固有許多學者主張努力與興味並重，甚有主張特別注重努力的；但從心理學研究起來，努力實是興味的結果。沒有興味，也可以用威權的力量使之努力；不過這種外力的強制，努力與威權是同始終的，威權不去，尚能繼續維持，一旦藩籬撤消，野馬便要狂奔起來了。所以努力在某種情形之下，固可用作教育上的一種手段；至於自動教育的本義，還是以興味為主。鐘點制度之下，能完全達到這種目的嗎？這也是我們不能圓滿答覆的。第三，學校與社會溝通，也是現在一般教育家所注意的。但在班級制、鐘點制之下，事實上實不容易作到。因為實在的社會上的分子是混合的，學校裏卻一級一級的分開；實在的社會事實上是繼續的，學校裏卻一段一段的分開。有許多學校，常常級與級之間發生衝突：所謂互助，所謂合群，事實上果作到幾分？這也是我們在現行制度之下不能圓滿答覆的。我們作教師的，既發現現行制度有這種弊端，生活於此制度下的學生，其精神所感的不滿與苦痛，也可以推知其大概了。

「『為什麼介紹道爾頓制』從前的私塾發現弊端，為社會上的先進者所懷疑，於是有年級制的學校；近來年級制發現弊端，於是有學科制的改革。我們實行學科制時間有數年了，親自試驗過的學校也有數處了。去年以來，因為我們在教育上有自由試行主張的機會，從前我們所想到的好處大部分都得著了，想不到的難題也大部分經過了。但上面所講的疑問與困難還是一天一天的增多，於是我們便想到非根本改革現行的教授制度不可。這一層我們私人的談話與著作中也不時提到，適逢『道爾頓制』創造試驗的結果，遠從歐美傳到中國，被我們知道，覺得這種辦法在事實上可以解決我們困難的大部分。在理論上也可以答覆我們疑問的一大部分，於是我們很高興地研究，並敢大膽地試驗。我們的研究與試驗，也可說是實倡處此。」

至於道爾頓制是什麼，我已經寫過好幾冊專書，要費些時間去研究。這裏只能最簡單的說一說。

道爾頓（Dalton）是美國麻塞諸塞州（Massachusetts）的一城，有一公立中學名道爾頓中學；這地方本為紡織業中心點，學生畢業後大多要進紡織界，但學校卻採蘇格蘭的經院制，以致與社會需要不相應，而高年生逐漸減少。校長喬克敏（Jackman）於一九一九年二月採用柏克赫斯特（Miss Helen Parkhurst）女士的作業室教學計劃。未一年，成績卓著，柏女士以其方法在道爾頓中學試驗成功，故名道爾頓制（Dalton Plan）以紀念之。

道爾頓制的原則為自由、合作，即不用舊日的班級制及鐘點制，而使學生按照自己的能力與同學共同研究、自由學習。實現此原則的方法有三：一、作業室：即將各科教室重行設備，使其能兼備舊日教室、自修室、圖書館、實驗室的功用。每室由教師一人或數人為指導員，學生可在規定時間內自由入室研究問題。第二為指定功課：是各教師將學生在一學期或一個月一星期對於某科應學習之進程，分成段落，指出研究問題、參考書目及筆記與記憶、講述、實驗、練習等等工作，令學生自行學習。第三為成績記錄：即制定記錄工作進度表格，交由學生自己將其對於各科學習進程及所費時間記錄表上，看看自己的成績如何，再由教師考驗以決定其是否達到某種程度。這方法可以解決年級制及學科制的許多問題。在訓育上因為師生與同學自由接觸，也可解決一些問題。不過要實行卻有其條件，如設備須完善，教師的能力須優越，學生自治力須發達等，均是先決問題。而實行時之困難更是從常識上所能預知的。所以我們自十一年暑假起大家研究了幾個月，九月開學，再實際準備了一個月，（僅僅對學生說明辦法已不知費去多少時間）至十月才先揀國語及社會常識兩科正式試驗。俟兩科有成效再陸續推及他科。十一月《教育雜誌》編者周予同發刊道爾頓制專號，約請執筆者大半為我們的同事，因為材料太多，該誌十二月號雖未名專號，但關於道爾頓制的論文仍達三分之二。於是全國哄動，各省教育界之來吳淞參觀者絡繹於途，每致我們應接不暇。十二年一月學期將完，為著「哄動」以及其他的種種問題，我不得不放棄道爾頓制的試驗離開吳淞，但道爾頓制在十二年以後之數年間卻風靡一時。試行此制之學校幾遍全國——尤以奉天為盛。

十四、男女同學

在吳淞，我們還作一件比較「先著一鞭」的事情，是民國十一年（一九二二）秋季，實行男女同學。

中國初期之新教育，是採男女學校絕對分立的。民國元年改訂學制，允許初小男女合校，高小及中學規定分校，大學則無明文規定。「五四」而後，男女平等的思潮靡漫全國，北京大學首於八年秋收旁聽女生——某女生向北大要求開女禁，校長蔡元培先生謂大學規程並不曾規定不許女生入學，但事實上並無從競爭考試而被錄取的女生——各大學相繼開女禁，小學之男女同學則由初小而延至高小。獨於中學教育之一段，到十一年還是教育界的問題。

當時教育家對於中學男女同學視為問題者大概可歸納為三項：一為中學生正當身心發育最盛之時，知識未充，意志未定，感情又富，如男女同學，朝夕相處，接觸過密，難免不發生問題；第二為男女性能不一，需要不一，不必或不可施以同樣教育；第三是一般男子中學之設備不適宜於女子。這三種理由，除第三項我認為或可以存在外，前二項我均認為不成理由。我是重視個性的，但從心理學上研究個性所得的結論，是男女間的差異，其量不比男子與男子、女子與女子間的大——桑戴克語——而社會需要並無一定標準：因為人才之供給，固然要以社會需要為根據，而社會需要有時亦因人才供給之改變而改變：如西洋各國近時之小學教員幾全為女性者是。在中等學校之所造就者除升學外，職業方面如師範、商業，都是女子所能任的，故就女子的需要量講，亦未見得比男子有多大差異。至於青年期之男女不宜接觸過多，我認為是社會的原因，只要社會習慣能改，一切都無問題；而男女隔絕的社會習慣，在工商業社會之下，終於不能永久保存，終於要打破，則小學及大學既經打破，中學何以不可打破。而況就我個人的經驗說，我曾辦過女學，覺得女生的精細，很可以補男生的粗暴，男生的勇敢，可以補她們的畏縮。男女生在一起或者反有益處。而歐美各國中學之男女同學不知行了多少年，也未見得有什麼問題。所以在原則上我歷來主張男女同學到底的，——當時曾與許多所謂教育家辯論過，若把當時的話移後五年至十七年來說都成笑話，因十六年國民革命後所有學校均男女同學——不過設備問題不解決，我還未敢實行。十七年秋則以三種特殊原因而使我們實行男女同學了。

男女個性差異問題，我在學理上有很堅強的根據，我能大膽主張，但事實問題我尚不敢為斷然的處置。自十年十月我去北京參觀，見孔德學校之男女同學是從小學至中學的，行之多年一無問題，這個事實上實例，增強我的信心不少。其次是吳淞的教員宿舍，空出一座房子。這房子離學校既有相當的遠，而又在我的住宅的旁邊，且是一座住宅，則改為女生宿舍是最適當不過的。第三，有四川女生童國希等數人，向南京東大附中請求入學，為大學校務會議否決——

時大學已開女禁二年——而向我們請求，則學生也有了。於是我們校務會議決定收女生，告知代理校長，當然照辦。我們乃物色女生指導員，適前在長沙周南女學任教很久，而現在南高作特別生的陶斯咏女士願來相助，我們男女同學的理想便於八月起施之實行了。

因為初次實行男女同學，男女學生之間，自然有許多新奇之感，而女生只有十餘人，男生連商科在內，有她們的二十倍之多。在人數比例上，既是那樣小，而且又都最新生，對於學校情形不熟悉，勢力既覺孤單，行動也比較地不自由。因為不論在教室上課，圖書館閱覽，以至在走廊走路，都為多數男生注意。黠者之評頭品足、丟字紙、投情書是事實上不能免的。所以鬧得女生很侷促，往往非結隊或由女生指導員或教員相伴不敢外出。好在她們的宿舍離正校舍頗遠，旁邊又為我的住宅，學生們不大敢胡鬧，總算還有塊「乾淨土」——她們對於宿舍的稱謂——作她們自由的天地。

男女的胡鬧行動，雖可由教師加以干涉，但又不能過於嚴厲：因為過嚴，他們要向女生出氣，而更使她們吃虧。當時使我們最感困難者兩事：第一是商科學生，第二是情書問題。

就情理講，商科為專門性質，應當先開女禁，但當時商科主任是兼任的，對於學校行政不大負責，且當局者的初意，對於商科因為所費過大，而且造就者又為「生意人」，於辦學本旨——他們很想以中學為基礎，造就各方面之人才，冀成一種勢力，所以十一年張君勱先生自德歸即主張改大學——不大符合，因而對於商科也不準備積極改進，且事實上亦無女生。中學與商科本不相屬，但商科學生則自以為資格與中學教職員相等，對女生有不合理的動作，商科教職員本不過問，中學又無法統制。而彼等對女生則自以為「望重金多」——商科學生在經濟方面大概優於中學生——而多方炫示。有少數所謂色情狂分子，於寫信不理，造訪不見之餘，竟至攔截女生強其談話，約其去滬；如在火車上同車，每於下車時尾追不捨。這在女生們是一件最大的苦事，在我們也是一件最大的苦事。因為我們無權裁制他們而又不能不保護她們，鬧得女生要去滬，除去她們自已結隊而外，我們每每輪流護送，最後虧得陶女士現身說法，約他們講話，再請教授們開導，代理校長訓誡，總算把許多無聊的舉動熄滅。而情書問題則是永久鬧不清。女生每人都接得一些不相識者的信，某女生較活動，一日至有接信十數封以上者。信中所說都是些不相干的述身世、述志願而歸根於求愛的話。文章有白話、有文言、有散文、有駢體、有中文、有英文、有通有不通，信中並有附寄物品或畫片者。久不得覆，則亂造謠言，謂某與某好，以至於某與某通，且有以自殺相要挾者，真所謂光怪陸離，無奇不有。女生們初尚接覽，後來覺得實在不勝其煩，乃請求學校檢查書信。所有女生的信都先送交女生指導員，除去各生所指定之家信或朋友的信，原封送交本人外——我們本來反對書信檢查，這辦法是對付男生搗亂的一種手段——其餘都為拆覽，如係濫調「情書」，便付之一炬。這辦法傳出之後，他們知道他們絞盡腦汁的「情書」，不能入他們所要送到的人的眼簾，就是再費氣力也是無用，雖然遷怒到陶女士和我而寄些無名的辱罵信，而「情書」卻慢慢地減少而絕跡。我們當時對於這些不必要而又為初期「男女同學」所必有的麻煩——不獨中學如此，大學亦有類此情形，不過程度稍稍有不同耳——真可謂「苦心孤詣」了。

上面的兩問題解決之後，本也安靜幾時，不料又為著沈仲九與陶斯咏的結婚問題而騷動起來。沈本鰥夫，陶亦寡婦，又均屬壯年，在當時「戀愛神聖」的思潮瀰漫著全文化界的時候，結婚不獨是他們的自由，而且是很合法的。而況他們在湘既已認識，中間亦經通信，不過到吳淞戀愛成熟而舉行結婚儀式，本不能成為問題。但在當時的情況下卻不能不是問題。

記得陶女士暑假初來時，仲九不時與她往來，但都在女生會客室或我家見面，後來他們的戀愛日有進步，在本願是很想廝守的，但為著要避免是非計，力求避免見面，而常常以書信通情愫，孫俍工便是他們的傳書人。通信多了，感情日深，見面的要求也日切，兩方抑制不了時，每假俍工寓所為晤談的場所，有時也偷偷地約在海濱或上海秘談。這情形當然要慢慢地傳播出來而普及全校，關於他們的故事也編得特別多。他們都自命為是反封建的，在理智上本要與所謂惡勢力奮鬥，幾經研究，以為與其偷偷摸摸不如公開宣布，終於在十二月的某日假吳淞鎮上的某菜館請我們同事十餘人吃飯，就在那時宣佈結婚。可是仍然在學校各居一方，不組織家庭。

他們的結婚是私事，無向他人報告之必要，更無向人請示之必要。可是自由戀愛在當時一般人的下意識中雖然都願嘗嘗滋味，但是能嘗著的太少，所以看得別人嘗著了，都感得新奇；在中國公學許多人的心目中尤為新奇。而男女同學學校之男女同事，由戀愛而結婚，在當時似乎是創舉，尤為許多人所視為新奇的事。吳淞鎮吃飯之後的多少天，學校的全體、自工友學生以至教授，每以此事為談話的資料，經過渲染謠傳之後，故事離奇得不可名狀：有視為神仙眷屬的，有當作下賤不堪的。遠在上海的學校當局也從傳聞中聽得許多不堪入耳的故事而對於他們發生疑問。可是事實上他們都是成年人，戀

愛與結婚在他們均自有主權，既不犯法，也很合理，我能以何種名義何種權力去干涉？而

況我本來是贊成的，但為解釋一般人之誤會計，曾於某次週會時，請他們在全體學生的面前報告經過，並由仲九說明戀愛與結婚之意義。在中學生方面許多不相干的故事與疑問被解釋了。商科學生方面雖也有人指這為戀愛傳習課，指中學為「戀愛傳習所」而向我投些無名的辱罵信，向學校當局進了些不相干的話，我則置之不理。所謂見怪不怪，其怪自敗，不多時也就平靜下去了。不過這一來，我不得不去的原因又增多了一層。

以上是男女同學的情形，以下要說到我離開吳淞的概略了。

十五、辭職

因為當時現實政治變動太多，給予我的刺激太壞，致使我對於政治家所得的認識是偏見與無理性，所以從不加入政團，而始終願保持著超然的態度，努力學問從事社會事業——當時少年中國學會的「本科學的精神為社會的活動以創造少年中國」的宗旨及王光祈論少年中國學會之精神及其計劃對我這態度均有重大的影響——對於教育則視為有關國家百年大計的神聖事業，力求脫離政治支配——此幻夢直至民國十四年始醒覺——而忽略了中國公學的背境。

中國公學在當時是梁任公先生一派所謂「研究系」支配著的。當時的「研究系」，雖然不是一個正式的政黨，但其分子則是從清末「保皇黨」及民初共和黨蛻嬗而來的，其在政見上始終與國民黨立於敵對的地位。「五四運動」是中國歷史上一種劃時代的解放運動，梁先生等握著南北的兩大言論機關——北京《晨報》及上海《時事新報》——鼓舞著一般青年，同時也想把握著一些青年，以期造成一種新的勢力。不過他們對於新文化之努力，不完全是由於內心苦悶所發出的呼號，而有點「因緣時會」，所以在言論上是附和的，在行為上則不大敢為先驅。這不是他們有意如此，是被他們的「士大夫」集團先天條件規定得不得不如此。我自己，在本質上也不脫「士大夫」的範疇，但因稟賦著湘西人山地的強烈氣質——我故鄉的「山陡如鼻，水流如瀉」，很與我的氣性有關——在思想與行為上，比他們要稍前進一點；而我對教育上又有如彼的見解，則我與他們之不能永久在一起生活，是早就被決定的了。

他們當初雖不曾明白說要把中國公學作為政團的幹部，但在下意識中希望要把它作為政團的基礎，當是不能免的。而任何出錢出力的人必得要幹其適合本願的事業，也是普遍的心理。若果這事業幹到與本願相違的時候，第一是撤換代理人，第二是停止不幹，這也是最普遍的辦法。

我與梁、王兩先生以至東蓀先生，並無歷史上的關係，不過因文字因緣而相識，且相識的時間不久，而接觸又多限於公事，在私生活之理解固然很少，思想上之理解亦不多，性行上則更大家茫然。只因當時「他們要想辦學校，我希望實行教育主張」的偶然條件下而結合；這結合只能是暫時的，因為我們最後的目的本來就相差的很遠。

我在教育上的主張，雖極平常，但是有系統，在當時可稱為「新」，而「新」在當時又是最能號召人的。這種「新」教育的主張，在他們對於教育本無堅定主張的人看來，卻也言之成理，實行起來當也可哄動一時，在「號召」上是有其相當效用的；所以我最初提出主張與辦法時，他們都無條件地接受。不料未入校前，就因人事上問題碰了一壁，開學未久，又發生罷課風潮，相持至一月以上。這在當局者未免有點灰心。但是尚有「能如所願」的希望可以掩蓋著。

「能如所願」的內容，當然是將學校造成一個政團的根據地。要達這目的，至少要思想統一，指揮如意，而我們卻都走上相反的道路。第一，我以教育神聖的立場去辦學校，本來就不重視政團。其他諸人各有各的理想，也未見能符合學校的當局的期望。但僅僅這一點，當局還能容忍，因為我們都是純潔的少年，還可以希望從種種方面融化過去統一起來。若有敵對者加入，則當局在心理上便有異感，稍有問題便生猜疑，意見只有日趨日遠。當時的沈仲九、孫俍工，在思想上比較急進，比較傾向於國民黨方面，而且幾年來常有文章在〈覺悟〉及《星期評論》上發表。對於〈學燈〉當然有不滿足的地方。無形中他們與學校當局立於反對地位。在我這一方面則素來是主張人才主義，對於教員之聘請完全以能力為主，絕不問其政見與籍貫。第一次所聘的新教員八人，除劉建陽外其餘七人概不相識。風潮後，聖陶辭職，而仲九適在滬，因無適當之人之故，幾經商量，始由當局勉為聘任。及十一年夏朱自清他去，又因無適當之繼任人再聘俍工。我雖然和他們兩人曾在長沙一師同事一年，但我和他們的私交並不比對其他諸人的特厚，而我的個性特強什麼事都有自己的主張，在教育上更有所謂系統的主張；他們的意見，也不見得對我有重大的影響。實際上當時影響我最大的要推常乃悳和陳兼善，因常亦有其系統的主張，而陳從生物學發表許多特殊意見都是我所贊佩的。不過仲九的思想細密，對於事務的處理很有條理，在事務方面的建議很多，——這是我自認為不及他之處，請教他的地方也比較多——旁觀者看來，好像我的一切，都是仲九在作靈魂；加以不滿者之挑撥，當局者之心理也難免不滿而懷疑到他們別有作用。思想統一的希望自然而然地幻滅了。其次則我在當時，確足稱「浮薄少年」——這四字是風潮時，傳單上所加全體新教員的罪名，——所謂浮，是太求急進；所謂薄，是處事粗率。合而言之，是閱歷太淺、只重理想不問實際、只顧自己前進不替別人設想、只知求速達目的，而不知運用達目的之方法。當時學校的背景我明知之，但我不顧一切，而欲以「教育家」的立場，辦成一個教育樂園。對於商科的情形，也未嘗不知道，但只知努力儘量擴充中學，而不問被冷落者的反應。有許多事，因為淞滬相去較遠，接洽不便，我往往「先斬後奏」。而道爾頓制與男女同學兩事，學校當局最初都不甚贊成，但我們竟不顧一切而實行之。因此種種，「指揮如意」一種希望又幻滅了。這兩種希望既走入幻滅之途，學校變質而將為我們尤其是看似敵黨所有的疑懼之感自然隨之而來——果如此是誰也不甘願的——再加以（一）我們只知道擴充中學，使學校當局置商科於不問，使商科忿恨不平；（二）改動太驟使學生感覺煩亂，且使學校常在紛擾之中。這現象，雖然是過渡期間所應有的現象，但在旁觀者看來總是不對，在有疑懼之感者看來，則更成問題，而「還政」是必然的了。

張君勱先生在梁先生的集團中是很有地位，資望亦比較的高。十一年春他從德國歸來，梁先生等擬請他任中國公學校長，而將商科改為大學。他初返時對於此事頗熱心，曾在吳淞與寶山縣之間設法覓地，擬另建中學於該處而將原址改大學，因而將原來的中學部，於十一年秋改名中國公學附設吳淞中學。並主張將中學主任改校長。後以經費困難，大學未及成立——十三年曾改中國自治學院由彼任校長——中學校名雖改，但主任之名稱仍未改，彼之校長，亦未正式就任而仍由東蓀代理。不過這時他們對於學校的方針又有改變，即從前注重中學，此後則注意大學，欲使中學收縮。而事實上則因報紙及《教育雜誌》道爾頓制專號之宣傳，一般人卻注意於中學；十一月而後，各省之來滬參觀教育者大概都來吳淞參觀中學，而少有問及商科者。在事實上固予商科以種種不快，在原則上，亦與當局的本旨相悖。且中學的行政權完全操在中學的校務會議，代理校長很少能干涉，而儼然有尾大不掉之勢。但東蓀主《時事新報》，無時間常常到校，君勱則以改大未成不願就職。適斯年秋其集團中之陳筑山先生由美國歸來，很願專心教育，於是以其全力用之中公。他初歸時任中學部的訓育主任。開學未久，東蓀辭職，由他代理，仍兼中學訓育主任。但他以年齡較長，——那時也還不到四十歲——經驗較多，頭腦又復冷靜，對於一切都主穩健。因男女同學及道爾頓制而發生許多糾紛，他頗有取消之意。——在新學制及課程方面他也不甚贊成，不過新學制於十一月一日由教育部公布他也不便說什麼——而我們這些「自命為教育家」的「浮薄少年」則大不謂然，不過他到學校已是開學之期，一切計劃與辦法，我們都經決定，他也不堅持己見。及十月實行道爾頓制，一部份不願意改制的學生常向他訴說，且有許多書面，他以之轉交於我，擬將道爾頓制取消。我們當時對於道爾頓制，並無何種堅決的意見，只因學科制上種種困難無法解決，道爾頓制似乎能解決我們一部分困難，所以於十一年八月三十一日、九月二十七日經兩度校務會議決，決定採用；但為審慎計，最初只揀國語及社會常識試行。行過三個月之後，我們覺得班級教學與道爾頓制同時採用，仍有許多不能解決之問題，且不能判斷道爾頓制之優劣。乃於十月三十日、十二年一月十日兩度校務會議上決定下學期各科概用道爾頓制，擬經過一學期後再看成績如何，以定取捨。這決議雖以大多數通過，但筑山不贊成亦不反對。因職權關係，一月十日決議之招生廣告仍送其核閱，廣告中有「全部功課改行道爾頓制」之語，彼亦未刪去，只請東蓀與我交涉。其時東蓀已退居校董，依理不便直接干與學校行政，但以他與我的個人關係乃於十二年一月十七日由他約我及常乃悳（時任教務主任）談話，以外界及學生反對為言，要我們將決議取消。這在我們是一件「無法兩全」的事：因為校務會議有一定的規程，此規程規定會議取決多數，既經通過，我們在職權上無法取消；即使覆議，在當時的情形之下，已投贊成票，決不會改投反對票，就是我個人也不願意如此。而在私交上我不能置東蓀之意願於不顧。經過考慮之後，我仍主持原議而向東蓀及筑山開談判。面談不已，復作長函辯論。並於十八日決定辭職，十九日召開臨時校務會議，宣布去職。

辭職本是個人的自由，問題本至簡單，但當時教員因為都在校務會議中簽過字，依法應與我負聯帶責任，而且在私交上也相當的厚，縱不與我聯帶而去，亦當不許我去。而學生中因相處一年半，也有大部分是與我表同情，小部分是絕對不願我去的。這問題不但東蓀們視為嚴重，即我亦大費考慮。因我自幼受宋學家之影響，作事素主光明磊落，意見不合，儘可爭論，如能合則往事成過去，不能合則去而已，絕不許因我之去而發生糾紛，以貽累我之光明磊落的態度。經過多日的安排，結果是一次會議、一場演說、一夕話別而安然無事而去。

教部令蘇教育會組織新學制課程標準起草委員會，於十二月初在南京開會，我曾出席。我與東蓀等爭論道爾頓制問題，是我從南京回來以後的事。因為一月要招生，我根據校務會議之決議擬定廣告稿送往《時事新報》登載。其中有「本校明年起各科教授均採用道爾頓制」字樣——該稿於十二年一月十一日起照常登載，至十九日則少去這一句話，同事看見了來詢問我，我不知道。但想到當係東蓀抽出的，第三天證實了，而我與他們的談判情形以及我辭職的決定也不得不洩露出來。於是教師及學生都起了一種不安，慢慢地由談論而有釀成騷動的形勢。而學期尚未結束，絕不能掩飾下去。我乃於十九日下午四時召集校務會議，請全體同事出席——筑山亦以訓育股主任資格出席——宣布我對於學校行政職務之厭惡而要去職，且聲明以後將專門以教書著述為業，絕不再任學校行政職務。——此項確係本願，自此而後確未再在學校任行政職務——更揑稱我前此去南京時曾在南京覓有教職，聘約已經接收，住所亦於最近經由友人代為定好，故不得不早離此間。這中間自然有些挽留之辭，筑山之表示更親切，不過事先我已將這種情形告知一群「浮薄少年」，他們明知道事實上也不能再留，且經預定由仲九發言尊重我的意志，聽我去職。移交的問題最簡單，即指定教務股主任接受。而常君表示與我負聯帶責任，也同時與我宣布去職——女生指導員陶斯咏及國文教員孫俍工亦同時辭職。——二十日我乃向代理校長正式提出辭職書。這一步法律手續已算完成。

十六、話別

當時學校的風潮最多，因主要人員更動而起的風潮更多。校務會議上如此安靜，深恐有人以為後面有大文章而有所不安。故於送交辭職書時，即向筑山懇切說明我平素處事的態度，且告以在福湘女學的往事。對於教員學生我均絕對負完全責任，並赴滬訪東蓀，告以種種經過，以「已成事實」為言，使他不再挽留。同時則命家人收拾行李，準備離淞。第三日為週會期，乘全體學生——且約教員全體出席——集合在一起時，宣布我上述的志願很誠懇地和他們說明我平素作人處事的態度，且勉勵他們照著去作，令其安心求學，絕對不可妄有閑言，有所亂動，以貽我人格上以汙點。這一席話，講了一時

餘，有少數激烈而同情於我且主張行道爾頓的，怕我去後，教員同去，回復班級制者——大抵為優秀分子，以道爾頓制可自由閱覽，可多得教師指導——曾發言挽留，且有侵及筑山者，我為之一一解釋。最後復由仲九說明「我志已決」及「愛人以德」之種種，也就安靜下去了。週會之後，我仍照常辦事，但未到學期終了，我即去寧。——我對於教育的疑問也更多，而欲從歷史中求得答案之潛意識又抬頭。

我當時決定去寧，並無職業，當時的志願是專心著述：因十一年秋，我曾認識中華書局的總經理陸費伯鴻先生，在著述上稍有一點辦法。而南京的古老城池及自然環境又為我所酷愛，生活程度低廉，比較容易維持，所以揀定它。我所以要於宣布辭職後即行去寧者，一為便利學校下年各事的準備——不論人事上的變動或行政與事務上的改變，都可不因我在那裏而礙手礙腳——一欲避免各方面以我為主題，而引起糾紛，有累「盛德」，有一部分平素與我相處較好的學生於知道我行期的前一夜，曾舉行一個秘密送別會。其原因是有一部分人那時仍然「以小人之腹度君子之心」，恐怕我利川學生搗亂，而另有組織。公開集會，參加的分子必雜，很容易引起問題。其次是他們要真情地話別，要無罣無礙地說話，不願意不相干之人參加。主持這秘密送別會的首領是吳克剛，參加的人不過四、五十，是在夜間一間大教室舉行的。——教員也由他們邀請參加。——我們在這間教室裏「自由談話，隨意用點」，一直到電燈熄滅時，方各從黑暗

中摸回各人的住處。——該校係自己發電，夜間到十時就停發——這一次我們無所不談，絕無畛域。對於各人的前途互相勉勵之處尤多。雖然只有兩、三小時的聚會，但使我感到人類互相瞭解的必要與偉大。我們曾說：在學校相處年餘，只有這短時間所過的生活是真正的人的生活。我至今猶能憶得當時的情景，其所給予我的印象與福湘女學的送別會的有同樣的深刻而真摯。

我在吳淞一年半，因為年少而浮薄，處事無方，不獨平靜的中國公學，被激成了許多風潮，且激動全國的教育界。不過這一年半中，在個人生活卻得著很多的益處。概括的講來，第一是海闊天空的海濱：那水天一色的大自然，常使我感覺個己的渺小而無形將胸懷擴大。第二是東蓀的信任，使我有磨練學校行政及實行教育主張的機會。第三是一群「浮薄少年」的友誼，使我嘗著「志同道合」的生活滋味。第四是一群純潔青年的信賴，使我感到教育力量的偉大。第五是同事們的學術氣氛和上海出版物的便利，使我在學問上有多方的接觸，眼界擴大，努力加強。第六是北方一行，使我於多明白些當時實際的教育情形，致見解漸趨實際而外，在環境方面，使我能見南北兩京歷史的偉蹟，與地面之寥廓；在人物方面，使我得見我久所仰慕的梁任公先生並結識了教育界的許多人——張伯苓、張敬虞、凌冰、胡石青、傅種孫、張耀翔、朱經農、瞿世英、徐六幾、郭夢良、胡善恆、羅敦偉、耿濟之、王克仁、邰爽秋、陶知行、廖世承、王衍康、陸殿揚、俞子夷、楊文偉等二十餘人，均於那次初晤——第七是使我有機會結識了陸費伯鴻先生，使我以後之著述生活，因他的助力而獲實現。此外還有一宗收穫是十一年九月一日添了一個女兒澤淞。

第九章　暑校講師

一、東大附中

民國十二年二月十一日，我舉家從吳淞移居南京，到下關碼頭來接我們的是王克仁先生，房屋的事情是他預為料理的；而進屋時要付兩個月押租八十元付不出也是他的夫人黃淑班女士以首飾押出錢來借給我的。

我在吳淞雖然有月薪百元，並由學校供給住所，且由賣文所得的收入，平均可達薪金之半，收入亦不算少。但上海的生活較昂，我以地位關係，應酬又比較的多，而購書便利，賣文所入，用之於購書還不敷，所以平時只可餬口；要移家，便只能勉籌路費而無餘力交押租了。但去南京以後的經常生活，我卻有預算和準備：因為南京在那時的生活極廉，王君替我代租三開間的三進房屋，每月不過四十元，我一家只需後進的三間，前兩進出租可收三十元，則房租只需十元。米只五、六一元一石，人工菜蔬均甚賤，一家四口每月生活必需之資，四十元便已足夠。而我在臨行之前，陸費伯鴻先生要我入中華書局為之主持編中學教科書，我以厭惡上海不允，他乃請我編《初中公民課本》一部，稿費三百元，每月預付五十元：是必需費已有著。同時我有稿件，中華書局還可以收印。照我的預計，完成《初中公民》的時間，不過一個月，儘有時間寫其他的東西。以後的生活當然也有著落。而東南大學及金陵大學均有較完備的圖書館，於學問研究頗多便利，在參考書籍上亦可省去一些錢，所以就生活與環境說，南京實是我最理想的住處。我當時不僅為臨時的移居，且有終老南京的意願。

東大附中本有計劃準備十二年春實驗道爾頓制，王君又在那裏任教，他的年齡和我差不多，也是山嶺之地的熱血人——他是貴州人——雖然我們相識不過一年餘，但因為都是所謂「教育家」，很有集天下英傑於一堂而創造一塊新天地的志願。他知道我要去南京，便向附中主任廖世承博士建議，聘請我主持實驗的事情。而當時孫俍工以係湖南人之故，且文學家的氣味又重，吳淞中學成了問題，他在情感上絕不能再幹下去，必得與我同去。適附中正缺國文教員，所以也把他聘去。不過我立誓不再幹學校行政，且與陸費伯鴻有約，要給中華編書，並要整理積稿，故未應聘；最後因著廖等的盛情難卻，而允任研究股主任，不管行政事務，但每日只去半天。薪水亦只受五十元。適江蘇省立一中實行新學制，高中有添設之人生哲學一科，本為李石岑教授，十二年春李他去，欲請我繼任，於是每週又以兩個下午在該校教課。其他中等學校也有以教課相邀者，為要研究學問——我本預備研究近代中國教育史，但以教課及道爾頓制忙，終於未能實行，不過在各地參觀及講演注意搜集史料耳——則概不接受。

十年以後，各省教育經費多不能照常發放，教育界的欠薪問題，幾於無處不有：北京政府亦復如此，十年十一月十四日，教育部因欠薪而停止辦公，十二年四月十三日教部部員且與北京國立八校教職員聯合向教育部長索薪。江蘇教育界的經費比較安定，國立東南大學以設在江蘇，應有經費亦經蘇督齊燮元於國庫項下扣出照發，且斥私資以其父之名義在東大建孟芳圖書館。而東大校長郭秉文博士又能與各方聯絡，任職頗久，故學校甚為安靜，一切建設頗能照著計劃進行。所以附中的情形也比較一般學校來得靜穆。

東大的前身本是南京高等師範。「五四」而後，各種專門學校「改大」之風甚盛，南高亦要求改大，不過江蘇教育界之一部分人主張另設東南大學，而使高師獨立，但以經費、人才、校址之困難乃議將南高改組為東大，故民國十一年夏是東南大學與南京高師兩名並立，而附中亦名東南大學南京高師附屬中學。十一年秋，南京高師併入東大，於是附中亦更名為東大附中。因為東大是從高師而來，所以它有教育科，有附屬中小學，而教育科因學校歷史及社會需要的關係，在國內很負盛名，其附屬中小學之種種設施尤能影響全國。

附中之實驗道爾頓制是由學校當局本科學的方法，採用比較制、擬定計劃，按照計劃準備一切逐步實施。此計劃比較精密，可為各種教育方法實驗的參考，茲錄如下：

「實驗道爾頓制計劃

「一、問題做一種比較的實驗（Control experiment），將智力和學力相等的學生生，分成兩組。一用道爾頓制，一不用道爾頓制；比較兩組成績的高下。

「二、準備時期的歷程

甲、手續上的準備：

1. 選定教師。

2.決定實驗班次。
3.大體的討論。
4.細密的討論：
（a）組織問題。
（b）指定功課的原則。
5.分科討論：（a）國文，（b）英文，（c）數學，（d）理科，（e）史地。
6.討論其他特殊問題。
7.預試。（在籌備時期內，先做一個假試驗。）
8.籌備作業室。

乙、工具上的準備：

1.編製表格。
2.搜集各科教材。
3.編印學生須知。
4.預備作業室用具（書籍、桌椅、表簿）。
5.編製各科作業綱要。
6.編製各項應用的測驗。
7.求各種測驗的標準。
8.搜集已有標準的測驗材料。

「三、實驗時期的歷程

甲、實行分組（在舉行實驗的學期開始時）：

1. 用各種測驗試驗兩班指定的學生。
2. 各種測驗分數，均化為T分數。
3. 求各個人智力T分數與教育T分數的平均數。
4. 依據平均T分數，分學生為同等能力的兩組。

乙、實行試驗：

1. 除兩組所用教學方法不同以外，其他情形，能愈少差異愈妙。
2. 保存兩組學生自然的態度與興味，勿引起學生與實驗衝突的動機。

丙、比較結果：

1. 重行測驗兩組學生（在舉行實驗的學期終了時）。
2. 核算各個人進步的數量。
3. 核算每組進步的平均數，和每種測驗進步的平均數。
4. 核算實驗係數（Experiment Coefficient）。

丁、徵集意見：

1. 調查教師的意見。
2. 調查學生的意見。

戊、報告結果。」

我不能擔任初中的教科，道爾頓制的實驗，在行政上既有主任負責，在功課上又有各科教員負責，我不過於大家開會時出席參加討論而已。學校的種種紀錄雖照常送入研究股，但廖主任為中等教育專家，處事又甚精細，所定辦法比較妥善，我也看不出什麼問題。偶有我視為問題者，在各種會議中提出，經過一番討論也很容易解決；而且大家通力合作，實行起來也很易收效。所以我的半天時間對於學校倒不曾忙些什麼，只在參觀季節——上年在春假後，下年在中秋後——向參觀者說話忙而已。道爾頓制實驗，則於十三年夏結束，廖博士有實驗報告一冊，在商務出版。其結論是道爾頓制並不優於年級制。

十二年夏季的某日，我走出研究室，看見兩位學生在爭論，態度很不好。我召他們進室，以友誼的關係——因為我不管學校行政——和他們談談，實是因為一句話的誤會而兩不相下。談清楚了，兩人都覺難為情。忽然聯想到青年在學業職業及生活態度上的修養問題。經過幾次思慮，擬定許多綱目，而請學校在較高之年級中，添設青年修養課程，當局允之，我乃每週教課數小時，（十三年春兼教人生哲學）專與學生討論青年各方面的問題。在人生哲學學程中亦將人生之修養列為專章，同時講授。

自十二年春至十三年夏之一年半間，雖在南京擔任兩個中學校教職，但只是純粹的教書和研究，既不負行政責任，對於學校自無所謂主張；而兩校又極靜穆，我的時間，又大半用之於編著方面，所以在生活上是很平靜的——在家庭方面也很平靜，只於十二年冬至生一男孩澤寧——不過在另一方面，我卻為著道爾頓制講演忙。

二、講演忙

當時教育上之各種新學說與新方法的介紹，也如政治上、經濟上之各種主義一般，只要一有發現，便介紹進來。介紹者並對於所介紹的東西每每出於一時之偶然，而社會上則往往發生甚大之反應及影響——實是由於當時國人精神上的飢渴太甚。「五四」以後，民治主義的教育思想固已瀰漫中國，設計教學法之試行，亦通行於著名小學校；中學方面，雖一般著名學校競相試行新學制，但在教學方面設計教學不甚適宜，而舊教學法之「不能滿意」又是多數中學教師的共通意念。道爾頓制傳到中國以後，既有吳淞中學的試行，《教育雜誌》的提倡，再加以東大附中的實驗，於是全國風動，教育刊物之論文幾以道爾頓制為主題，各地中學校多有準備試衍，而小學之試行者已不在少數。全國教聯會有新制中學師範試行道爾頓制之決議，有些學校的招生廣告，且有以行道爾頓制為號召者。全國教育界對於道爾頓制好似中了魔一般地鬧個不休。我以「首行道爾頓制」者的資格，各地通函及面詢道爾頓制者幾於日不暇給。斯年東大暑期學校，設道爾頓制學程，選課者達一百三十五人，人數之多，為全校所有學程之冠。以至普通教室坐不下，在大廳授課。——選課者之籍貫達十二省，而以奉天為最多，占五十三人——暑校上課四星期而外，且應上海、白馬湖、武進、宜興、武昌、長沙之聘，並有若干地方約請而以時間無法支配而卻之者。總計四十餘日之間，歷地四省——江、浙、鄂、湘——講演數十次，聽眾千餘人。這樣的忙法；是我有生以來所未有。可是在實際，各地之約我講演，大半是趕時髦，慕虛名，而我之應約，卻是礙於情面的差事，有苦說不出。暑校以後的二十餘日之間，雖然賺得數百元的程儀，但是掩不著我的滿腹牢騷。八月底由湘返寧而後，我在中華教育界發表一篇「於人無益，於己有損」的教育日記，對於當時暑校的主持人、講演者、聽講者大開教訓。這篇日記，雖然有點牢騷。但卻是當時的實情，可作史料看，所以錄在下面。

「一、主持人　暑期學校之目的原在利用休假的時間補充鄉間教師的教學方法與教育理論。方法有許多是機械的，並且非實際示之模範不可，決非三數小時所能講了。因此在暑假之短時間中，決不能貪多務博，樣樣講到。只宜擇其地方上所需要之方法，先期延請對於某方法有實際經驗者，作長期之指導，實在辦一某方法之學校，務使學者切實瞭解且能應用而後已。每一暑假能灌輸一種新方法，為益已經不少。若徒慕虛名，什麼都講一點，結果，不僅什麼不懂，而且發生誤解之後，地方及方法的本身都受惡影響。關於理論方面，亦宜先期延請一人作系統的講演，不要今日張某，明日李某：因為講演者對於教育各有他的見解，若雜然並陳，意見衝突，聽者反至無所適從。至於名人講演，只看機會若何，卻不必強請：因為時下所謂名人者都忙不了，各處講演，亦係一種不得已的應酬，為時間所迫，一到即講，講了即走，聽者之程度事前固不曾調查，聽者之問題，講後亦無暇答覆。還有所謂學者，其學力雖不足以與歐洲之學者並駕齊驅，但平日卻有他的專門研究。若聽者對於某種學問無基本常識，講起來名詞還解釋不了，更談不到內容。所以現在最流行之名人講演，學者講演，大半只能使聽者瞻望顏色而已——甚至以名詞的誤解，反發生許多弊害，故我勸以後在各縣主持暑校的人，千萬不要務虛名，應當切實從實際上做工夫。至於招待講員，不要過於客氣，弄得酒肉徵逐，應酬不暇；也不必時時奉陪，勉強作無謂之客談：因為暑中最易生病，飲食過多，疲勞過甚，都是致病之由。在主人以為客氣，受之者卻已吃虧不小。所以我常告主持人，於講員到時，派人到碼頭一接，免來者吃苦；既到後，只要將聽講者之程度及希望他注意之事告之；此外預備一間清靜的房間，一個靈敏的工人，不必時時有人陪著，使講者疲於應酬，無暇預備。這雖小事，卻值得主持人大大的注意。

「二、講演者　近來時行的學者，每到暑假便格外的忙，今日東處講演，明日西處講演。暑中奔波，苦則苦矣，但效果卻是很少。講演者之四處奔走，也不盡是情願去幹的，只是礙於情面，答應了東處，不得不答應西處，於是弄得暑中無一日閒。我以為果要講學，要把面子問題丟開，只問到某處講演幾次，到底對於那地方上有什麼益處：若自己平日研究的不是短時間所能講了的，或非事先有預備的人所能聽懂的，便毅然不去，以免由誤會而發生弊害。

「三、聽講者　現在有許多聽講者，聽某種講演，事前並無預備，甚且連所欲聽之學程的名目還未聞知，而挾一種極大的欲望，想在二、三小時內完全用耳學得某科，世界上何嘗有這樣容易的事！等到聽的時候，內容不懂，於是大失所望，反而歸罪於主持人或講演者，甚且永不再進暑期學校。這種因噎廢食的現象，我所看見的不在少數。其實講演者，主持人，固常負責，聽講者自身又何嘗不當負一大部分責任。我以為要於暑校學習某學程，某學程的基本著作，期前應當看過，一切名詞的含義應當懂得。聽講時只可作進一步的研究，而提出問題與講演者討論，所得的益處較多。若事前毫無預備，加以語言隔閡，名為聽講，其實只是自討苦吃而已，何不在家中歇暑！」

三、參觀中等教育

這一度的講演生活，使我對於實際的教育情形多瞭解一些，而研究實際教育問題的志趣也更濃。因為我在中等教育界服務的時間較長，經驗較多，因而研究中等教育實際問題的決意也更大。民國十年秋以前，我在長沙任職，對於湖南教育界的情形比較的熟悉。十年秋去北方一行，對於北方的情形也略有所知。在江浙雖也曾在許多暑期學校講演過，但與中等教育界的接觸很少，而長江流域的各省——尤其是江、浙——在當時是教育文化界的領袖，所以我抱著一個很大的決心，要先將長江流域各省的中等教育的情形切實考察一番，再到西南及關外各省去。所以在十二年冬，函達中華職業教育社的主持人黃任之（炎培）先生，告以我的志願，而願去各省教書，不過每省的期間，至多以一年為限，十三年春我並決定自費去江、浙各地調查，對於準備調查表格預定參觀程序及學校數目等經長期的準備，而於四月初將學校功課結束出發，赴蕪湖、安慶、寧波、白馬湖、紹興、杭州、嘉興、上海、浦東、吳淞、徐州；在兩個多月的時間中，走了十一處地方，每處至少住三日，多則一星期。每到一處，均不先行通知，只照預定計劃臨時參觀若干學校，目的是要被參觀的學校，不要有事先準備，而可以看到一點實際真相。我預定所要參觀的學校，大概是公立、私立及教會學校平均分配，而各種學校之中如有多校則各揀最好最壞的一校以為代表，綜計實際參觀的日期是四十九日，參觀的學校三十五校——

初定每日參觀一校，但事實上未能如願——六月底返寧，本擬將參觀經過整理發表，但以暑假應湘政府暑期學校之聘去長沙授課，課畢回故鄉一次，及返寧已是九月中，而連得成都高師電促，又於十月半赴川。此項參觀記，遂永久不曾整理發表。

四、教育問題

在當時因為道爾頓制的關係，我差不多成為「教育名流」之一，在各處參觀得著許多便利——因為係私人行動，學校能以較真實的事象相示——而邀請講演則為各校共同的要求，應付頗為困難，不過乘此機會，得與各地教育界自由討論，發現許多新問題，對於我是很有益的。問題的種類大概有如下述：

一、中學生出路問題　中學生的出路問題，我早經感到。數年來我主張中學教育升學預備與職業預備兼顧就是以此問題為背景。在當時的教育統計上，中學生不能升學的有百分之七十七，數字上已屬可驚。此百分之七十七的學生必得就業，而因在校無職業訓練之故，就是得業，也每與社會格格不入而不能樂業：此現象我平素也知道。但經此次與各中學主持人接觸，則更感得嚴重。因為這些主持人，沒有一位不是為學生的出路問題所苦悶，而想不出辦法，甚且對於自己所辦的事也發生了疑問。記得紹興浙江第五中學的方校長對我說：「每逢暑假學生畢業之時，我便極度不安。學生們在校讀了幾年書，費了國家社會家庭的許多錢，我們作教師的也費去許多精力。他們離開學校，除去少數能僥倖考取學校升學而外，其餘到社會上去作什麼，他們又能作什麼，有時內心感到苦痛不可名言，而反問著中學教育到底是為什麼的，連自己也答不來。這樣地辦學校，未免太無聊。」我對他所說的，不獨深表同情，而且推想到教育制度與社會不相應的種種問題上去了。

二、教師進修問題　當時的教師，對於功課大多是抱殘守缺，對本宣科。教育上的一般問題固然少加研究，就是對於其所教之科目亦少深加研究。所以孟祿與推士到中國調查教育，均謂中學教育成績最差。我在參觀期中所接觸過的教師總在五百人以上，與他們泛泛談論，每覺其常識的範圍太狹，而圖書儀器的設備簡陋，更為我所不滿意。我曾研究其原因，以為一方面是由教育行政當局不重視設備，而以教科書為教育之全體，一方面則由教師少研究的習慣不肯自求進步。這情形我在長沙時便知道，但以為是局部的現象，此次則發見其為普遍的現象，而感到教師進修是中等教育的嚴重問題，而益信孟祿與推士對於中國中等教育之批評為不錯。

三、教育商品化問題　在南京看見某未立案之某私立大學的附屬中學——實在並無大學——常常在報紙發表新聞，說是試行道爾頓制，並出專刊。我親去參觀，則校舍借用舊祠堂，光線不合不必說，教具只有桌椅，書籍雜誌值不到二十元，而圖書室只能容二十人。道爾頓制最重要的分科作業室無有，儀器更全無，我不禁為之駭然。又在上海看見某新進大學的章程，說實行學分制，而下學分的定義為「以每學生每週上課及自修合二小時歷時半年者為一學分」，規定大學每半年至少十二分學分，四年畢業，高中每半年至少十四學分，三年畢業，而均無畢業應習之總學分數。初中又規定每週三十三及三十四小時。是根本連學分制的意義都不懂。及去該校一看，雖是一座兩間的街堂房子，但所謂校長者固赫赫有名之大政治家。與之談教育則莫名所以，又不禁駭然。我於此兩事之印象甚深。而感到資本主義社會下的教育，也和其他商品一樣而有冒牌。我本不滿意於教師向學生平等收費出售知識，學生向學校納費購買知識的商業行為，至此更深惡其欺詐行為，而對於現行教育制度更為懷疑。

四、教會教育問題　我在福湘女學任職一年半，且曾看過長沙的一些教會學校，對於教會學校的情形當然知道許多。此次參觀十一個教會中學，則更發見其課程各自為政，不遵部章，不合社會需要，教育行政另有系統，不受教部統制，覺得教會教育不只是教育問題，而為國家主權問題。故於赴川的途中曾寫一長文，題為〈收回教會中學問題〉，述此次參觀之情形甚詳。以期喚起國人之注意——原文收入《教育叢稿》第一集中——此後寫過一本《收回教育權運動》的專書，也以此次參觀之感應為動機。

五、教育目的問題　為著中學生的出路問題，使我追究到中學教育目的，看到各地教育盲目採用方法，以至冒用新方法之名，以為號召的工具，使我一方面感到方法之被人利用而不愉快，一方面則感到全般的教育目的問題更重於教育方法問題。同時在南京一年餘接觸過許多教育專家，尤其留美回國的教育專家，大部分都是側重教育方法——那時除學分制、設計教學法、道爾頓制外，一般人最重視測驗與統計——對於國內的社會經濟情形、政治制度與教育的關係很少有人研究，於教育史亦不重視——新學制師範課程無教育史——我覺到這些問題，實比方法問題重要，而要釐訂教育目的則先應從上述的兩事著手。當時既無人注意於此，我很有「義不容辭」之感。十四年以後，我絕對不談教育方法而專門研究近代中國教育史，就是要從教育的發展史中，尋求其與社會有關的可資鑑戒的陳蹟，以為建設新教育的指針。對於教育方法，則進而注重於比較的研究，不欲為實行的提倡——十三年在湖南暑校，即併設現代教育方法與道爾頓制兩學程。前者包含當時歐美教育界流行之各種方法。

六、教育獨立問題　我從封建社會出身，少年時又受些宋學的影響，數千年來尊師重道的傳統思想，當然要影響到我的教育觀念；再加以在常德二師和嶽麓高師所受教育學課程，都是些「教育至上」的理論，於是我十餘年來都把教育看作萬能的、神聖的。而民國九年以來，因教育經費積欠甚多，教職員每至無以為生，九年教聯會決議教育經費獨立，而九至十二年之間以南北政府問題，及宗教問題在教育上引起種種糾紛，於是再進一步而有教育脫離政治、宗教而完全獨立——在理論上以蔡元培為最著，方法則以周太玄為最詳——從我的思想歷程上，當然是贊成此議的。不過經過長沙省立學校校長與政府共進退的實際經驗，對於教育能否獨立便有點懷疑，再經此次參觀，覺得江浙教育界的安定，是由於政治比較安定——江蘇為最，公校校長有自民元任職從未變動者——安徽的情形就大不相同，而教會教育更另成系統，又須受另一種勢力的支配，則事實明白告訴我教育是不能獨立的。同時更從許多事實中發現教育界之不清高、不神聖與其他各界沒有什麼不同。因而教育神聖、清高、獨立的觀念都根本發生搖動。再以十四年在成都所得的事實上之教訓，及十四年後對於社會科學之涉獵，於是我的教育觀念大變。

以上的六個問題，不過是當時的事實引導我不得不去追研的開端。再由這種種事實與我個人幼年所受的教育薰陶，於是我對於整個的現行制度發生疑問，而對於教育的研究更有興趣，研究的範圍也由教育方法而推廣到教育全體，更由教育而擴展到社會政治經濟的各方面了。這是民國十二年至十三年夏我在南京關於教育方面的生活概略。以下略述其他方面的生活情形。

五、舒適的生活

當時南京的環境，可說是我有生以來最羨慕，最能使我愉快的。它那城鄉兼備的優點，不獨純都市所望塵莫及，就是離都市稍遠的吳淞與嶽麓山亦遠不能及。因為吳淞雖然離上海較遠，但一切都得受上海的影響，只能看作上海延長的郊外，其本質仍與上海無異。嶽麓山則為純粹的鄉村，雖然靜穆，但城市中便利不易得到。南京在當時是一座古老大城，一般城市中所有的便利它都有。普通日用品固然可以隨時購買得著，就是稍專門的外國書，也可由北門橋的伊文思購得。在交通方面也很便利，雖然沒有高速度的交通工具如汽車、電車之類，但是有小火車、馬車、人力車、驢子。而城內的空曠，更是任何城市所沒有。從下關到鼓樓的十餘里，不過三牌樓有數十戶的小市集，其餘散在路旁的住戶也不過數十戶。鼓樓的兩旁有金陵大學及東南大學，兩大學之中有北門橋的市集，但也不過數百戶，散居在附近的居民也不過千數戶。再過去五、六里便是花牌樓，算是南京商業區，但也不過千數戶；再南便是靠秦淮河的夫子廟，為南京遊樂場所，但仍不過千數戶。以周圍一百公里，面積六百六十方公里的大城，只有十五萬人散居其中，真是空曠得比鄉村還要空曠。而城內外可遊之地又特別多，如北城的玄武湖，東大附近的鷄鳴寺，東大的農場，南城的秦淮河、莫愁湖，城西的古林寺、掃葉樓，城東的獅子山，和東城外的明陵紫金山，稍遠的燕子磯、湯山等處，每處都可流連。而馬車一日之費不過兩元餘，一家四、五口，雇一輛馬車，作竟日之遊，連車費飲食五元已足，在生活是夠低廉了。而最難得的，是那種優遊自在之風：本地人的生活固然是保持著農村的舊習慣，於早起上茶館談天，下午入澡堂，過所謂「皮包水、水包皮」的生活，就是外來的客家，也因生活優裕而無都市緊張的氣象。朋友們於職務之餘集在一家隨便談天，隨便吃飯，大有農家風味，絕少如都市的人的說不到三句話便把錶掏出來看看的情形。至於暇日之結隊漫遊更是常事。我在那一年半中因要遊玩而學會了照相，因要照相而更多遊玩。腦力與筋肉勞動互相調劑，不獨精神很愉快，身體也很健康。所以我認為當時的南京是著述最適宜的地方，而有終老於斯之志。

南京的自然環境既如此之優美，精神環境方面也不壞。我住在蓮花橋，離東大及金大都不遠。這兩大學的圖書館的藏書相當的豐富——金大的雜誌與中國志書尤多——大可以供參考。在人的方面，當時有名的教育家多在東大任教，過往也很容易。而東大附中的一批教員如王克仁、郘爽秋、李儒勉、穆濟波、孫俍工、倪文宙、韋潤珊、吳俊升、汪桂榮、楊效春、曹芻等，均屬少年，頗多意氣相投而常相過從，故在精神生活上也很快愉。就教師的生活講，這一年半中，可稱最平靜而安舒的時期了。

六、少年中國學會

此外還有一個團體，在我當時的生活上很發生些影響，不可不為述及；那就是少年中國學會。

少年中國學會是民國七年六月三十日由王光祈、陳淯、張尚齡、周無（太玄）、曾琦、雷寶菁、李大釗七人在北京發起，經過一年之籌備，至八年七月一日始在北京開成立大會，其時會員七十四人，大半為求學國內外及從事文化事業之青年。（據該會週年紀念冊所載，此七十四人之分佈計留學法國者九人，留德者四人，留日者七人，留英、美者各一人，在北京求學及從事教育編譯事業者十五人，在南京求學及從事教育事業者十二人，在南洋從事教育及新聞事業者二人，在上海求學及從事新聞編譯事業者四人，在成都求學及從事教育新聞事業者四人。散居武昌、長沙、天津、濟南、福建、浙江、奉天、西安、廣州各處從事工業、新聞事業等等者十五人。）

學會規約七十條，於開成立會時公佈。第二條規定學會宗旨為「本科學的精神為社會的活動，以創造『少年中國』。」第三條規定學會信條為「一、奮鬥，二、實踐，三、堅忍，四、儉樸。」對於徵求會員規定三條標準：「（一）純潔，（二）奮鬥，（三）對於本會表示充分同情。」並附以說明：謂會員「須具備以上三項條件，缺一不可。凡思想齷齪，行為卑鄙之人，本會認為根本已壞，不能救藥。換言之，即不適於本會所謂純潔之標準。奮鬥有二義，（一）學術上之奮鬥，事業上之奮鬥。本會認為凡能奮鬥之人，無論其為學術或事業，將來皆必有成就。故本會取人以奮鬥為標準，而不以智識為標準。……若夫消極之士，無論其如何純潔，皆勿介紹入會。吾人對之只有攻擊而已。蓋吾國民族之所以墮落，外奸內賊之所以猖檞，皆此輩消極之士之『不作為』之罪也，……既純潔矣，既奮鬥矣，然對於本會並不表示充分同情，若吾人強邀其入會，彼對於會事在若有若無之間，吾會何必多此一位不熱心之會員。」同時並規定會員入會者，除須有會員五人之介紹外，並須經評議會通過。因此種種限制，所以自八年成立至十四年停止，所有會員不過百零數人。此百零數人，在當時可稱全國有志青年之一種大結合，在學術上頗具一種勢力，此後在國內政治學術事業上雖然各人所走的道路不一，甚且有絕對相反者，但大半都有所建白。自十四年秋無形停頓後，此會已不復存在，惟其中之大半，都與我的思想、學業、生活有直接或間接的影響，所以我乘此機會，按照十四年一月出版之《少年中國》月刊第四卷第九期會員錄所載之姓名錄此，以誌紀念。該錄共載九十五人，計周太玄、李劼人、周曉和、何魯之、李璜、許德珩、陳寅恪、曾琦、胡助、趙世炎、汪奠基、王光祈、張夢九、宗白華、魏嗣鑾、沈怡、湯漢騰、楊鍾健、余家菊、徐彥之、陳寶鍔、周炳琳、方東美、劉衡如、王崇植、趙崇鼎、康洪章、孟壽椿、張聞天、郝坤巽、康紀鴻、童啟泰、楊亮工、須愷、袁同禮、吳保豐、邰爽秋、王克仁、鄭伯奇、周佛海、沈懋德、李初梨、蘇甲榮、黃日葵、李守常（大釗）、陳仲瑜、章志、高尚德、黃公覺、劉拓、劉雲漢、雷國能、舒新城、李儒勉、穆濟波、楊效春、曹芻、倪文宙、吳俊升、段子燮、陳啟天、蔣錫昌、沈昌、黃仲蘇、謝循初、唐穀、盧作孚、張明綱、彭雲生、孫少荊、劉泗英、李璜舫、鄢禔祥、鄧仲澥、劉仁靜、沈澤民、惲代英、楊賢江、常乃悳、左舜生、田漢、梁紹文、涂九衢、金海觀、惲震、朱自清、侯紹裘、朱鏡宙、雷寶華、趙世炯、芮學曾、趙壽人、阮真、毛澤東、葛澧。

少年中國學會正式成立於民國八年七月，其時正值「五四運動」之後，一般青年對於國事都抱著很大的熱忱，但見著現實政治的黑暗，都不願把純潔的心靈投入汙濁的軍政界，而願「本科學的精神為社會的活動以創造少年的中國」。其入手的工具是發行刊物，編譯叢書以介紹學術，喚醒民眾。所以於八年七月十五日創刊《少年中國》月刊，標明注重（一）文化運動，（二）闡發學理，（三）純粹科學，於九年一月一日創刊《少年世界》，注重（一）實際調查，（二）敘述事實，（三）應用科學。（《少年中國》最初發行時，為表示學會與會員之獨立與奮鬥精神起見，概由會員出資印行，絕不向外募款。發刊四期銷售達五千以上，乃歸亞東圖書館發行。十二年三月改由中華書局發行，至十四年五月出完第四卷而停刊。《少年世界》則只出一卷）。

這兩種刊物的內容雖各有偏重，但對於當時的社會問題，都很注意（《少年中國》出有詩學研究號、宗教問題號，《少年世界》出有婦女號、日本號各兩冊）。執筆者都是純潔少年，本其對於國家社會之熱誠，發表真摯的言論，而《少年中國》各會員的通訊尤多，關於如何建設少年中國之文尤多。我在長沙即是此兩種刊物的熱心讀者，每期寄到，均從頭至尾詳細閱過，而《少年中國》第一卷第二期王光祈的〈少年中國之創造〉一文中，謂「『少年中國』

的少年是要有創造的、社會的、科學的生活。（二）實現『少年中國主義』的方法，簡單說起來要由我們一般青年與一般平民——勞、農兩界——打成一氣，且為一種青年的國際運動；分析說起來，就是（A）教育事業，（B）出版事業，（C）新聞事業，（D）改造個人生活」的一段話。正合我當時所謂文人本分的思路。該刊第二卷第二期發表惲代英〈怎樣創造少年中國？〉一文，他本學會實踐的宗旨，主張注意研究群眾生活的修養。把應該注意的事列成一表，分為活動的修養，合群的修養兩大部門。在第一部門中又分計劃力、魄力兩項，在第二部中又分得人信心、得人助力兩項。於計劃力之下分為事前計劃（周密），臨事計劃（機警）事後計劃（要審慎以防流弊，要恆久以防中輟）三目，於魄力之下分對事要勇猛，肯負責任，對人要能指導人，能分配任務兩目。於得人信心之下分示以高尚純潔感情（無私），示以成功成績（無為高遠事，無為易失敗事，）示以不虧損朋友成績三目；於得人助力之下分和平謙遜，不與人生惡感，以感情動人（愛他、信他、助他、諒他）加增善感，名利讓與他人，勞怨自任四目。他這篇文章有兩萬字，除去對於上述的各種項目有詳細的說明而外，並詳述何以要創造少年中國，與創造少年中國應分工與互助的原因。這在我從幼受了曾滌生與朱子教條的影響的少年看來，自然是更合胃口。所以我對學會以及其會員的大部分都有特殊好感。因而以後遇著該會的會員都有一見如故之概，但在十二年以前，我不曾入該會，也無文字在該會發表。

民國九年夏我第一次赴滬，得見惲代英、左舜生，九年夏又在長沙第一師範與余家菊、陳啟天、毛澤東等同事，十年夏再赴滬，更見著曾琦、田漢、楊賢江、常乃悳、梁紹文、朱自清、朱鏡宙、張聞天、沈澤民等，所得印象都很好。十二年去寧，與王克仁、邰爽秋、李儒勉、穆濟波、楊效春、曹芻、倪文宙、陳啟天、黃仲蘇、沈昌、唐轂、金海觀、方東美、劉衡如常相過從，對於學會及其會員的瞭解也更進一步，而同情心也與之俱增；加上學會於十二年十月四日在蘇州開大會，發表行動綱領九條，更引起我的共鳴，乃於斯年十一月經李儒勉、曹芻、楊效春、穆濟波、惲代英五人之介紹與吳俊升同時正式加入學會。

七、少年中國學會綱領

少年中國學會的宗旨，雖然規定為「本科學的精神為社會的活動」，但因為會員都是一般從事教育文化及研究科學的人，故所謂社會的活動，亦不過是所謂基本準備工作的而帶文化性質的教育、出版、新聞等事業，對於政治、經濟不甚注意，於實際政治尤不願參加。「五四」而後，新文化運動在表面可稱轟轟烈烈，而軍政界之混亂，則正與之背道而馳。國際勢力之壓迫，更變本加厲。現實政治衝破一般青年為學問而學問的夢幻，故十一年七月學會在南京開大會時即提及學會宗旨及主義與政治活動諸問題，因當時已有參加實際政治活動者，故討論主義與政治活動兩問題費時最多，辯論至烈，且於斯年九月在月刊中出一少年中國學會問題專號，但卒未得一個解決。十二年十月四日，學會在蘇州開大會，正值賄選成功，臨城慘案發生之後，國內知識界目覩國是日非，多懷急圖挽救之念，而英人何東請各國公使監督召集國內各方面軍閥開和平會議啟外人干涉內政之漸，尤為一般青年所深惡。所以學會在蘇州開大會時發表宣言，「決然一致以求中華民族獨立相號召，務以打倒國際勢力還我自由為目的。」所以決定學會進行方針為「求中華民族獨立，到青年中間去」。並製定學會綱領九條如下：

「一、反對國際帝國主義。特別注意英、美帝國主義，以矯正一般人因對內而忽略對外，因對日本而忽略對英美的惡弊，更應矯正一般無識者親善英、美的心理。

二、為打倒軍閥肅清政局，提倡國民自決主義。應注意打破依賴外力及其他軍閥或其他惡勢力解決國是的心理。

三、提倡民族性的教育，以培養愛國家、保種族的精神。反對喪失民族的教會教育，及近於侵略的文化政策。

四、喚醒國民注意現實政治經濟及其他社會問題，以矯正漠視國事，或專恃淺薄的直覺以談國事，致受外人言論所欺蔽等蔽。

五、推闡經濟壓迫為國民道德墮落的主要原因，以反證中華民族絕對非劣等民族。應反對此類減少國民自信力的各種宣傳，且指示經濟改造為國民道德改造的重要途徑。

六、提倡青年為民族獨立運動，為各種切實有效的社會服務。力矯浮誇愉惰，或只知無目的的修身求學，而不問國家社會事務的惡習。

七、注意青年團體生活的訓練，須力矯不合群、不協作、不服從規律的惡習。並應提倡各同志團體的相互協力，務使各團體棄小異以就大同，以使人民活動力漸呈集中的趨勢。

八、反對現時智識界個人享樂主義的趨勢。提倡堅忍刻苦的精神，培養為民族獨立運動犧牲的品性。

九、提倡華僑教育與邊疆教育，以培養中華民族獨立運動的實力，且注意融洽國內各民族的感情，以一致打倒國際勢力的壓迫。」

上述的方針與綱領，不獨表示學會由教育、出版、新聞等文化性質的活動而趨向於一般社會問題，尤其是政治經濟與國際勢力壓迫問題，同時也足以反映當時的社會情勢與智識界對於民族獨立精神要求的迫切。此要求充滿了國內一般智識界的心意之中，國民黨善利用之，而為北伐成功之一助。

八、少中的辦學計書

蘇州大會決定總會遷南京，根據上述的宣言與綱領，學會以後要注重事業。左舜生最初提議向會員募五千元建築會所，總會以為應該有事業來利用它，所以決定創辦學校。而我與楊效春、曹芻三人為辦學計劃書的起草員。（此項計劃書，載十二年十二月出版之《少年中國》第四卷第八期）我們曾舉出三種應該創辦學校的理由說：

「a、本會四年來空談多，事業少。會員的結合全恃感情，終覺飄忽不定。有了事業，會員的注意比較上可以集中。……

b、學說必有創造的機能，否則終不免於盲從抄襲：中國教育從前抄日本，近來抄歐美，何嘗是中國的教育。本會希望改造現在之中國成一少年的中國；那末必先把現在外國式的教育，改造成一少年中國的教育。我們不可不自辦學校來實驗我們的理想，創造我們的教育學說。

c、我們要求合作的精神滿布我們學會裏，但是在現狀下的我們，因為受著經濟的支配，零碎地參加在社會事業裏，都覺得不能充分發展我們的能力。那末我們利用餘力來成一事業，實現非利己的真正之合作，在現在非常必要」。

我們只計畫辦一完全中學，故第一年經費只預算六千元。對於學校目的則規定為「（1）實現本會之宗旨，（2）創造中國的教育。」學校組織設（1）董事會，分經濟、校務兩部；（2）校長，由董事會選出為對外代表；（3）駐校理事二人，由會員中選任，負校內行政與教育之責。學校編制採道爾頓制、哈沃特制、葛蕾制混合編製。課程則欲達我們辦學的目的起見，注重人格的培養、筋肉的練習，分科不必多，但求其適合國情。對於學生課業求其熟練而運用自如。訓育則主張訓育與教學不分，教師與學生共同生活，養成勤勞儉約的習慣，並能實際服務國家。學校行政則主張極力減少無謂而瑣碎之手續，以期達到用極少之人力與時間處理校中行政事務。對於教師待遇，則擬採用終身專任制，希望合家庭與學校為一。教師自身之生活，與以相當之保障。

這計劃書起草雖由我們三人，但其中很多我的夙見。只惜十三年以後國事擾攘，終於未能實現。學會並以政治上主義之爭，而於十四年秋經南京大會之決議，推黃仲蘇、李儒勉、吳俊升、曹芻及我五人為改組委員而改組。但也以種種原因而未成功。自此而後，便無形停頓，只有那如火如荼的青年熱情在學會老朋友中內心的深處留下一種永久不磨的痕跡，於夜闌人靜或故人相聚之時，作其青春迴夢的資料而已。——這迴夢在少年中國學會會員的心意中已屬往事，但是那熱情以及學會的精神，似乎自有學會以來，即散播到少年中國的大多數少年之中。它們的花與果，也許繼續在那裏發育滋長，而潛在地在完成少年中國學會所預期的《少年中國》，以至完成它所不曾預期到的更少壯的《少年中國》！我在少年中國學會要算後進，但我心安理得地願意加入一個團體，而且把它看作我最有關係的一部分，把會員們看作兄弟一般，願意為它服務，願意和它的分子見面，而見面能直率無顧忌地發表我的一切意見，一生之中，只有這一個少年中國學會。所以我雖無力扶育它使它成長，但我愛護它的深心，卻永久不變。我寫此段已是四十七歲，而我對於它的愛護與期望的熱情，仍與十五年前一般無二。

第十章　高師教授

一、入川之由

民國十三年十月十五日，我由南京溯江而上，十一月三日到國立成都高等師範作教育學教授，十四年六月八日返南京。我的教師生活也至此而止。——十九年秋及二十年夏雖在上海暨南大學及復旦大學各講近代中國教育史一學期，但完全為客串，且未領一文薪金，不能算作教師生活。

民國初年教育部將全國劃分為北京、南京、武昌、廣州、瀋陽、成都六個高等師範區。成都高師區所轄的省分為川、滇、黔。民八以前教育部只設北京、南京、武昌、瀋陽四高師，廣州及成都則由省立優級師範改辦，仍屬省立，是因為廣東自六年軍政府成立而後，與北京政府對立，而四川連年軍閥內訌，在政治系統上時南時北，北京的教育部在事實上管不到。自「五四」而後，專門學校爭改大學，南京、瀋陽、武昌、廣州各高師相繼改為大學，北京高師則改為師範大學，在十三年，純粹的高等師範只有成都的一校——十四年秋為改師大與改普通大學問題，爭執甚烈，十五年卒改為成都大學——而民國十二三年國內政治極為紊亂，除南北兩政府對峙而外，南方有陳炯明之變及湖南的護憲戰爭，北方則有奉直二次戰爭。四川的內亂更烈，劉湘、劉文輝、楊森、田頌堯、賴心輝等則在成都重慶旅進旅退。十三年一月九日楊森攻下成都，至五月二十七，北政府特派其督理四川軍務善後事宜，四川的教育界當然隨之變動，成高校長吳玉章先生去職，而由楊改聘傅子東（振烈）先生繼任，並將學校改為國立。

十二年秋季，吳玉章先生曾幾次函約我去成高，我因在南京接了聘約，不能中途他適，約其於十三年秋再說。十三年六月至十月，傅校長連來四電、一手函相約。在學校則因楊督理在川軍中是勵精圖治的新人物，主持川政，當然要作一點成績給民眾看，而成高為西南之唯一學府，主持者當然要體其意旨，聘請名流，共襄盛舉。我既有約在先，故欲賡續前議，促我入川。在我則本有調查全國教育之志願，有機會去川，自是樂意，但遲遲不行者，一因我十年未曾返里，必得於暑假歸省一次，而道經長沙，暑校之聘，亦不能不受；二則去川須旅費二百元以上，學校雖有函電相約，但旅費則始終不曾寄下。且就我所知，成高雖稱國立，但經費仍從省出，省教育經費欠發達年餘，該校情形當亦相同，在江浙交通便利之地，自費考察教育力尚能及，在川薪金無把握則生活要成問題，實不能冒險。幾次函電相商，傅最後函電，均回滙兌困難——當時川幣與滬幣價格相差達四分之一以上，且滙兌限制甚嚴，防金錢外流也——請我自籌由寧至渝之旅費，學校則將款存重慶第二女師成榮章君處，由渝至蓉，即向成君取用；薪金方面，則允每月二百元，七折實支滬幣，絕不拖欠。因此種種，所以我遲至十月十五方由寧起行。

我於十月二十四日到重慶，十一月三日晚到成都，本想先下旅館，於翌日再去學校，但旅館非有保人不能住，只好於夜間進校。斯時王克仁君任該校教務長，其夫人黃淑班女士任英文教授，均居校內，遂暫寓其家，且於當晚見著傅校長。第二日遷居校中。

二、成都高師

高師以舊日的皇城為校址，城牆仍在，周緣十餘里，地基可稱廣大。不過學校所占的地面不過數十畝，房屋雖係平房，但只能容四、五百學生，故房屋亦不甚多。校舍以外大半為菜園，校舍附近有煤山及小建築物，均可為學生遊散之地。不過該校當時仍遵教部高師規程，校務分教務、齋務、庶務等處，各設一長主持之；對學生行動仍採管理制，非經請假許可不能外出，故在平時學生頗少出外。在課程方面，仍分數理、博物、英語諸本科。本年改國立後，雖曾用師大名義招收學生，但章程並未公布。故其組織系統與課程科目與我十年前所肄業之嶽麓高等師範大體相似。所不同者，今年起實行男女同學；不過女生只十餘人耳，而女生之最大多數為省立一女師（在成都）之畢業生。

我以學校既遵部章辦理，則課程亦當照部章，我既以教育學教授之名義而被聘，當係原無教育學教授，或有而功課太多，兼顧不到，故請我分擔。及詢傅校長，則部章所有之科目均有人擔任，同時更悉教育經費困難，每年能發薪四個月已屬難得，故教師兼課每週常在三、四十小時，而全校教育及心理科目之總時間尚不及此數。所以舊教師的鐘點尚覺不夠。我當詢以既屬如此，則我並無功課可教，實非必要。彼謂現擬改師大，故課程可不受部章限制，將來且擬辦教育系，故課程可由我自定。不過全校學生聞我來，均希望有機會受我之課，所以可多開幾種課程。最後決定為三年生講中學教學法，二年生講現代教育方法，一年生講教育心理學。預科教育系——師大名義招收之新生——也要求開一課程，但因各科均須自編講義，精力不及，展至十四年春。十三年每週教課十二小時。十四年春十四小時。

課程決定了，於十一日正式上課。在上課之前，我向學生舉行一次公開講演，介紹我自己並說明我去川的原因、途中的印象及我對於教學的意見。此文以「遠道」為題，曾在成都發表過，只未收入我的著作中。以其可表現我當時的心情與文思，及教育意見和社會情形，故為照錄於下：

三、何以來成高

我到校將近一星期了，今日上午本有課，我請教務處移至下午，約集諸君在此談話。這種辦法似乎不是常規，但因為我曾做過多年的學生，而且做學生時每遇學校聘請一位新教師便懷著無限的希望，想知道他的歷史，及他到校的目的，便推想到今日的諸君或者也是如此，所以將正課的時間改為這個談話。

我生於湖南，住在江蘇，當此干戈擾攘之秋，不遠數千里由南京來到成都，不獨諸位要問來此何幹，即我自己也要問「所為何事」。因此，我想與諸君談談我何以來成高，或者也許是諸君所願聽的罷！

我於十五歲進縣立高等小學校，始正式學地理，始知道五大洲，廿二省；但四川兩字卻於我入小學十年前，就已在我腦中占了一個位置。那時我只五歲，初進私塾讀《三字經》，常常聽得教師和鄉下的前輩，談《三字經》的故事，說《三字經》是一部奇書，說魏、蜀、吳就是現在的某省某地；而因為我們過年好玩「孔明燈」的緣故，竟由孔明兩字於他們談話之中得些西蜀的片斷觀念，也得些四川的片斷觀念。四川究在何處，我當時自然不知，可是神奇的孔明，在千百年後還能留下奇巧的花燈給我們小孩玩——這是我鄉的一種傳說——也就「愛屋及烏」想像四川為可愛而不時夢遊了。

這是我對於四川最初的觀念。

在私塾讀了幾年書、認得一些字以後，常常背著教師如現在學校的學生於上國文課看小說一樣——這是看過幾十所中學的教學以後所得的結論——暗讀《三國演義》。棧道劍閣的天險，益州的天府，更在腦中起了波動，不時想到孟獲的狡蠻，孔明的機智，雖然兒時的八卦衣——因我生無兄弟，依鄉俗著此衣以冀不夭——未見得與孔明的道袍一樣，鄉里的麥桿扇，與孔明的羽扇相差太遠，然而果有劉玄德其人，三顧茅廬，使我坐鎮益州，卻也是當時所夢想的。

這是十二歲以前我對於四川的觀念。

流光如駛，舊夢未成的時候，辛亥革命爆發，那時因為好讀《黃帝魂》、《安徽俗話報》等一類的書籍，而且辛亥的前一年曾因鬧所謂革命的風潮——當時只知滿清是我們的仇敵要革命，其他都不甚了了——在小學作代表開除了學籍，自然很留意於革命的事情。而辛亥革命的爆發竟由於川漢鐵路的問題發端。昨日到中城公園首先看得辛亥革命死難烈士的紀念碑，頗引起我當日的遐想。那時我以為四川不僅在地理上有巫峽、峨嵋等等特殊的地方足以使我尊崇，就是人事上之殺端方一項而論，也足以使我欽敬，自此而後，四川的當遊，在我腦筋中已成為定型了。

我不會做詩，但有時卻很歡喜讀詩，並且很愛讀杜甫、李白的詩。舟車勞頓，每每以之為興奮劑，我從《唐詩三百首》中固然得著許多關於四川的觀念，而杜、李詩集給我最深的四川的印象之中，尤以「地與山根裂，江從月窟來」（杜甫〈瞿唐懷古〉）的水勢；「青冥依天開，彩錯疑畫出」（李白〈登峨嵋山〉）的山景；與「金窗夾繡戶，珠箔懸瓊鉤」（李白〈登錦城散花樓〉）的鬧市：引起我的好奇心最大，雖不能說是「寤寐思服」，然而有人提及四川，我腦筋中便有一個仙地的銀幕。——銀幕的影子自然與事實差得很遠，但是銀幕中人卻真把它當作事實了。

三五年來，更在大江南北，結識些四川朋友，更從他們口中得著些現在的四川情形，嚮往之念，自然更深一層。去年夏間前校長吳玉章先生幾次約我來，我因好遊歷並且正在計畫考察湘鄂以下各省的教育之後，再遊四川，以竟我長江流域中等教育一瞥錄的全功，有此盛約，自然當聞風而起。無如為著不自由的職務所羈絆，竟不能如願。然而住在錦城中央的偉大皇城與雄壯的國立成都高師，已侵入我腦筋之中而留一不可泯滅的痕跡了！

一年過去，今年六月我正從杭州考察中學教育回南京，道過上海，在友人處得見現任傅校長的專電請我入川任教育教師，此屬舊事重提，我自然不便再行拒絕；七月我回湖南省親，又在長沙得學校的專電。多年夢遊的四川，竟可乘此機會而實見之，想像中的愉快已足以滿足我精神上的要求。但因為期望太過之故，讀李白的〈蜀道難〉與報載之川戰消息，又惴惴焉唯恐真要入蜀。九月初由湘返寧，江浙戰事正殷，學校亦再無下文，自以為蜀遊又成夢想；孰料十月初忽又連得學校兩電，促即起行，於是十月十五日的早晨，竟離我第二故鄉的南京與妻子而向難於上青天的蜀道中作萬里孤客了。

由此我可以明白向諸君說：遊四川是我的夙願，此來之主要目的在於自己求學，以遊歷與考察為求學的方法。聽至此諸君或者要問乃至忿然地問：「學校以厚俸請你來成高教書，而你以自己求學為此行之主要目的，對學校未免太不忠實罷！」我更敢明告諸君：「率真的教師」，是我七年來做教師的目標，雖然因為能力的關係，不能完全實現我的想望，然而此鵠固未曾移動。我來此自然要教書，不過我對於現行教育早就懷疑，雖然也要向諸君說些我要說的話，但未見得「適合時宜」；而且我也不過是七年前的一個高等師範畢業生，為著學力的限制，更說不出什麼好話。若說我能教導諸君，縱諸君不以為侮，我總覺得「受之有愧」。——我還敢更明白地向諸君說：若果只為教書，我還不至於到成高來。所以我來成高除了應成高之聘的責任而外，還有我自己的目的，因而留在此間的時間，最多亦只能一年。這些話或過於率真，然而也就是我所自期與期望諸君事事如此的。

四、蜀道樂

因為詩人李白做了一首不朽的詩，蜀道難行，幾於中國人之讀書者人人皆知。他在〈蜀道難〉一詩中傳說三次「蜀道之難難於上青天」我們姑且把「朝避猛虎、夕避長蛇、磨牙吮血、殺人如麻」的種種令人毛髮悚然的描寫丟開不問，就是難於上青天五個字已足以使一般人卻步。因為若干年前，不難的上青天絕對無人上過，何況更難的蜀道呢！可是現在不然，青天雖然難上，但有了安穩的飛機，誰也可以上去。蜀道難當然不至不可行，在我不獨不覺得蜀道難行，而且覺得蜀道是可樂。這或許是我主觀的偏見，但我確實覺得是如此。所以我於說過我何以來成高之後，再將我長途的經驗，擇要報告諸君，而與諸君談蜀道樂。

好遊是我的素性，旅行自然是很平常的事，家人對此也自然不當怎樣一回大事；可是這一次卻不然：不獨十年相伴的妻有點依依，就是未滿週歲的小兒也於我臨行時，在母親手中呆望著我，如不勝驚異然。所以我自從十五日早八時到江安上水輪船以後，腦中便充滿了別離的憧憬，雖然勉強以撰文為移轉注意之工具，但思流有一隙空地便又為思家之念所占去。直至漢口為雨所阻，不能渡江訪友，始加入恨雨的一支流而平分腦海的面積。

由漢口轉到上駛宜昌的輪船，一切生活都與下江輪船同，不過船中的旅客多些四川朋友罷了。到宜昌轉過川江輪船，一切生活都照四川的辦法。不過我是慣於旅行者，雖然幾日之間經過許多變化，但也沒有感著什麼大不便。而「連峯去天不盈尺，枯松倒掛倚絕壁；飛湍瀑流爭喧豗，砯崖轉石萬壑雷。」（李白〈蜀道難〉）的山景水勢，卻使我欣樂無極。當輪船進巫峽時，車輪逆流的聲音，較春雨驟雷的聲音尤為轟烈，而起伏有常，則遠非雷聲可及；仰望青天，真如匹練，迴顧兩崖，真似雙屏，至此始信杜工部「入天猶石花，穿水忽雲根」與李太白「上有六龍回日之高標，下有衝波逆折之回川」的話，是由經驗中得來，不是無病呻吟。我樂此山水，極願輪常鼓而不進，更遐想結廬山巔，與神女為隣，以便仰看馬頭雲，俯聽鼓輪聲。然而行為終不及思想之適人意，我方懸擬怎樣攀援、怎樣結舍、怎樣引吭高歌、怎樣採薪採薇而未得著確定的計畫以前，無情的舵手，已驅使輪船鼓勇前進，漸漸離開我多年夢想的巫峽，而進入緩緩的河流了。

進峽以後，經過瞿塘、灩澦諸地，見到的奇景自然很多，我非文學家，不能有適當的語言去描寫。諸君如欲問三峽以上的山水究竟如何？我唸白香山〈初入峽有感〉之中的十句詩給諸君聽！

「上有萬仞山，下有千丈水；蒼蒼兩崖間，闊狹容一葦；瞿塘呀直瀉，灩澦屹中峙；未夜黑岩昏，無風白浪起；大石如刀劍，小石如牙齒。」

諸君！川江的黑岩、白浪、大石、小石的活動與現象，確如白香山所說。這些牙齒、刀劍自然極其可怕。萬一不幸遇著「一跌舟無完」的事實——輪船也常失事，不過比帆船較少——我們真有粉身碎骨追踪屈原葬於江魚之腹中的危險。但也惟其如此凶險，才足以形成壯美，使人胸境開擴，置生死利害於度外而與天地合參。江南的山清水秀，誠然優美，有令人樂而忘返的攝力；然而那種溫柔鄉的風景中，不知埋葬多少俠骨。吳風越俗我亦曾領略一些，然而每次回憶起來，總只剩些逸樂的追求，委靡的頹喪，與蜀道所給我飄然出塵的啟示，無罣無礙的快樂相較，苦樂真不可以道里計。古人以為求學問要歷名山大川，我以為為作人計亦當歷名山大川。諸君固生於名山大川之中，（四川人）或來自名山大川（滇黔人）者，日為壯美的自然環境所陶鑄，精神之特達與愉快，固足使人豔羨，而學識基礎之雄偉，更足使人仰望。我已一度享蜀道山水之厚賜，又進而與諸君為「人」的接觸，即憑諸君的想像，也可以知道我的心緒的愉快。這是我從蜀道中所得的第一種快樂。

也許因為我不甚歡喜城市生活的原故，到了重慶便感著一種壓迫。我想四川各地方都如重慶那樣煤烟—因居民都以烟煤為燃料——沖天，居室櫛比——重慶城位於山上，地狹人多，房屋及居民均極密——不獨對於四川的好感完全失去，並且想立即下駛，返我第二故鄉。乃於進退交戰的時候，竟蒙第二女師範幾位先生約遊南山。南山與重慶雖只一水之隔，而茂林修竹，古寺新校之景物，完全是一世外桃源。南山與重慶在地勢上很有幾分和嶽麓山與長沙相似。然而南山的幽徑迂迴，草木鬱蒼，迥非被偉人墳墓占據路首之童山的嶽麓——嶽麓只有愛晚亭一段有樹木——所能比擬。尤使我徘徊者，山麓黃葛埡中本鄉本土的飲食與風尚——我們遊山時在黃葛埡午餐，——我自離南京十二日，與川人共居處者已九日——漢口以上即與川人共房間——但到遊南山時始得認識真正的川人。當我乘騾遊老君洞時，在騾蹄得得中回憶十日來已往之歷史，懸想十日後錦城的風味，不覺笑逐顏開，而怪李太白的〈蜀道難〉過於鋪張。這是我入川後所得的第二種快樂。

重慶以上要走陸路，孤身宿店，實是最可恐怖的事情。而四川的長伕店竟能有負全責的伕頭照料一切：何路可走，何地有險，他不獨知之，而且代客安排。鷄鳴而起，日落下宿，自然要經過許多風霜，生活習慣也因地段變遷之故，變化太驟，而感著許多不安適。但自接收了長伕店的「認狀」，一切責任似乎都完全與我無與，我轉得清閑自在，考察人情風俗，領略自然美趣，雖然因為身體的抵抗力太弱，中途小有疾病，但精神上卻有新奇的景物調劑，並不感著怎樣苦痛。途行十日，地經千里，耳聞目見的事情都在我生命史中有相當的位置。只可惜今日的時間太匆卒，不能容我詳細報告諸君，但亦不能不報告。無已，姑舉數事以概其餘。

成語說：「俟河之清，人壽幾何。」就我所經歷的長江之水亦未曾清過。我知道黃河之水不清，是因為河床是黃土搆成的，而揚子江自漢口以下河床並非黃土。過酆都後間見紅色的山，重慶以上，所見的高山平地無非硃色。土壤的肥沃，可由田隴的種植見之。而長江的紅水，在非地質學專家的我看來，四川的土色，至少當是一種原因。我自十八歲在武昌看過長江之水以後，就懷有「此水何長紅？」的疑問。此次旅川而偶然得一答案，——雖然不能說一定可靠——其樂如何？

我在途中最感愉快的事情為收集錢幣和與挑夫談話。中國的幣制我素知道極不統一，但從未知道一省之中，有幾十種通行的貨幣。到宜昌用當五十的銅元，便覺得有點奇異，到重慶竟有如銀元大與大於銀元的當百、當貳百的銅元，重慶以上各場——定期交易之所——則絕無當五十的銅元，百以下的數目都是用紙幣、紙揮、鉛幣、錫幣、鐵幣、竹籌，而且各場的界限很嚴，此場的票幣不能通行於彼場；形式亦極不一致。我所收集的已有三十餘種。這些東西都是研究社會經濟的好資料，也是古董陳列室的好資料。可是我不是經濟學者，也非博古家，不能把它們作科學的研究與什襲珍藏，只於無事時偶然拿來排列消遣，而它們給我的愉快，至少與我素愛的書籍所給與者相等。至於與挑夫們談話更有特別的意味：因為各人都有他特有的人生觀，而未曾受教育或稍受教育者之人生觀最易表現，表現出來的又極其率真。他們的人生觀又均以環境為轉移，也最足以反映環境。四川現在變亂給與人民的痛苦，固可於他們言論中得著大部分，已往之民俗風尚也可於其談話中得之。我過細考察他們的生活狀況：看他們怎樣吸鴉片烟——挑夫最少有十分之九是有烟癮者——怎樣吃飯，怎樣安宿，怎樣處群，怎樣處己等等事情，感著無限的樂趣。我的思想也很受其影響。

學記說：「雖有嘉肴，弗食，不知其旨也。」我在途中所食的嘉肴甚多，諸君將來如有機會食此，自會知其旨之所在。以上所述，不過是偶然回憶的樂事而已。然而即此偶然的樂事，已是證明——最少在我是如此——蜀道不獨不難行，而且有至樂。

五、煤山遐思

本月五日午後四時，竟進了成都城，竟瞻仰了富有寶藏的古皇城，——今國立成都高等師範。皇城之偉大，早就聽得四川的朋友說過，現在親自看見，確能證明名不虛傳。從大門沿石道數百步始進古城的隧道，過隧道為明遠樓，再進為至公堂，始為學校的正門。就是這一段空地，作上海式新大學校址二十所尚有餘，何況有更幽邃的平房數十幢，作講室、自習室、辦事室、圖書室等等呢？我到校的第二日，就很注意於校舍的考察與圖書館的查閱。費去半日時間，自以為走遍校地，孰知高師全部在皇城中所占的面積還不到五分之一。而皇城五千餘畝，都屬本校所有。校地之廣，恐怕在中國要算第一了。圖書館雖則覺得新書太少，然而果有經費也不至於沒辦法。

我從朋友口中，知道皇城中有一座煤山，昨日下午三時一人攜著照相鏡去遊煤山，不知費了多少時間，還找不著煤山的蹤跡，後來遇著一位附小學生，得他的引導，才能達到目的。我要看煤山，並沒有什麼深義，只因小時看崇禎皇帝上煤山的戲，雖然知道這煤山不是那煤山，但為好奇心所驅使，必得一見而後快。及至由附小轉出煤山，原來不過是一個土丘，栽著幾株小樹。我在四週看過之後，並至山巔一塊唯一的石頭上坐著。一面看小學生在山下蹴球，一面又想我來此的原因及與煤山有關係的事件。此時腦中思潮起伏，有如峽江的湍流。我個人在那裏閑坐一時餘，若非引路的那位小學生同著幾位小朋友來要求將他們以為神奇的照相鏡加以說明，我竟至可以連晚飯都可不要回來吃。到校以後，迴味當時的思流仍有無限的奇感。這種美妙的經驗，實有告訴諸君的必要。

我首先想到我何以孤身來四川，更何以一人上煤山的問題，深感思想支配人生的勢力的偉大。倘若我幼時不玩孔明燈，不讀《三國演義》，不留心國事，不讀李白、杜甫的詩集，我未見得現在來四川，即來也未見得對四川有這樣的好感。又使我幼時不看過崇禎上煤山的戲，也不會午前聞人言及煤山，午後就親自登臨。我現在的舉動都是受十餘二十年前的思想的影響，我自己想來，實在是最有趣味的一件事。

我因煤山兩字想到崇禎皇帝當日的威風，與死時的淒慘，也想到蜀王娶妻，張獻忠屠川的種種故事。他們在當時何嘗不轟烈一時，而今果安在哉？我知道生與死是必然的因果，也很怪造物設此不必要的必然因果為多事。我們大家都在死的道兒走路，我們個人都是要同歸於盡的，無緣無故的生在世界上幾十年，不是最無意義嗎？然而自從我們有了生命以後，雖然明知道要死，但誰都不願意照生時原封不動地死去，誰也不願意安然無恙地死去，一定要孜孜不息的活動，並且要翻陳出新地生活著。這種自強不息的活動，確是人類的特質。這特質我在人生哲學上取了一個名稱叫做人類的無限的自覺創造性。——這名詞含義頗複雜，諸君可參看我的《人生哲學》第五章。

我們既生存於大自然的支配之下，而不得不向活動不息的生的路上走，於是求生活的改善便成為人類共同的目的，我看得那些小學生在山下蹴球，個個都竭其全生命的力量向前奔躍，有些跌在地下便又立即爬起而繼續他們的工作。你若要問他為什麼這樣不顧一切地幹，他大概要說是為著好玩。若再問他好玩有麼意義，不玩不行嗎？他所能答覆你的，不過是這樣玩玩很舒服罷了。倘再問他為什麼要求舒服，他大概是不能答覆的。其實這求舒服——含精神與物質的——都是改善生活的動機，要怎樣才能改善生活？於是乎就發生教育問題了。

小學生們在煤山下面蹴球，看來好像沒有費什麼氣力，都能中規中矩，但我卻看見有一位十歲上下的小朋友，屢次伸足去蹴球，一小時內，只蹴著兩次。由此我們知道那些小孩子之能中球，是他們曾經有長時間的練習。我們並可以推想得到開始練習時，一定有教師為之指導；不過昨天我卻沒有看見教師在旁邊，而那十歲上下的小朋友居然也能與其同伴共同活動，我並可以斷定若干日後，他不經教師指導，已經能中球而且知道蹴球的規則。我看得那位小朋友的種種舉動，便想到現今的教育。諸君到學校不是來讀書嗎？受教育嗎？現在許多人以為讀書就是受教育。讀書自然是與受教育有關係，但卻不能說讀書就是等於受教育。倘若照我的「說法」把教育看作改進人生的活動，則凡足以改進人生的動作，都可以稱為教育的活動。那麼，這位小朋友與其同伴共同活動固然是一種教育，而那位引我到煤山去的小朋友之對於我，也是一種教育。諸位如曾讀過教育史而留意於初民之所謂教育，實際上不過是直接參與實際生活的模倣動作而已。自從文字發明，尤其是印刷術發明以後，一方面人類的遺產固然一天增多一天，而他方面則因為書籍的障礙，反使教育與實際生活隔離。諸君在中學校大概都曾學過幾何、三角的，但回想若干年來，你們在日常生活中應用過幾次；也曾讀過古文、古史的，但又曾應用過幾次。本國的典籍，近世的科學都是我們人類祖先費盡心力切磋琢磨所得之結果，都是傳家之寶，我們席其餘蔭自然當重視，也應當明白其概略。然而我們生於現世，絕不能離現實生活而專倣古人，也不能漠視直接經驗而專向書本中討生活。那麼，我們對於讀書只當視為求學問之一種工具，而與自然及社會接觸，尤為我們所不可忽視的。

諸君大概都知道法國有位盧梭（Rousseau），於十八世紀大倡返自然（Back to the Nature）說。自然是我們人類所常接觸而且永久接觸的，他何以在那時要倡返自然？是因為法國當時的政治教育太過於矯揉造作，太不重視取之不盡用之不竭的自然現象，把好好的人生葬喪於頑固的思想、暴虐的政治之下。他憤慨不過，所以在政治上著成千古不朽的《民約論》（Social

Contract），在教育上著成萬世永垂的《愛彌兒》（Emile）小說——這兩書因時代關係，其中自然有些在現在看來是不合於時宜的，但其根本原則之大部分卻可以傳諸久遠——由盧梭的往事看來，一面固足以使我們知道自然教育的重要，而又一面則又足以使我們聞風興起。孟子說：「舜人也，我人也，有為者亦若是。」諸君來此學教育，自然要對於教育負重大的責任，果能本自強不息的創造精神，從往跡與現軫中立改進人生的方針，求改進人生的資料，又何不可幾近於舜！

我看得小學生那樣地活潑自如，便想到諸位大學生的生活態度，更想到我從前當學生時間的生活情形。我與諸君都曾作了若干年的學生。學生的含義如何？我們姑且不問，即以此兩字的通義講，則學生應學得生；倘若把生字當作生動的意思講，現在的學校，實在是使人學死的地方，學校的等級愈高，使人死的程度也愈深。——我這話若是哲學家聽得，自然要認為很合論理，很合事實：因為人在未生以前則向生處走，既生以後，便向死處走，學校的等級愈高者，學生的年齡一定也愈大，而離死的時間也愈近。所以我這話很能證明合理。不過我的意思不作這樣解說，是以死寂與生動作對比，——諸位過細想想，小學時代的活潑自如，是否是中學時代之拘謹所能希冀，更是否是大學時代之矯飾所能希冀。就以最平常的處己待人講，小孩子的舉動，總是有什麼說什麼，總是率真的，中學生便要計較些禮法，不敢自由言動，大學生則更要遇事計較利害，更不敢以真面目見人。這種虛矯的生活過慣了，他人以為我們懂得人情世故，學行進步，自然也因他人以為我們進步而覺得真正進步。其實我們赤子之心的天真，已逐漸泯喪，倘若讓我們在學校中生活一世，就木之日，便是我們真性泯滅之日。我看得小朋友的活潑跳躍，怡然自得，回想到我小時的率真生活，現在的虛偽生活，更想到諸君現在努力在這裏機械地學過虛偽的生活，不覺毛骨悚然，二十餘日在蜀道中所得的美趣，所遇的樂事，都一一離我而去。我的苦痛與懊喪的心境，真是不能用語言告你們。

正在苦痛懊喪的時候，從前引路的那位小朋友，約了他幾位同伴走來要我把照相鏡的內容說給他們聽。我的思路忽然轉變。我想：我因為虛偽的生活而苦痛懊喪，則虛偽的生活為苦痛懊喪之原，我們只能俯首於苦痛懊喪之中過生活，還是可以打破這虛偽的藩籬？我並問自己：這種虛偽的生活是人造的還是天設的？是人造的我們當然有權可以改變，就是天設的，「人定勝天」也是我們固有的特性。那麼，我又何必自苦，更何必自餒。我雖然不能轉到童子的年齡，倘若我真願意要與小學生為伍，而與之共同過率真的生活，也如小學生要我說明照相鏡然，我想他們當不至拒絕罷！這種反求諸己之易如反掌的事情，我們又何樂而不為？我想至此，好像得著宗教所謂上帝的啟示，精神為之一爽；不獨不感苦痛與懊喪，而且沛然如枯禾之遇霖雨，生趣盎然。

六、我將何為

在煤山與小朋友們講完照相鏡的功用以後，我們一同返校，他們並我到我的住室，約期再會而去。我當時竟忘其小我的小，而有與宇宙等量齊觀的快感：我覺得人生是應有快樂的，生活的態度應當是率真的。我記得王船山「欲愛則愛，欲敬則敬，不勉強於所不知不能，謂之為率真」的話，而以為教師與學為教師者均當特別留意躬行。又記得朱熹說：「上而無極太極，下至於一草一木一昆蟲之微，亦各有理：一書不讀，則缺了一書道理，一事不窮，則缺了一事道理，一物不格，則缺了一物道理，須著逐一件與他理會過。」的話，而以為教育的方法，應當讀書與窮理、格物並重。因而更想到「我將如何」的問題。

所謂「我將如何」，自然是以我在成高的時間為限，而非包括我未來的生命。我曾經說過我來成高之主要目的在於自己求學，但因為受了成高之聘而來教書，對於教書自然要負應負的責任。現在要向諸君說明的是我求學與教書之目的、態度及方法如何？

關於求學之道，我平日很服膺禮記上的一段話。這段話說：「雖有嘉肴，弗食，不知其旨也；雖有至道，弗學，不知其善也。是故學然後知不足，教然後知困。知不足，然後能自反也，知困，然後能自強也。故曰：教學相長也。兌命曰：學學半，其此之謂乎。」

現在一般人都把教與學截為兩段，但在我看來，或者可說有單純的學，但決不能說有純粹的教。就是我來此專以教書為職務，二十餘日來在蜀道中所得到的樂趣，昨日在煤山的遐思都是我的新學歷。從這新學歷中我得到很大的滿足，也感著更大的要求，而思設法滿足之。我既有此機會來到此天府之國，自然要利用它隨時去學我所要學的。求學的方法，我曾經說過考察與調查兩種，還得加上直接參加活動的原始的教育方法。所以我要儘量本率真的精神，善用我的時間，與諸君共同活動，在四川的大自然與大社會中尋嘉肴而食之，求至道而學之。不過我是遠道的孤客，聞見極其有限，非請諸君為率不可。倘使真尋得嘉肴與至道——如在蜀道中所嘗的美味，在煤山上所得的啟示——為酬答雅誼計也當本共樂的精神公開於諸君。不過嘉肴是否真旨，至道是否真善，還得請諸君自己嘗試。嘗試而以為旨與善，且以為不足而自反，則或者因知困而自強，亦未可知。果如此，教學豈僅相長，學學豈僅半而已哉！我們的思想彼此交融之後，或者能影響一生乃至於後世亦未可知。

我雖然來此作教師，但我的知識可以供諸君參考者，除了我曾經作過七年中等學校教師稍微有點經驗，平常讀過些關於教育方法一類的書籍稍微有點常識而外，其他都是門外漢，所以來此擔任的科目也是中學教育及教育方法一類的東西。這些學程應當要怎樣研究，將來分科上課時再說。我此時簡單告諸君以為我這次長時間談話之結論者有下列幾事：

1. 人類因為有無限的自覺創造性，所以時時有求改進生活的要求，而生活的態度應當率真。
2. 教育是改進人生的活動：真正的教育，在能制馭自然，改進人生，故重創造，不重因襲，尤重直接經驗。
3. 教育的材料充滿於自然與社會之中，我們隨時隨地可以採用。
4. 教育的方法在思想的自然激盪與自動追求，不在威權的強迫壓抑與被動的灌輸。
5. 教育與生活是相終始的：愈學愈知不足，愈教愈知困，教育始有進步。

公開講演之下午，即正式上課。

上課後我所感到最大困難是參考書太不敷用。

學校也有圖書館，但學校的經費每年只有十二萬元，照例七折每月便只有七、八千元，而這每月的七、八千元，每年又領不到三、四個月，一年所能領到的最多不過二、三萬元，而四、五百學生的膳費、用品費，百餘教職員工人的生活費以及行政費等等，都靠這二、三萬元，所以每年上課也常不到三、四個月，這不獨是教師因欠薪而不肯教書，也是受歷史上傳下一種習慣支配：即放假時，只供給學生兩頓飯，可以省去一些伙食費。在這種情形之下，如何能有餘錢充實圖書館。所以近四、五年的中西書籍固然極少，報紙雜誌更少。而以交通不便之故，上海的報紙雜誌，常常兩、三個月以至半年——冬令長江上游及嘉陵江水涸時——不能到、且多遺失，我在寧雖然知道內地參考書不易得，但以重慶以上即陸行不便多帶，故將必要之書分作三十餘包交郵寄川。我到蓉時尚渺無音信——直到十四年一月方到——而圖書館又屬如此，只得以隨身所帶之三十部書籍，作編輯講義之資料。自難免不潦草塞責。學生則大半不能閱英文書，既不能將我所帶之書指定彼等閱讀，而又無中文適當書籍可令彼等參考，他們除了在講堂耳食而外，實無他法，學業成績也難責其優良。這是完全與我負責任的素性相反的，所以精神很感苦痛。

七、書生之見

當時成都教育界之情形，因為政治的關係，自然派別也很複雜。傅校長雖為留美學生，但以回國未久，雖曾在成高任社會學教授，但在成都教育界中尚是「新進」，與「前輩」之意見，自然難得一致；而「新進」中也因政治系派、國內母校及留學國別系統等等關係，而難免利害衝突，各人或各系各派為維持其勢力計，當然要各尋其支持者，而支持之現實的力量，當推握現實政治權的當局。在政治當局方面謀鞏固其政權計，也要與當地之有力者謀聯絡。故當時成都教育界之重要或有名望之分子，大都兼任督署職務或由督理羅致。我以數年的實地經驗，昔日所謂教育神聖、清高、獨立的種種幻夢，已經驚醒，不過尚是初醒的時期，下意識仍潛藏著神聖、清高、獨立的強烈慾念：所以對於當時成都的教育界尤其是成高的情形很為不滿；加以人地生疏，校外既少友朋，校內亦因待遇懸殊——學校對我不欠薪，訂之契約，是全校所無的——思想懸殊——那時成高對於所謂「新文化」尚在啟蒙時期——的種種關係，在校內除去舊識的克仁夫婦及孫倬章，校外除去舊識陳岳安及新結識的「囚徒」李劼人——結識情形，我在「蜀遊心影」中述之甚詳——而外，與他人極少往來。總計在成高半年，對於近百同事而能舉其姓名者不過十數人，故在當時的生活極為枯寂，而「早脫苦海」的意念，在到蓉數日後即經決定。

負責任是我自幼養成的生活習慣，而在當時又受了「文化救國的思想」的影響，以為既經遠道來此，必得盡其所能，切實教導青年，使其思想革新，歸趨於所謂新文化，更希望我所灌輸於青年的種種都能開花結果，在當地放異彩，並於年暑假或畢業後帶歸其故鄉播種。而當時一部分的學生以及校外的許多青年，精神上也好似感著極飢極渴地一般，很樂於接受我的指導。我的責任更重，對於教課及校外講演更為努力。

我到校為十一月三日，十一日方正式上課，為計算學程計，曾詢學校以學期結束日期，據謂當在一月底，我即按照十二星期的時期編輯講義，且自雇書記為助。十二月三日至六日全校到新繁縣——離成都四十里——去旅行，我以蓄意研究近代中國教育史，希望多知道各地方的教育情形，又以所擔任的功課有中學教學法一門，應注重當地中學校的實況，所以特地犧牲遊歷，而在成都參觀中等學校十二所。在此短期的數日中，我對於當地教育界情形固然多知道些，而當地教育界對於我也更多注意一點。因為我略知道一些當地的情形，所以在講授功課時不免以「本地風光」的事情為例證，同時便不免開罪於人；他們對我多注意一點，很有人想請我講演或兼課，名為學校爭光，實則或欲加以拉攏，以冀有事時我或能在號召群眾上面予以一臂之助。我則是一位純粹書生，對於人事上的種種關係，以及環境中之複雜內幕都不能理解；即使偶有所知，亦出以鄙夷的態度，而不肯從事實上去詳加研究，更不肯設法適應環境；只知徒講理論，不顧實際。同時更以「新人物」自命，以與惡勢力奮鬥為口號，故遇事總是獨行其是，不與一般人同流合汙。當十三年十二月十二日學校舉行學期考試，二十二日即行放假，與學校最初所告我的時間相差五、六星期，在教課上自然要受影響。我不知道這是成都的通例，也不知道學校最初告我一月底放假，只是當局的一句當然的話，更不知他人拿不到薪金，學校備不起伙食——全校伙食均係學校供給，依習慣平時三頓，放假兩頓；早放假，學生之伙食可省去一部分，而回家者多，更可多省一些——提早放假，有其經濟的原因。只知我的薪修未欠，應當負責教書以期不負自己，我的功課未畢，應當努力講畢，以期毋負學生。所以放假而後，特為學生開一教育常識學程，每週講授三次，未免使同事感覺異樣，更使其他教育科教師感覺不快。而寒假的時期特長：十二月廿二日放假直至十四年三月二日方始開學，我在此兩月餘中，除在校講授功課而外，當地男女青年所組織之學術團體有邀請講演者，有來晤談者，亦均竭誠指導。同時更有雲南學生：他們是省費，在經濟上比較充裕，而在滇又經過嚴格的競爭考試，學力比較優勝，思想亦比較前進，他們與我往來甚多，我也與他們共出入。所以在寒假中我的時間大半消磨在講演、談話、遊歷上面。而成都的教育界及青年也大部分知道有舒某其人，十四年春學校之邀請講演或教課的也更多。在教課方面，我均完全拒絕，於講演則以我對於教育及青年本有許多話要說，故有求必應。因為三、四月之間成都舉行花會，成都教育界也在那時最活躍。所以我在三月底四月初間的講演也最多：計在校內英語部留別會中講人格的教育、數理部留別會中講科學的教育，在三年生考察團出發時，講教育調查常識與成高之將來，在校友會送別畢業同學時，講教育家的責任，在教育研究會成立時，講研究教育的精神；校外則在學行勵進社講怎樣做現代青年，在青年之友社講社會運動與社會心理，在成都公學講我的理想的私立學校，在外專十週紀念會講中國教育制度問題。在華西大學講演教會學校國文教學問題，在成都學生聯合會講收回教育權問題與中國公立學校教育，及教育與政治、教育與人生、教育與社會及個人。在此期間，就每週都得講二、三次，每次的聽眾都不少，而在學聯會的聽眾尤多。成都報紙幾於無日不有我的姓名。當時的成都青年，有許多好似中了魔一般，對於我的一言一動，都覺得有一種引誘力而有意無意地在那裏模倣；而學校則每每因我的講演而發生麻煩，尤其關於文字上的文言、語體問題。所以教育界，尤其是高師的一部教職員看到這種情形，都有意無意間感覺到舒某是一位危險分子，雖然沒有什麼表示，但潛意識中總有許多人有「不願與同中國」的意願。四月初，成高因經費問題，教師曾一度罷教，我因未得通知，未曾加入，照常上課，且以首倡道爾頓制之柏女士將於六月來華，約定在上海晤談，須於五月底起行返滬；而功課未完，特乘大家罷教時加課，以期於五月底結束。結果是全校只我一人未罷教而且加課，雖然我的理論是學校未欠我薪，我不應當與被欠薪者一同罷教，但在他人看來，則除去不合作的感想而外，更有我為「特殊階級」的妒恨之感，而我在成都已達半年，對於當時教育界情形，也實在看不慣而積儲一肚皮的不滿意，因為是理想主義者不知顧忌，在學校除了不與其他教職員往來外，在講演時每每無形有形中侵及他人，每致令人難堪。所以我在成高及成都教育界的風頭日健，而個人的危機也就日深，終於機會到來而釀成中國教育史上一件大風波；若無陳岳安、李劼人諸君，生命也將不保。

八、兩度風波

成高是於十三年秋開放女禁的，雖然是高師，而且開女禁的時期比北大遲五年，但因為政治上、交通上種種關係，文化的進步是比較緩慢一點。男女學生平時既少男女交際的訓練，一旦同學，自難免有男女同學初期中之種種現象如吳淞中學所演者。而女生人數只有男生四十分之一，男生又均為成熟之青年，對於女生、尤其學力品貌較優之女生，其潛意識中之追求意念，自甚強烈。同時又不能如中學生之胡鬧與不負責，所以在行為上每每要表示光明磊落以掩護其追求慾念，在思想上則傾向於自由戀愛，以期一面能自居於新人物之列，一面可滿足其潛在慾念。倘若有他人之行為與此慾念相符，亦得於無形中加以擁護；在另一方面則所求不遂或原來頑固者，對此種種之反動亦更烈。如再有人利用，則青年之本無系派者亦可以數言之煽動或勢利之誘惑而立即分成對疊之派別，互相爭鬥，此為成高男女同學初期的心理分析。

男女同學中之種種問題，教師們只要裝作癡聾，置之不理，日子久了，也就過去了，不至有什麼重大的問題發生。若有別種因素加入，則因兩性的潛在意識無形支配著許多人——尤其是青年——的行動，則爆發出來，危險甚大，但如利用者與時代潮流相去太遠，結果亦難達目的，不過是一種騷動而已。這騷動在十四年春季的成高便有兩次。

九、師生結婚

第一次是劉高結婚問題。

監學劉君，在學校任職已多年。他是鰥夫，在民國十三年前曾與一女師的學生高某相識，經過父母之命媒妁之言，而定了秦晉之好。而高某於十三年秋，考入高師，於是與劉君便發生了師生關係。他們於二月初在某處舉行文明結婚，凡婚書上所應有的手續及人物，均經齊備，學校除我不識高、劉兩君，又不知成都先送禮後發帖的習慣，以為既無帖來，儘可不理，而未參與外，學校自校長以至教授學生多送禮赴宴。他們的結婚可稱合法合理，學校教職員及學生既經參加，也已承認其合法合理，不應再有什麼問題了。可是他們結婚不久，便有學生攻擊劉、高的匿名信，綜計七封：信之中除去措詞不同而外，其理由都是師生結婚有背禮教，其要求則均為劉辭退，高退學。校長以為這問題應當是嚴重的：於是召集學生開會，舉行教授會議。當時學生聞之尤為激動，衞道者固然先有組織，發表許多攻訐文字，而「新文化派」則憑青年的一時熱情，結集得更多，他們在言論上從種種方面尋求師生可以結婚的證據。某君更在圖書館中找著一本十二年甘肅某女師範校長與其一女生結婚的紀載。這件事在甘肅也是一件駭人聽聞的事件，他們被衛道者攻擊得無辦法，於是在司法及行政方面請法院、教育廳、教育部裁判，在輿論方面，則請求名流如張季直張東蓀先生批評，結果是他們勝利。「新文化派」在事實上有了這種支柱，於是在言論文字號召而外，並組織團體，準備以武力與衛道者對抗，聲勢甚大，人數亦多，致教授會卒未開成。我應教務長尹亮易——其時王克仁已退為教授——之請，懇切地根據法律、人情向當局說了許多話。我這些話自謂合理，但對於環境及人事上之種種複雜關係，則完全不理解。後來雖然因為「新文化派」學生之力量及人事之種種原因，而劉、高得以不去，但學校為保持威信計，終將劉調任圖書館主任兼編校刊。經過此次風波以後，我的感情上極難過，憤懣之情與日俱增，對於學校之不滿也日增。學生之來談及此事者，我固儘量發表意見，某次因某青年集團之請講演婚姻與戀愛問題，而忍不住說了許多事實，發了許多牢騷，當地報紙有很多的記載，對於學校也很多責備之詞：這都是開罪於人的地方。於是學校的第二次騷動更促成了。

十、師生戀愛

第二次騷動是舒劉的戀愛問題。——這裏的所謂舒當然是我自己，劉是預科女生劉舫。

劉舫於十三年夏畢業於第一女師。本預備十三年秋季去北京求學；只因家住眉山，暑假回家再來成都，則約定同赴北京之伴侶已先行，一人不能獨去，所以暫時考入高師。她於十三歲即入女師，畢業時尚只十八歲，在當時女生中年紀算最輕，但成績素來優良，在女師以最優等畢業，在成高的女生中亦係最優等生。因此學生之追求她者特多，故她在成高也是名聞全校的所謂「紅人」。

她是預科文學系學生，我在十三年未教預科學生，十四年春亦只為教育系講教育通論，故在課堂上我們絕未見面。而學校在十三年秋未設女生宿舍，她寄居其同學林靜賢家中，下課以後即與林君返家，在學校方面更無師生大集會，所以我們在課室外也無緣見面。可是因為她是全校的「紅人」，而女生指導員又是我多年朋友王克仁的夫人，故她的姓名也有時傳入我的耳中。我那時在成都，差不多是大家聞名的，而她在師範時曾讀過我的《公民課本》。那課本是用故事體編述的，比較有趣味，給予青年的印象也比較深刻，所以她對於編者姓名也很注意。我到成高，她也當然知道我的姓名。學校放假之後，她以十四年秋必須出川求學，自知英文太差，而請王夫人補習，每日去其家受課，但以王君居校內，她出入必從學校大門進，懼男生之有無聊舉動，必拉林君同進出。而王君夫婦均係我的故交，我自然也常向他們家中走動。於是十二月廿四日上午的一個偶然相值，我與劉舫便在他們家中第一次見了面。

我曾在福湘女學任職年餘，在吳淞中學又曾倡辦男女同學，而十二、十三兩年講演，與各地女生之接談更多，所以見女生也和見男生一般，心意上絕無什麼異感。劉、林兩人也和一般女生不同，沒有什麼拘束，很自然地與我談論她們讀我的課本的印象。但談不多久，我因有講演先去。不過大家的「第一印象」似乎都不錯。我自十二年學會攝影後，對於攝影的嗜好很深，差不多常常以照相鏡相隨。一月一日的上午，我們又在王家偶然相值，她們看見我帶有照相機，要我為她們照相，我即為合攝一張——因成都難得底片，故極節省——五日又相值：她們因其舊同學劉某、岳某新購一照相機，而不會用。請我代為指導，於是第二日她們四人及高師女生王某同至王寓，我當為之指導一切。而照相在初學者每因其中有物理、化學上變化而感到新奇，常思立刻學好以滿足其好奇心，所以她們一天把一捲片子糊塗照完，於第二日攜來要求代為沖晒——那時成都無代洗軟片之照相館——而學校無暗室，只能於夜間為之，她們夜裏往來又不方便，林君乃謂彼家有小書房可作暗室，要我攜藥品至其家代為設置。我對於她們均甚茫然，對於其家庭情形更屬茫然，雖在教導上並沒有什麼不願意，但因為略懂世故，對於去林家設暗室則頗為遲疑。林推知內情，力言其父母如何開通，王夫人曾去過其家，亦在旁為證。於是同去林家，得晤林梓鑑先生老夫婦。林老先生雖係宦途，但思想頗新；林夫人於其女尤愛如掌珠，對於在家中設置暗室之事，極表贊成。他們並希望我能為其子女補習功課，便來年出川就學較為便利。於是自此而後，我便不時為林家之座上客。在學校一方面，又有雲南的幾位學生馬耀武、陶國賢、羅文漢等數人從我習照相。而照相又非實際練習不可，故我每次外出，總有一大群男女學生跟在後面。同時陳岳安、李劼人兩君知我好遊，也常在一起遊散。寒假時我們的踪跡，除了成都城內外的名勝而外，且與岳安父子林家老小，與劼人劉舫等到離成都四十里的新都縣寶光寺去過一次。（其詳曾載《蜀遊心影》中）

劉舫在學校雖屬高材生，但是她在師範所受的教育，是比較頑舊的。她本有志於歷史及文學，但歷史只知讀死書而不知搜集報紙及社會事象的活材料，文章則學了《東萊博議》式的濫調，而不知寫生及紀實。於新文學有熱望，但得不著讀物。自與我長談幾次之後，她覺得自己太不行，不獨以為對於文史無基礎，就是思想也得從新改變。一月十五日，她向王夫人說：她和林君要從我習國語文及閱讀方法。我在那時對男生除去公開講演而外，個人之來問業者無不盡力指導，對於她們當亦一視同仁。而以為要寫作必得先讀書，更必得先習觀察方法，而發表最便利的形式是寫日記與遊記。所以我首先指定其讀《吶喊》、《超人》、《隔膜》、《星海》及《小說月報》、《婦女雜誌》、《語絲》、《現代評論》等，更教以閱報、剪報、貼報、作筆記、寫日記、遊記及觀察、分析自然界人事界現象，再組織為筆下材料之諸方法。但林之天資既遠不及她，求知慾亦不及她，雖然也在同時學習，但自認是「陪太子讀書」，只要「太子」成功，其本人是無所謂的。而她則特別努力，夜以繼日地閱讀，並能提出問題互相討論；寫作甚勤，日記尤無間斷。幾於每日都有文稿呈教，我亦隨時為之改削。在學校她不曾上過我的課，但自一月十五日以後，她已是我的私淑弟子。我們的往來也漸多——在那時，男生方面在文字上可稱為私淑弟子者尚有羅文漢。——一月三十我生了一場病，也是她和林君及其弟照料一切。可是自三月十二正式上課以後，她遷居學校，一則大家為著功課忙，二則為著要避嫌，反而很少相見。可是這私淑卻成了引線，而引燃著一件教育史上所未有的大問題。

她在學校既屬「紅人」，一方面受著異性的重視，而感到許多麻煩：最無辦法的是源源不絕的情書，以及「面善之客」的拜訪；在另一方面，則又受著同性的嫉妒。這嫉妒之源泉有二：一是兩性問題，一是學業問題。在青年期，異性的追求慾是本能的，人人都有。被追求太過的人固然看見「情書」和「情人」要頭痛，而太被冷落的人，則下意識中對於所謂「紅人」每每潛藏著一種憤恨的感情，隨時在等機會發舒。在學業方面，她本屬優等生，自從她和我相往還而後，思想方面固然有進步，常識與文字方面也有進步，而有儼然成為「新文化」人物之勢，一般女生更是望塵莫及，其潛意識中之妬嫉之念遂與她的學業進步而俱增。在她自己也未免有鶴立雞群之概，對於追求的異性不理而外，且常肆譏諷，其招反感自屬必然之事。一方面她與我相往還；我在那時既已風頭健得令人難堪，她又那樣「紅」得令人側目。我們的往還是無異在一般人的「妬」與「恨」的積薪之下燒著火，只等積薪乾燥到相當的程度，便會自然而然地燃燒起來。

此外還有一位火夫是林女士：她與林君為至友，林君之父既為其保證人，且以愛女之故而愛她如己出，故十三年秋學校未設女生宿舍時，她即寄居林家，所受待遇完全與林同。而林年長於彼，儼然以長姊自命，事事護衛之。她以為她自己曾病羊癇，雖經治癒，但前途並無希望；對於劉，則以其天稟既優，又肯努力而期望甚殷，所以劉在學業上有進步，在全校為紅人，她最高興。且她倆常共起居、共進出，對於劉君之生活情形，亦最清楚，如有人誹謗、或訕笑、或誣衊劉君，她感到比冒犯她自己還難過，必得出死力與爭。在當時，我與劉君既為大家所重視，當然不免有人作為談話資料，局外的她，自不能全然無所聞。她本其護衛之忱，而不問其為無意識的閒談，或有意的毀謗，必與人大鬧。她的性情躁烈，且有病，別人怕她，不敢與較，但不滿之念是日積日深，而推原其故，則所為者是劉，而劉又比較純善，於是女同學之新怨舊恨，都一一推向劉的身上，而非排擠以去不可。

那時的女生中有一位某長官的眷屬，她的學業自屬平常，但也並不要與他人爭勝。不過一般女同學在她面前談及劉舫的種種，她當然也不能不有所感，偶然說一兩句同情她們的話，自是人情之常。她們則以為這種同情的話，是一種重大的支柱力，而更有所恃地增加其排擠的力量。於是第一步聯盟冷淡對付，第二步偷閱其書信日記求其有可以藉口的資料，第三步向學校當局告發其行為不正當而假借某長官眷屬之意強學校令其退學。在四月二十四日下午傅校長召劉到其私室，請女生多人，告其有與人戀愛行為，並以一函示之，謂有人指為係我所寫且謂有人見其日記，載有種種與人戀愛之情形。為學校安寧計，並早知她暑假要出川求學，故令彼轉學。她本年少氣盛，並常為無頭情書所苦，看見的信，又是出自兩日前所得的無頭情書之人之手筆，文理既不佳，措詞亦汙穢，不覺怒從心起，質問學校管理不嚴；且請調取我的文稿核對筆跡，更涉及書信自由的法律問題。關於日記，則謂本屬私事，有絕對秘密自由權，但為表示坦白起見，願取來公開。及返寢室遍尋日記則已不知去向。尋查終夜，由宿舍尋至林家，終不可得，始悉被人竊去。廿五日上午，校長又召去談話，仍是令彼轉學，她更堅持不從；日記不得，無從表白，則願赴法院請求法醫檢驗以自明，言語之間未免有所齟齬。二十六日為星期，學校乃致函劉之保人林女士之父林梓鑑先生：謂女生告劉有不正當之戀愛，令其轉學，自星期一日起不必到校上課。她認為這是一種侮辱，林尤不平，二十七日上午仍返校上課，下午且由林約同其父至校向校長理論，而林以義憤填胸，急不擇言，對於校長破口大罵，校長則向林梓鑑先生責其無家教，林年雖長，但亦不能容忍而謂家教本好，只是到成高被學校教壞了。於是互相爭論，而林靜賢干涉學校行政、咆哮校長室、著即斥退的牌示立即懸出了，向督署請派憲兵四人來校監視的電話打出了，憲兵四人也相繼到校了。鬧了一下午，卒由學監某君將劉、林等勸歸宿舍，林老先生自行歸家，而學生中之知道情形者義憤填胸，晚餐後不期而集合班教室者百餘人，開會質問校長無故令劉轉學，無故開除女生及請憲兵監視女生的理由，並要求收回成命；劉林亦登台說話，在這群眾騷動情形之下，校長亦無可如何，只得允許收回成命。這天下午陳岳安君約我去草堂寺看竹禪字畫，我於一時即出校，九時返校，始由學生羅文漢密告下午經過情形。我以為事情鬧到如此地步，我絕不能再留；而學生尚在開會，當即函主席要求出席說明我與她們三個月來往還經過與我決計立即自去之態度。主席當復謂無關我事，不必出席。我遂未去，但立即整備行裝，決心離川。且即函告傅校長。

當夜學生們之集會，不過由少數所謂「新文化」青年因看不過那種情形，本其一時豪氣，而偶然相聚一處，初無任何組織。當集會時以鬨堂大鬧，逼得校長應允收回成命，在他們單純的心理中以為是得著勝利了。殊不知這種群眾暴力，只能威脅著一瞬，絕不能使人心服。我在思想上本早與許多人對立，在行動上亦早為許多人所不滿，再加劉舫之反對者，及「新文化派」學生之反對者各色人等混合在一起，於是產生另一集團。這集團不能說學校的辦法——尤其召憲兵之事——一定對，而明白擁護之，只有追原禍始，轉到劉舫的戀愛問題上去。但戀愛本屬私事，且劉舫已經明令轉學，亦難再有如何對付，於是再追原禍始，遂不能不牽及我；而當晚開會之人，又是所謂「新文化」派，更疑是受我的指使，而把所有的罪孽都移我身上。這在當時，可算是最適合於那一集團的心理的辦法。因為數月以來，各方面有形無形受我的影響與怨氣者很多，不管結果如何，能夠出出氣、開開心也是好事。於是問題便急轉直下而以我為對象，劉舫反而成為工具，林靜賢則置之不問了。──現在想來，這種群眾心理轉變之速，目標移轉之快，真是極有趣的問題。

二十七日之夜，全校都哄鬧著這問題，而學生之中則顯然分為「驅舒」「擁舒」兩派。所謂「擁舒派」者就是晚餐後在合班教室開會的那些人：他們本無組織，無所謂擁不擁，且亦不曾與我接洽，更不得我同意，只憑一時熱血，行其所欲行之事。反對者出，遂強加以「擁舒」之名，詈之為「走狗」以殺其自尊之念，使自好者不願行動；脅之以武力，使良善者不敢行動。「驅舒派」則以校中原有之某小團體為中堅：因為素有組織，而又由一部分教職員合作，故合班教室之會散去未久，即有「驅舒團」出現。彼等以為一切的一切都是我在那裏作怪，僅僅去職不足以出氣，必置之死地而後快意。其幹部與一部分教職員商議辦法，終宵未眠。二十八日午前八時五十分即請由校長在操場上召集學生開會，由「驅舒團」按照預定方法，用種種危詞以冀反對者能轉變意向。但反對者仍發言質問。雖經「驅舒團」施以威脅不能盡畢其詞，而兩派尚有對立之形勢，一直鬧到十時始行上課。再由有組織之教員在講堂上分別講演，復由「驅舒團」分別威脅，所謂「擁舒派」者勢已大孤，但仍不能平服。於是「驅舒團」以為要平反側，亦應當將禍首處死，使隨和者無所附麗，方能安靜。乃再經一度集議，商定更進一步之辦法。下午一時便用教職員全體名義召集學生開會，並指定男生陳某為舒劉戀愛之證人，女生陳某背誦日記，再由圖畫教員林某，音樂教員羅某，齋務長秦某說明劉係被舒誘惑及誘惑未遂之罪案，更由數學教員張某提議由校長帶領教職員及學生代表至督署請兵，由學生帶領分途逮捕。其最能鼓動無所可否的青年之理由，為利用鄉土觀念而謂我的言論文章太利害，既經鬧到如此，若不逮捕置之死地，將來經其言論文字宣布，川教育界將無面目見人。故可利用戒嚴時期不經法律而由行政手段處死。這時已達「燬屍滅跡」的時期，當然說不到理智的分析；況由預定之教職員學生舉手贊成，即算通過，有理智者即欲說話亦無從說起。這時已成群眾活動，傅校長已無法統馭，只有遵眾議，冒大不韙，由其率領教職員學生代表至軍署請兵。而在思想上認我為罪大惡極真欲置我於死之又一面，則由齋務長秦某指揮一切；分遣預定之教職員、學生、工人至我平日往來之友人處及街上尋捕，且明令捕得即行毆斃。結果是捕我不得，而竟將我之友人李劼人捕去為代。

十一、李劼人代牢

四月二十八日星期二，上午我在師大預科有兩小時的教育通論課，下午並有一年級之教育心理學課。我先晚既經決定去職，故於午前一面函校長告以決定於下午離校，一面函齋務處聲明上午兩小時請假，便出外料理寓所，下午三時至四時之教育心理學則改為公開講演，目的是要向學生公告我所以即去之原因，與對人治事之態度。乃於上午八時出校訪陳岳安、李劼人兩君，請他們為我照料一切。十二時回校收拾稿件，命私人書記楊逸卿君代為整理行李。適從布告處經過，並未見有我請假與講演之布告，很以為異。甫進室，傅校長即來結算欠薪，並欲我暫即離校，蓋此時所謂「驅舒團」，正在計議辦法，預定於下午一時開會時邀我出席，冀以群眾勢力逼我自承罪名以便處死，傅不願而又無法阻止，故欲我避開也。十二時半我出校，即有學生數人犧牲午餐，先從後門偷出（當時校章學生非請假不能出校門）候我於三橋人叢處，告我以上午校中情形，欲我萬勿再返學校致遭毒手。我雖感其厚意，但以為至多亦不過墨槍筆戟之問題，絕不以為有生命危險。有王生子埜者，力言川省種種黑暗，一切惟力是視，無法無天，決不可以理性揣度。且強我去劼人寓所而將種種告知劼人與岳安。他們亦以為好漢不吃眼前虧，力阻我再返校。一面由劼人備午餐，一面遣其舅氏之勤務兵送信於傅，請其將行李送至劼人寓所。午餐未畢，即有曾在劼人寓聽其講演之學生十餘人陸續來告，謂校中開會決議向督署請兵及派學生工人逮捕處死，逼我立避。以恐被緝者追踪，隨來隨去。其時我著西裝皮鞋，王子埜君強我易裝，而以自己之鞋與我，劼人、岳安亦以為事情緊急，非避不可，乃由岳安予以中裝。易裝甫畢，即聞門外人聲嘈雜，劼人乘酒興出與大鬧，我乃由岳安乘間引至劼人舅氏後院短牆邊，扶我踰牆跳至隣居；隣人初以為盜，大聲呼喊，岳安告之，且同踰牆，始獲無事。劼人之鬧，則為故延時間，使我能安全逃出。經過半小時之爭辯，劼人卒令督署憲兵及學生代表入室搜索不得，乃將劼人捕去。我則於憲兵去後，由岳安引到彼家。但因彼家之後門與劼人寓所相通，而二十八日以後，邏者日夕伺於劼人寓所之外，彼等雖不知二家之後門相通，但岳安以為終非安全，乃於四月三十日晚間由林女士引至其姨丈吳先生家中寓。五月五日又由只見一面之劉曉卿介紹至其戚胡先生家中寄居。至十一日我始化裝離成都。

四月二十八日「驅舒團」雖將劼人捕去以代我，但以為不足快意，仍四處散佈密探偵察，凡我平日往來之友人寓所以及教堂醫院無不派人查訪，各城門口亦放有「步哨」。經過數日無消息，則由軍署通令緝拏。另一面則派人與劉、林兩女士接洽：於威脅外，動以鄉土感情，餌以回校及暑假後由校派遣赴省外求學，以冀她們吐露我之寓所及由劉承認被誘惑，以期製成罪案。不料她們不獨不食其餌，不畏其威，且對來者予以責難。於是所謂「驅舒團」者乃利用校友會及全體教職員學生之名義散發宣言、傳單及新聞。各報屈於威力，雖不敢不照稿登載，但均於稿後加按語，謂該項稿件係由成高校友會蓋章送來，以示報館不負責任。劉舫見之，復自撰文駁斥，並請舉證以備興訟，親送報館請求登載，而校友會則均置之不復。又一部分教職員學生則具函聲明不曾參加。於是五月四日至五月底之當地報紙，幾以此項新聞為主題，《國民日報》及《蟋蟀週刊》，且為文評高師之不當——更未幾而傳遍全國。在學校方面，所謂「擁舒派」雖無組織，而又為「驅舒團」所威脅，不敢公開活動，但暗中探聽消息，隨時以書面或口頭報告林、劉兩女士及岳安，甚至二十八日齋務處所貼「凡不請假外出者，一律嚴辦」與二十九日「從今日起凡與舒新城暗通消息者查出嚴懲不貸」之兩布告亦於夜闌撕下寄我。同時並有不相識之青年來函請我避居其家中。我在岳安及吳先生處寓居，均為所謂「驅舒團」偵知，但均在我離去之後；其所以不被難者皆由所謂「擁舒派」之暗通消息所致。當時對於我維護最力者，除與我平日往還之雲南學生羅文漢、陶國賢、孫承光、馬耀武諸人外，有王子埜（文蔚）、姜寅清、廖廷哲、青任道、趙代洲、張厚基、朱植民、邱琦、呂嵩年、李可清、曾萊、羅綱舉、劉崇厚、劉寄嶽、袁正武、何志遠、張壬林、謝道乾及校外之岳永斌、劉妙齡女士等數十人。

我在成都匿居兩星期（自四月二十八日至五月十一日）看報紙上的種種紀載，本欲為文辯正，但恐引起更大的反響，故隱忍不發；雖曾一度函達通俗教育館館長盧作孚請其轉達成高向法庭起訴，我必親出應訴，亦無回音。而我最感不安者是吳、胡兩家之照料。吳、胡兩先生我雖均不相識，但吳為林女士之戚，尚可謂略有淵源，胡君則僅憑我與劉君之一面緣而輾轉邀去，其動機完全為仗義，而其寓所寬敞，有園林亭榭，環境固佳，待遇更佳——每食必備六、七肴——且欲我久居其家，靜待川政變化，再圖出川。其豪俠之氣，使我感愧無地。而心中最為繫念者是劫人之牢獄難與劉舫之精神上的刺激。為著劫人的因我受累，精神上至感不安，幾次欲親去替換，均為岳安阻止。他的理由是劫人是第三者，且為本地人，而又曾因某報事被拘過，現在之事，仍屬一種報復；但事實上絕無生命之虞，亦不至被虐待；如易為我則有難言者矣。故我終於只有內心的歉仄而不曾實行我的願欲。到五月六日，劫人由成高教職員孫倬章、葉茂林、林文海等三十餘人函達傅校長轉函督署釋放，卒於八日釋出，當夜即來看我。詢以經過，則謂一切均如第一次，不好亦不壞，可算休息了十天，且曾教訓了幾個人。不過二十八日進署前為憲兵將其左手無名指上的結婚戒指掠去，是應由我負賠償之責。看他的風趣一如往昔，我則惟有內愧而已，找不著什麼話去安慰他。他反與岳安為我計劃出川的種種辦法。劉舫則本其青年勇氣，除與所謂成高校友會打筆墨官司，應付所謂學生代表及走報館而外，且常於燈後同林女士乘垂簾轎來看我；而且一來必談至深夜方去。對於所謂誣害，她都視若無睹；而每謂這些糊塗蛋，再過三、五年，必自悔孟浪，無面目見人。詢以如此風波，消息傳至家庭是否要發生問題。她謂：「我在眉山為世家，祖父和父親，均係所謂新人物，十五年前，祖父辦學校，倡天足，我於七八歲時赤足在街上打旗幟唱天足歌，他人見而匿笑，祖父則獎勵有加。父親自『五四』後寫白話詩和國語文，對於男女問題看得尤清；我雖女兒，但從未以女兒看待，一切聽我自主，此次之事，在成高以為是天大問題，在他惟有竊笑而已。我現在計慮者是你的安全問題，與我出川去何處入何校耳。所謂成高問題我與我家均根本不把它當作一件事。」她這態度似乎不是一般青年尤其年未二十之女子所能有。平時我們的思想本多相通，此次結成生死之交，人格上之感應力更大，在當時我們固然說不上戀愛，但自此而後，彼此的潛意識中都有愛苗在滋長。六年後我們果然結成愛侶，卻不能不感謝此次成高的諸位先生。——關於這一切我將在我們的《十年書》中去說。

十二、化裝離蓉

經過岳安、劼人兩日的布置，我於五月十一日離成都。

離成都要辦兩件事：第一是改裝，第二是籌路費。因為督署有令通緝，雖然當時督署的命令，也如北京政府的一般，只能及城圍的若干里，（當時四川為防區制，各地防軍為該地之最高執政者，一切獨立，不受他防區的節制。）但城門之一關是比較嚴重的，非有周密的佈置不可。據劼人在「優待室」所得的消息，及岳安在外面所聞的風聲，都以為此次之事，不過是一些「僚屬」們串通作怪，所謂通緝令，不過是敷衍某某的官樣文章，並不一定要辦到「歸案」。只要混出城門，問題已去大半，經過簡陽，便算達到安全區域。經過他們的周詳研究，以為我的標幟除姓名而外是西裝、革履、長髮、無鬚、及大眼鏡與湖南話。若能將這種種更易，再乘天將明未明之際，乘轎出城，必獲通過。十日以來，我已改服岳安及學生之長袍布鞋（劼人個子矮小，故無法給我以衣服，）再由岳安在估衣店購幾件舊衣（岳安之身材與我相當，故可由彼試樣）則西裝革履問題已可解決。我雖御新式玳瑁框大眼鏡，但只有一點散光，並非近視，不帶眼鏡亦無問題，而岳安則以為改御墨鏡為妥，故由彼給我一副新式太陽鏡，眼鏡問題亦解決。我說話雖帶湘音，但很能講幾句藍青官話，而當地人士對於湘音並不能精密辨別，在語言上亦可帶過。長髮可截短，鬚則以十餘日未修剪，已有相當長度，乃於十日下午，由胡君召理髮匠至家為我剃成光頭。而保留上唇之鬚。當夜將各種改變之處一一試演，劼人、岳安認為不錯，劉、林兩女士來別，亦認為不錯。至於姓名，則早由林老先生與岳安商定代印名片一盒，片中印著兩個大字「余仁」，左上角為「子義，京兆」四字，右上角為「京華書局主任」六字。他們所以要如此決定，據說是存有深義；但深義為何，他們當時未曾見告，事後我也未再詢問，只好視為永久之謎。在路費方面，岳安早有準備，除去將轎夫應有工資先行開銷並予數十元在路上作零用外，且滙渝以相當之數，使我足夠由渝至寧之路費。五月十日之夜，他偕轎夫至胡君寓所相見；十一日天未明，轎夫即來，我起行時，岳安劼人並來相送。二人對我之厚愛，實非語言所能表顯。我除愧怍外，連謝字也不敢向他們說。

臨行時，岳安並告轎夫，謂我為北京人，係胡家之戚，初次到川，對於語言及地方情形不熟，囑其善為照料。我們出城時，城門方啟，守城軍士，尚呈朦朧狀態，雖說因戒嚴而必須檢查，但看轎下只一小包袱，更由轎夫與之說兩句土白，便即讓我乘轎過去（通常要下轎檢查）。當日以「犒勞」——川語酒肉之類——為酬，促轎夫趕過簡陽二十里歇店，已算是安全地帶，沉重的心，也即放下。途中經過十日，至五月二十日而達重慶。

我離開成都之後，劉舫無所顧忌，於是與所謂成高校友會大打筆墨官司，校友會每月有新聞及宣言，她均一一駁斥之，且限期答覆，並要求負責人出面欲與興訟。同時其眉屬同鄉會，亦發宣言質問高師，但高師均置之不覆，僅於劉舫第三次質問時，覆以數十字不著邊際之駢文一紙。到六月中旬。她因急欲出川就學，乃發一最後宣言即行回眉，算作了結。

十三、我的態度

我在成都本有一肚皮的話要說，但以屈於暴力，不敢發表。重慶是自由的天地，且經友人慫恿，於是在渝居八日，發表一篇萬餘言致國立成都高師的長函，說明此次事變之因果。最末述我對於事變之態度。此段與我個人及當時社會情形均有關係，茲照錄如下！

「當事變初發之時，我對於諸君未嘗無敵意；後來知道諸君種種橫蠻動作，我敵視諸君之念，立即為衿恤的情緒占去。」

「當我聽得二十八日某教員在開會時提議請兵捕我的理由之言，我感觸最深，痛苦亦最甚：以我這種無能的人，竟使諸君如此恐怖，因恐怖過甚而欲置我於死地，我真哀衿諸君之不暇，何暇責諸君。諸君要知道：作人是自己的事。只要自己立得腳住，他人何足畏。我雖然以賣文為生，但從未揑造任何事實以沽名營利。諸君之中不少學科學者，當知道『無人能否認事實』的格言。如諸君不作不近人情不合法律的事情，任何人將無如諸君何，區區無能的我更何足道！而況我的四川好友不在少數，即這次事變，亦曾結識許多四川患難朋友，諸君何必以諸君之心慨一切川人，更何必以此為鼓動群眾的工具！而且這次事變在我看來，只是一個思想衝突問題：因思想衝突而演成殺人流血之慘劇者，史不絕書。我以自由發表主張之故，致使諸君大部分之生活根本上發生動搖，因而引起用群眾暴力、用軍隊武力置我於死地的舉動，不過是千萬個思想衝突問題中之一件事，即使真死於諸君之手，亦算不了什麼，而況我固不曾死，所以我對於諸君並無敵意。」

「此次事變之表面文章是男女問題，實則裏面完全是思想衝突。把女子當『人』，是我夙昔的主張；即我原籍文化蔽塞的湖南，在憲法上固曾規定男女在法律上一切平等，在事實上除省議會有女議員外，其他公共機關無不有女職員（教育司長並有女子競選。）加以我早經辦過女學，辦過男女同校的學校，對於女子之往來，只把她們看作有人格而獨立的『人』，並不問其性別。四川風俗雖異於他省，但既屬男女同校，女子又何嘗不可當『人』看待。殊不知這就與諸君視女子為玩物的潛意識相反，竟使諸君藉為口實，而如臨大敵般群起而謀我。把女子當『人』，現在的諸君，以為是可以牽及全世界全人類的問題；但我看來，在成都最多亦不過如十五年前之男子剪髮問題，二十年前之女子放足入學問題，三年前之女子剪髮問題而已。各人的思想不同，判斷自不能一致，此時我當然不能要求諸君諒解，但我總希望十年乃至於三、五年之後，國立成都高師不再有此類似的問題發生。」

「諸君若以我謂此次事變為思想衝突是遁詞，我請舉幾種實證：一、無論從何方面諸君均不能證明我有罪，而竟用非常手段以謀置我於死地，除思想衝突所引起之利害衝突外，是不能用任何原因解釋的。二、以諸君之駢文宣言與我四年來發表之一切國語文對照（四年來我未發表一篇文言文），也就可以證明。三、最顯明的實證，就是諸君宣言中定我罪名，『冒託新文化，力斥舊道德，假自由戀愛為神聖，蔑禮法而不顧，借社交公開為文明，背正義以不惜』。與諸君自己立腳點『同人等夙受詩書之化，備聆禮教之文』的幾句話。我認清這點，所以我覺得我的責任甚大，我一日不死，決一日在學術上為諸君助。」

「我懷疑現教育制度已十餘年，暑假後將不在任何現行學制的學校中作教師，要自創我的新教育制度，早在外專十週紀念會，成都公學學術講演會，當數千聽眾宣布過。自經此次事變後，我更覺得這種教育，非根本推翻不可。以後將更特別努力；如有所成，諸君今日之力不小。」

「我素信人群維繫，只有思想的結合最可靠，自經此次事變，更得一種具體的證明。四月二十八日以後，諸君以我一定寄居在外國教堂、醫院、學校，或外國朋友家中，而常派人去調查。實則我決不犧牲平日的主張，求外人的庇護，而是寄居於幾位素不相識之朋友家中。此數朋友，平時固不曾謀面，我對於他們並無要求，他們輾轉設法求得我的住所，接我住居；同時並有素未謀面的女子在內營謀一切。至於學生之來報告消息者，更無日無之，壓迫學生之條告，亦係學生交我者。我出校只穿一身西裝，一切行李均被諸君扣留，我在成都、出成都，都非易姓名和改裝不可（因諸君曾請督署電各縣駐軍緝拏），然而一無所有。但我起行時，卻什麼都備，還是這些學生與朋友替我辦好的。而四月二十八日之不遭危險，更完全是思想上有了解的學生救出來的。以我孑然一身，孤居成都，平日既不與顯者往來，諸君挾數百人以及軍隊的力量協謀置我於死地，而竟不死者，思想上有使人了解，人格上有使人相信的地方也。嗣後將更努力於此，更望諸君以此為鑑！」

「我相信社會的改造，在時間上為無窮，在空間上為無限，經過此次事變，更增加我的信念，更供給我許多方法。將來社會上如有貢獻，實出諸君之賜，我當感謝諸君！」

「我尊重諸君的人格，不作無謂之謾罵，更愛惜學校，不盡量宣布其內幕。尚望諸君自愛愛校，不再作無謂之揑詞。倘諸君必欲加我以罪名，請從法律與學理兩種正當辦法上著手。如欲講法律，請檢齊確實證據，在法庭上起訴。我縱畏諸君的蠻力，不能親到成都對質；但決依法請求移轉管轄，投案訴辯。如欲言學理，請先將諸君所謂戀愛、婚姻、誘惑、戀愛與婚姻之關係、戀愛與誘惑之關係、正當之戀愛、不正當之戀愛種種含義，詳加說明。無論何時何地，我決執筆相待。我屈於諸君之蠻力，所受名譽上事業上之種種損失，不能在成都法庭起訴受法律之保護，只有請諸君自省。即在文字上，我除辯正事實，亦不願作無謂之攻擊。我將此次實在情形簡單公布，並不希冀引起輿論上對於諸君之攻擊，只認此事是一個很可值得研究的社會問題，公之於眾，以便大家研究以後解決此等問題的良善方法。」

「此次我最痛心者，不能把預定的功課講畢，致使一部分學生失望，將來只好在文字上補救。」

五月二十九日我由渝起行，頗得商務印書館渝分館經理穆伯勤先生之照料，六月八日到南京，得見京滬各地刊物對於此事之評論，都屬不直成高之所為。我則本前段之諾言，且「五卅」在上海發生顧正紅慘案，覺得國事重於私事，更不願以私事而占各種刊物的篇幅，所以不發表關於此事之其他文字。七月四川政治發生變化，賴心輝入主成都軍政，傅校長隨楊森他去，於是成都教育界又大發宣言攻擊傅，而成高亦由賴改為四川大學，聘張瀾為校長，我的書籍行李，則由岳安、劼人等費九牛二虎之力請由該校校務會議議決返還。至於欠薪，則只有置之不問而已。斯年六月，河南第一師範來電相邀，翌年北京師大專函相約，我均本前段諾言而不應。我的教師生活即至此而止。——十九年秋與二十年春雖曾在上海暨南大學及復旦大學各講中國近代教史一學期，但未受酬，只可謂之為「客串」。

十四、豐富的收穫

我於十三年十月十五日起行赴川，十四年六月八日返南京，連旅途計算在內，在川不足八個月。這八個月的時間雖短，但在我的生活上及教育見解上，卻發生了決定的影響。

我本屬出身農村的書生，雖然因為寫了許多文章，被稱為「教育家」，但對於實際的社會情形及人的本質，可稱所知至微。平日一切言動，都本著個人的直覺與書本的知識，任性幹去。在兌澤、在福湘、在中公的幾次風潮，雖也給予我一些打擊，供給我許多反省的資料，但是刺激不大，反應也不強。這一次，不獨自己有生命的危險，且牽及其他的純潔青年。因而對於社會的醜惡——尤其是政治界的黑暗——與人心的險詐，有了較深切的理解與體驗。所謂教育獨立、教育神聖的觀念自然從事實上證明其為幻想。可是在又一方面，因為感到岳安、劼人、曉卿等以及許多青年赤忱熱血之維護我，使我在萬死一生的險境中而竟得以不死。又深覺得天地間尚有正義，人世間尚有同情。則社會的醜惡與人心的險詐，是「變」而不是「常」，是「偶然」而不是「必然」：我如努力從實踐中加急學習，則社會之改造，人性之改造未始無望。所以我從虎口逃出之後，常覺心君泰然，對於國家前途懷著無窮的希望，對於個人生活則更趨積極，這態度自然是「現實環境」所給予我的教訓，同時也是父親十三年前於我赴常德時臨別告以孟子所謂「天將降大任於斯人也，必先苦其心志，勞其筋骨，餓其體膚，空乏其身，行拂亂其所為，所以動心忍性，增益其所不能」，幾句話所給予我的鼓勵。

我自然自不能當大任的斯人，可是遵著父親的教訓，對於任何逆境絕不悲觀，同時也不渺視自己。再加上少年中國學會的宗旨和信條，充滿了我的心胸，更使我不願意隨波逐流地過下去，很想就我力之所及為社會國家服務。對於成高的風波，雖不敢視為「斯人」的「天訓」，但卻以為是「增益其所不能」的寶貴經驗，而思有以利用之。因為我自幼即好寫作，而對於教育文化的書比較多看幾本，且比較有點經驗，比較有些意見，所以在蓉於看不慣當地教育界情形而決定不再作教師之後，即決定專心從事教育著述。自經成高風波，此志乃更堅決。而且無形受著「行有不得、反求諸己」（朱子教條第五）兩句話的暗示，自覺學識淺陋，不足以負重任，更覺教育的改造，絕非囿於教育的圈子裏所能濟事，乃更決定從新學習社會科學，而以整理近代中國教育史為入手的工作。

我是從農村出身的，而且受過很長的私塾和書院教育，對於所謂新教育之整批生產（Mass Production）式的教學與管理，以其不能發展個性而常常懷疑。在吳淞中學之試行學科制、道爾頓制，即是對於教學方法的一種反響。至南京而後，經過各省暑期學校的講演與考察，對於整個教育制度更發生疑問，而思有以改革之。在成都數月，因對於當地教育政治，與教育情形之不滿而更增長我改革教育制度之意向。根據我對於書院制度的迷戀，與對於新教育之認識，而創擬一動三館制——圖書館，科學館，體育館——的學校制度；於教育行政制度則主張中央集權與地方分權互相調和，而設立教育立法、教育行政、教育監察的獨立機關；於教育經費則主張獨立，且主張各級學校一律免費。對於教育研究的範圍，亦本個人的見解而將其擴充至教學訓育等技術問題以外之經濟政治制度及社會組織。在成高所設之教育通論課程，即打破歷來教育學的組織而自創一種新格局；於教育定義亦從新釐訂，以後在南京專事教育著述時，其所發表的教育主張，大半都是孕育於成都。所以成都的數月是我的教師生活最苦難也是最豐收的時期。

第三篇

教育著述生活

第一章　初期寫作

一、札記

我的教育著述生活之嘗試是在民國八年十一月辭去福湘女學教務主任之後。但到第二年九月仍作教師。民國十四年六月自川返寧而後，即決心不再教書，始專門從事教育著述。就我所知，中國教師之專以文字而維持其家庭生活者，在那時似乎未之前聞；而我自民國十四年夏至十七年夏之三年間，則完全恃教育書稿過活，而且過得相當的舒適。我之所以能如此，第一是我少年時在文字上有相當的修養，於寫作上頗感興趣，第二是民國十一年秋，偶然間認識一位出版界的朋友，給予我許多幫助。

我於十歲半開筆（學作文章），學了幾個月八股破題和應試詩，得不著什麼益處；而且因為讀書不多，熟詞成語不敷應用，每逢作文，都感枯寂，更不肯用心學習。所以開筆一年，並無什麼成績。十一歲半，進了張浣泉先生的門牆，改習經義，文體大大解放，覺得自由多了，對於作文頗感興趣。而張先生每日必講《了凡綱鑑》，比論時事，且強迫作札記，更令自由發揮意見，有彼所認為精到的筆記或作文，更張貼於外以示鼓勵。我本好發表意見，差不多對於任何一件史實，都似有意見要發表，而張先生允許我們自由論史，且常以梁任公先生在《新民叢報》上所發表的文章為範，鼓勵我們大膽說話。於是我的議論好似發不完，文章也似寫不完地一般。作起筆記來，總是比別人的多。而張先生因為我年齡最小，更不時當眾誇獎，我自以為非常榮幸，而更努力。卒至養成了一種每日寫作的習慣。此習慣至我十三歲半入鄺梁書院而更堅定：是因為靠文章競爭取得膏火，有一種經濟的力量在背後支持著。十六歲因為看《曾文正公日記》而寫日記，每日都是寫一點東西，而年暑假居家溫習張先生所講授的《了凡綱鑑》，所作的史論也更多。所以在文字的發表上，我是自幼養成習慣。倘若對某件事而有意見，很能加以組織，使之比較有條理地發表出來。

二、湖南民報

我在少年時既養成了寫作的習慣，在鄺梁書院時，又曾以文章得著一些膏火，下意識中自然儲積一種「文章可換錢」的觀念。民國二年進高等師範而後，因為家庭經濟的斷絕，不能不自尋零用，而高師地居嶽麓山，與城市隔絕，即欲謀家庭教師或私人書記之類的兼職亦不可能，便自然而然地想到「以文章換錢」的上面。可是寫什麼，並無成見；只要能換錢就行。而少年期的想像較豐富，通常是嗜好文學的。我在幼年曾讀過許多舊小說，在長沙更讀過許多新小說，而當時商務之《小說月報》與中華之《中華小說界》以及上海各報的小說及林譯小說也是常讀的。因為少年時期之好奇心，故對於福爾摩斯偵探案看得最有興趣。在課程內由美國教師華爾偉先生將狄福之《魯濱遜飄流記》（Defoe：Ro-binson Crousoe）與迭更斯之《塊肉餘生記》（Dickens：David Copperfield）等為教本，且有西洋文學及西洋文學史等學程，故對於西洋文學亦稍有門徑，而感興趣。初入高師三年中，一面忙於功課（我考入高師英語部本科時，英文不能造句，而由美人直接教授，故非用功不可），而無多餘的時間從事寫作，一面在經濟上也不感到重大壓迫（因為有舊同學黃復強、胡惠人及舒鑑淵每人每年借我十千文，可勉強敷零用），雖然以性之所好，偶然寫點小品文投長沙各報，但為數甚少，所得的報酬，也不過是一月、兩月的免費報紙。民國五年夏，因湘人響應雲南起義，湯薌銘去湘，由湘人公推名宿劉人熙繼任湘督，省議會亦於斯年恢復。有湘南留日歸國學生譚某發起《湖南民報》而無編輯人材，因我不時在長沙各報投稿，乃由同學周調陽君之介，於七月入該報任編輯兼撰述。因當時長沙一般印刷所無全張印刷機，更不能打紙版、澆鉛版，而須用活字印刷，排字工人又素無排報經驗，亦無專門校對，故我們須親至印刷所校稿，每至天亮而未睡（其時同事者有同學周調陽、劉範猷及陶菊隱、許彥飛諸人，陶許任上海各報通訊，稍有新聞經驗，我們則全係初出茅廬之少年），文稿亦在印刷所中撰寫。我的新聞與出版的學習，要以此時為嚆矢。暑假兩月餘，我除食宿有著外，且略得酬資以為零用。暑假後，我們仍返校就學，報館則由範猷之兄棠猷接辦。

三、小說之嘗試

我因作了兩個月的新聞記者，對於社交的範圍自然比純粹作學生時擴大，應酬也隨之而大，需錢也自然加多。而黃、胡諸君的借款，則因我在辦報而停止。同時因為我一度作記者，文章的出路也較易。所以五年秋起，常向長沙的報紙雜誌投稿以換取零用。半年之內，曾撰兩部小說：一名《雪際血痕》，以湘西的哥老會為背景，講些殺人放火的故事，卒經某快捕偵出凶手而破案。因為故事的時間發生於嚴冬，在大雪中發現血跡因以破案，所以名為雪際血痕投登長沙《大公報》，得稿費數十元，又一篇名《田疇記》，以父親為背景，講故鄉的農村生活，投《湖南農業雜誌》，但未登完而該誌停刊，稿費亦只得一部分。此兩稿當然是初期的幼稚作品（當時曾剪存，十年由湘遷滬時失去。多少年來想尋覓該報該誌而不可得）但在當時，對於我的經濟上很有幫助。對於教育只作一篇〈葛蕾學校制度〉（The Gary School System）介紹杜威弟子衛特（Wirt）所創行的新教育方法。投登《京師教育報》亦得一些稿費。所以我以後即使以教書為職業，也常常想到著作，並每以之為副業。這種種是我民國十四年夏決心從事教育著述的先天因素。

第二章　教育著述的嘗試

一、《心理原理實用教育學》

我過嚴格的教育著述生活的時期只有民國十四年夏至十七年夏的三年間，但在此以前，有一個時期專門寫作，而寫作的又以關於教育的文字為多，故我稱此時期為教育著述生活之嘗試的時期，其時間為民國八年十一月至九年八月。而八年暑假，我曾編過一部《心理原理實用教育學》，為嘗試期之嘗試，亦即我教育著述之處女作，故先從此書說起。我自民國六年正式作教師後，忙於功課的預備，除了偶然興到寫點短文投寄當地報紙而外，很少寫文章；七年暑假脫離兌澤中學，因為年餘以來事實上之教訓，對於教育發生許多問題，乃立志研究教育，且要從事教育著述。但購讀了中文的所有教育學類書籍，卻得不著一種合意的教育見解。七年暑假借得桑戴克之《教育學》及杜威之《民治與教育》，心胸為之大開。暑假後任福湘女學教育學教師後，得讀該校所藏美國新教育書籍（該校為美國長老會所辦），著述之念更強。八年夏，杜威來華講演，講詞逐日在《晨報》副刊發表，我讀得很仔細，常想介紹一些美國教育家的學說。可是「五四」而後，各種新雜誌如雨後春筍般出來，刺激了我的求知慾，有暇即看雜誌報紙，反而無暇寫作。同時立了一個自己衡量自己的標準：即「看過他人的文章，自己想想，是否能寫得出，倘若寫不出，仍須努力讀書；若果他人的著作不獨自己寫不出，甚至於有不能盡懂者，則更須努力。」在事實上，各種著作者都有其特殊的修養，而我所看的範圍又極廣，當然不能完全懂得，更不能完全寫得出，因而不敢寫。這種「自衡」的標準，雖然使我少寫許多文章，但對於學業之進修，卻得著不少的益處。這標準，是由我幼年所養成的反省習慣而來，我認為於寫作是很有益的，所以至今還是保存著。

八年春，我任福湘女學教務主任，兼授教育學及心理學。該校雖為教會所辦，素重英文，但係中學程度，尚不能用英文書為教本，而我對於當時國內出版之教育學及心理學書籍又不滿意，故就我平日閱覽所及之美國教育學，心理學之書籍中編成綱要，於講授時令學生筆記。而該校校長凌孟堅女士（Mrs.w.K.Lingle）謂賀恩之《教育上的心理原理》（H.H.Horne: The Psychological Principle of Education）很切實用，要我據以教授學生。於是依其綱目編為教材；暑假稍暇，特為編纂成冊，而名為《心理原理實用教育學》。因有一部分成稿於「五四」以前，故全書仍用淺顯文言。

此書雖說是以賀恩的原著為根據，但實只採取其關於心理原理之一部分，該書第五章專論宗教教育，在該校視為重要教材（凌孟堅女士之主張以此書為教材者以此）但我則棄而不用。且採其心理原理之一部分，亦只取其綱目，內容則大半採之他書與個人的教學經驗。故在例言第一條中即說：「本書以心理原理敘述教育方法，注重實用，例證特多。」於第二條說：「本書學理趨重自然方面，以發展個性，適合於社會之要求為主。近世教育學名家如杜威、桑戴克、詹姆士等之學說，均擇要採入，以期不背世界思潮。」第三條並舉美國教育家如杜威、桑戴克、板特（Bett）、斯賴德（Snedden）、施菊野（Strayer）、墨克茂利（McMurry）、詹姆士（James）、畢斯伯利（Pillsbury）、克伯屈（Kirkpatrick）之著作十一種，以示此書於賀氏著作以外所用之參考書。各書無一英人著作，是因為我在高師的教師為美人，那時又在美國教會所辦之學校服務，平日所讀均美國書也。

此書不過五萬字，分四編二十五章。四編即第一編緒論：分教育學之概念、教育學之問題、教師之資格、心理學與教育之關係；第二編知識：分感覺、知覺、統覺、記憶、想像、概念、判斷、推理等教育八章；第三編感情教育：分感情概念、感情教育之原則、原素感情、情緒之抑制法、博愛、美感等教育六章；第四編意志教育：分本能、衝動、模仿、暗示等教育，習慣養成法、思慮及決擇之教育、注意之教育七章。對教育兩字之解釋也從「教之為言效也，示之模範而使人效法也；育者養也，養之使成人也」說起。但對於教育所下的定義，則為「教育者，於一定場所集合未成年者，於其身心施以相當之訓誨、指導而發展其固有本能，以適合社會之要求而促進人類進化之作用也。」於教育學則謂為「用科學的方法，研究教育之目的，與達此目的之方法也。」這種定義。可稱很平庸，仍不脫日本教育學之窠臼，不過加上適合社會要求的一個概念而已。對於教育學之功用則只限研究教育，尤不周延，斯其所以為處女作。

這書的內容自然是平庸粗疏，但當時的中國教育書籍，卻未見有這種粗淺實用的東西。惟其如此，所以八月成稿後，寄到幾家大書店都以「已有同類書籍」的理由而被退回。所謂同類者並不是有與此內容相同的一種書，只是已有《教育學》三字的書：因為那時的教育界尚是日本多少年前之目的論、方法論、教學論、訓育論、管理論的教育學世界，閱稿者驟見此種體系相異的東西，自然不合胃口。適逢尚志學會登報徵求稿件，乃於十月郵寄前高師倫理學教授當時任北京大學教授的楊懷中先生托其介紹。經一月餘之審查，終獲通過，於八年十一月以稿費百五十元購去。那時我正辭去福湘職務而擬專心從事教育著述，得此稿費，可作我家半年開支，我的著述資本，算有著落，此書後由尚志學會以版稅交商務印書館於九年五月初版發行。當年九月即再版。我以第二編中有錯誤，且書中有講及地理沙盤教學法，（該法係當時美國教授地理的一種新方法，我為文介紹登於時報），亦擬加入，乃函該會請求燬版或修改。該會以銷售甚好，只允修改。但九年暑假而後，任教湘滬，忙於職務，至十二年十月始略為修訂，並於每章之後加參考書若干，以便學生閱讀。而該會以此稿之版稅頗有盈餘，故又補送八十元。不過此八十元之效用，較之八年冬之百五十元者，相去不止蓓蓰。

我第一次得著這樣大的稿費，自然是歡喜無量，除善為用作教育著述之資本外，對於楊先生之感激殊深，十二月我通函稱謝時，尚得覆函，嗣後數函未得覆。不料於民國九年一月十七日，他竟因肺病而逝世於北京德國醫院。得其噩耗，極為感悼。其時我與高師同學宋煥達、楊國礎、方擴軍等在長沙辦《湖南教育月刊》，我於二月號為文悼之，並請其舊友李肖聃先生作傳，復與李等發起於三月二十二日在衡粹女校開追悼會以紀念之。

二、《湖南教育月刊》

我自十一月辭去福湘女學職務之後，即與高師同學宋煥達、楊國礎三人合租佘家塘一座三開間房屋合居，共同雇一男工燒飯；三人之中除我有一小孩外，他倆都是所謂一夫一妻的小家庭。而我的已殤的男孩子，那時尚不過一歲餘，吃不了什麼，所以我們的一切用費，都是平均分派。不過房租方面，我稍多負擔一點，但也不過四元（全屋租金十元）。所以我們的用費每家不到二十元。他們是從私立嶽雲中學畢業的，所以都在母校教課，雖然收入不多，但每月也有三十餘元，足維持家庭而有餘。我雖失業，但有一百五十元的稿費再加上在福湘所積儲下來的數十元，暫時可以維持生活；而況我還可以寫文章寄交京（北京）滬各地換錢，所以毅然決然地要從事著作。同時張敬堯在湘任督軍，對於教育摧殘甚力，經費積欠年餘不發而外，教育界稍知名之士，亦被視為與南軍通聲氣而不能安居。我們茶餘飯後談及湖南教育界的情形，都有忿火中燒之概，乃商議發刊一種教育刊物，以討論湖南教育問題為主題，兼介紹世界教育思潮、教育學說。適嶽麓高師博物部同學方擴軍（彼畢業於私立修業中學，亦在母校教書）亦有此意，並謂印刷費方面彼可想法。於是我們四人便於十一月之某日決定創辦《湖南教育月刊》，推我為總編輯，宋、楊兩君為編輯，方為經理，並於十一月底發行創刊號。用廿四開報紙每冊四十八頁即報紙兩張，以五號字為主體，每期五、六萬字。定價一角，創刊號印三千分，費五十餘元，以後每期印二千份，四十餘元。九年三月發行第五期，因張敬堯對南軍戰事失敗，壓迫愈力，我們自動宣告停刊。但結算帳目所虧不過數十元，概由方君負責籌措，我們不過費去一些寫文章的時間而已。

為著避免政府注意起見，我們在發刊詞中，不明白提出我們專重湖南教育問題的主張，只籠統揭櫫四義曰：「研究我國教育所應採之宗旨，介紹世界教育之思潮，批評舊教育之弊端，商榷新教育之建設」；而於內容則為評論、專論、世界教育、世界大事、講演、調查、通訊、附錄。而專論欄以湖南教育問題為主題，調查欄專發表私立學校實況。撰稿者除我們四人外，有高師同學吳起明、尹鎮湘、向事成、鄧典訓、馬文義、文亞及鄧名詩、李肖聃、楊樹達、張效敏、毛澤東、黃醒等十餘人。

我雖為總編輯，但只負介紹學術責任，在該刊五期中我曾寫過三篇文章介紹桑戴克的《教育學》，兩篇「感情教育」，並略寫教育雜談短文。對於湖南教育問題則未著一字。這裏有兩種原因：一是因為我比較多讀些教育書籍，而又任過教育學科的教師，寫起教育學術文章來比較便利；一是我在京滬不時發表文章，比較為政府所注意，大家不要我談湖南教育問題，致被政府所注意，而有妨月刊的出版。但當時政府對於出版物，施行嚴格檢查，未經立案的不准出版，我們明知事實上無核准的可能，也就不呈請政府立案而私自發行。所以出版五個月而無社址。所有郵件都只寫私人姓名。九年春季，長沙學校大部分因經費無著而不能開學，但我們的月刊仍照常發行。到了三月，政府知道了，以為湖南教育界實情被我們宣布於外，於政府不利，先托人來向我們說，只要我們專談教育學理不談湖南教育的特殊問題願給津貼，且願請我們在省校任課；我們拒不接受，而且明知其第二步當採什麼手段，所以編完第五期即自動停刊，我個人並打算離開長沙。

停刊的決定在全稿付印之後，因為時期的急促，特別加一篇停刊宣言，並將楊懷中先生遺像遺事（李肖聃著）及其遺著〈斯賓塞爾感情論〉加入，以示我們對於他的敬仰，所以這一期的月刊比前幾期厚。而停刊宣言是我在極匆忙的時間寫成的。但對於停刊的原因卻也說得很明白。在宣言中我們明白表示我們創刊月刊的目的，是覺得湖南的教育非改造不可，我們本著良心的驅策，願意貢獻我們的意見。現在停刊則為著內外兩種原因不得不然。所謂內部原因又分兩項：一為自覺學力不夠（實是門面話）二則我們在湖南無容身之所。外部原因，亦分兩項。此兩項足以表示當時湖南教育界的情形，茲錄如下：

「一、湖南無教育可言：我們發行這月刊，是要研究湖南的教育問題，所以每期所講的都偏重於湖南方面。現在湖南的教育完全死絕——目前湖南也有少數學校掛牌開學，但與我們所講的教育無關。要研究問題，必要以事賞為根據，現在湖南既無教育可言，講些空話，又有什麼用處？所以我們決計停刊。二、在積威之下，不能盡所欲言：湖南政治的大概，國人想有所聞，湖南的出版法，局外人決不知道。這中間的詳情，非數言能盡，也不是我們所要講的。簡單說：就是無論發行何種出版物，必得經政府的允許。所有稿件，都要檢查——沒立案及無地址的出版物，則派員在印刷所檢稿。本刊既無被政府允許的資格，只得私地發行。故出版半年，竟無社址。至印稿的困難，更所難言。因之每期所發表的言論，大半含糊不清。我們自己看得非常慚愧，讀者作何感想更可推知。與其這樣吞吐囁嚅講不徹底的話，不如停止。」

最末附了兩種希望，足以表示我們當時的見解，也錄在下面。

「一、我們以為要解除我國政治的暴戾，必得權操諸我，必得民眾大聯合，然後可收效果，僅僅請願不是辦法。所以希望國人切實從根本的事實上努力。二、湖南人——我們也在內——從前年來，所得的痛苦經驗極多，此後要竭力求精神上的結合，共謀補救之道，再不要高談濶論，各立門戶。所以希望湖南人本著互助的精神，切實努力，永不要再發生互相傾軋的行為。」

這裏所謂「各立門戶」，是指那時由籌安會遺留下來的一般政客，依附張敬堯，摧殘教育——張氏下面教育科長施某助桀為虐，於九年六月南軍入長沙時被殺。

在「湖南的出版法」下，出版既那樣困難，而我們竟能發刊者，是因為湖南的一般人都恨張氏，承印我們月刊的某印刷局主人也是恨張氏者之一，故為我們秘密排印。

在這幾個月中由月刊交換而來的刊物不下百數十種。我們在新出版物方面，可稱搜羅甚富。故雖為僻處一隅的刊物，內容尚不至怎樣落後。同時我們的月刊，也推行至於全國，不過在數量上不能如以全國為對象之刊物之大耳。

八年十一月以後，我除編輯《湖南教育月刊》而外，並為長沙黃醒個人所辦之《體育週報》寫兒童學，為北京《新中國雜誌》寫美學，為《北洋時報》（高師同學楊亦曾任該報副刊編輯）寫心理學，均係特約撰述。此外並與共學社約定譯桑戴克之《大教育心理學》。偶有雜著，則投寄俞頌華、李石岑、左舜生所編輯之《解放與改造》、《民鐸》、《中華教育界》，故收入反較教書之薪水為多。但三月而後，長沙不便再居，本擬立即赴滬，因妻待產，乃將家人移居友人諶伯疇君之家，自己則匿居北門外雅禮學校（該校為美國教會所辦，張氏不敢搜查）附近，從事著述。直到六月下旬始去上海。仍為《解放與改造》及《中華教育界》寫稿及譯桑戴克《大教育心理學》。九月初受湖南第一師範之聘又回長沙。而以課務繁忙，桑氏之《大教育心理學》亦未譯成。（《北洋時報》與《新中國》均不久停刊，故心理學與美學亦未寫完）。

八年十一月而後，我本決心從事教育著述收入上亦可過去，但終於不能堅持到底，一因自己讀書不多，學力不夠，寫作翻譯均感吃力，而《北洋時報》與《新中國》之停刊，固定收入較少，深恐難於持久，故願就固定職業；二則因張敬堯於六月出走，譚延闓復任湘督，湖南反張之教育界中人均聯袂返湘；而易培基以名流長第一師範，任用北高師畢業生熊仁安、匡互生等為教務訓育主任，頗思有所作為。熊赴滬聘請外省教員而兼及我，且以待外省教員者待我（其時長沙紙幣與銀元之比價不過六、七成，且常欠薪，對外省教員則付銀元，且不欠薪）故我亦樂於返湘。所以教育著述生活也至九月而中斷。這十個月雖然是我從事教育著述生活之一種嘗試，但因為沒有大失敗，自信力也因而增加。此種自信對於我十四年正式從事教育著述之決意，卻給予以很大的助力。

第三章　副業

一、生活的準備

副業是本職以外的生產業務。我這裏所說的是我作教師時期的教育著述工作。稱之為副業者，因為教師是我的本職，著述不過是輔助教書或工餘消閑的工作。

「東塗西抹」本是我的習慣，且因出身農村幼受私塾書院之教育，對於新式學校教育制度以其太無「人」的關係常覺不滿。及後來親作教師，眼見得教育界「不神聖」「不獨立」的事情，對於新教育制度不滿之念日增，因而也常常想脫離教師生活。但是事實上卻不能不「生活」，要生活便得工作；就個人能力講，既然養成「肩不能挑，手不能提」的書生，既無一技之長可作工匠，也無萬貫資財可作商賈。仔細思量，只有一點寫作技能可以換取生活之資，且此技能曾使我在高師時及脫離福湘女學後賴以生活。所以為準備脫離教師生活而另謀生活計便自然而然地想及著述。而著述最便利的是編講義、寫論文。因而我教課之自編講義，不只是為感覺我所擔任的科目，在當時無相當教材，而思有以補充之，同時也是為未來生活的準備，而以之為鞭策自己的工具。因此自九年秋至十四年夏之五年間，共發表教育及其他論文數十篇，編譯《教育心理綱要》《心理學初步》、《公民課本》、《人生哲學》、《道爾頓制概觀》、《道爾頓制研究集》、《道爾頓制討論集》、《道爾頓制淺說》、《個性論》、《現代心理學之趨勢》，及由教育論文集成之《教育叢稿》與去川所寫之書信《蜀遊心影》十二部書，字數總計當在百萬以上。以下略為分別述之：

二、《教育心理學綱要》

民國九年秋，我由滬返湘在省一師擔任教育學及教育心理學的教師。因為正在「五四」之後，所謂新思潮由世界各國湧入，而我又早不相信已往出版的教育學書籍，所以自編講義；而教育心理學為新科目，那時根本無此類中文書，更不能不自己編輯。因為在此以前曾閱過美國桑戴克的《教育學》及《教育心理學》，且曾介紹過，翻譯過，故即以桑氏的著作為藍本，再參以其他美國流行之師範學校教本而編輯講義。不過教育學因十年春我去湘潭講演歸後而生病，未及完成，只將《教育心理學》編完。於十年暑假在滬加以整理，秋間由李石岑君介紹交商務印書館以版稅印行，於十一年六月出版。

這書既以桑氏的著作為藍本，故亦分為三編，即第一編人之原始稟質，第二編學習心理學，第三編個性的差異，前加緒論一段，但內容不僅較桑著的《教育心理學簡編》為簡略，

（全書約十二三萬字）且多採前一年及當年（桑氏原著出版於一九一四）出版之美國教育學心理學、兒童學家之見解，更多舉本國事例。每章並附練習問題及課外參考書。因師範學生之英文能力不能閱英文參考書，且亦無力購英文書，故課外閱讀之書目均以中文者為限，且當時無專門教育心理學專著，故又多採各種定期刊物中有關之著作。此在當時，可謂為「誠不得已」之舉，但定期刊物的時間性甚暫，三數年後即無法覓得。此辦法實不宜採用。

何以要採取桑氏的分編辦法？我在該書緒論中曾經說及。即「因為教育以是以『人』為對象，教育心理學是要將『人』的精神活動加以說明，使教育者了解，並據以為作教授的根據。要教育不背人性，則人的天性，不可不加以研究：要學生樂於受教，且願意自動去研求學問，則學習的原則不可不加以研究。此外各人的性質也要明白：同一動作、同一課業，有宜於甲而不宜於乙，有宜於乙而不宜於丙的；甚且有宜於甲之今日此時，而不宜於甲之明日此時。這其中不僅只有個性關係，並且有環境變遷的關係。所以教育心理學於說明天性、學習心理之外，還要注意及於個性與環境。」

這書之粗疏雖然不下於處女作之實用教育學，但在一般年青的大學教授不願寫這樣粗疏的書本時期，銷售的數量還是相當的大。

三、《心理學初步》

這書是民國十一年下年在吳淞編成的。吳淞中國公學中學部舊學則上四年級下學期有心理學一科。我於十年秋起任該部主任，四年級學生只有一班，心理學只有一學期的兩小時，我本忙於事務不能兼課，但因鐘點太少，不易得兼課教師，故十年下學期四年生的心理學由我自己擔任，採用的教本是商務出版吳康所編的《心理學原理》。這本書本非教科書，但以其比較的新穎，其內容的豐富，遠在當時一般師範教本的心理學之上，所以選用它。但是教起來非常吃力，因為它的內容較專門，文字較深奧，不是一般中學生所能理解。十一年下年，中國公學中學部改名吳淞中學（更名原因見前），並改行新學制，初中三年有心理學選科二小時，又只得由我擔任。最初本擬採用現成的著作為教本，但選擇不著適合於十五、六歲青年所能懂的心理學教科書，於是在處理行政事務之餘暇編輯了這書。

這書名為《心理學初步》，並不是一部嚴格的心理學，而是一部以心理學說明日常生活的心理學常識，我在序言中曾說：「我相信科學是改進人生的工具，並相信中學生——尤其是初中學生——所需要的是關於日常生活的科學常識，不是科學的系統。所以本書的取材：（1）只以日常生活的精神現象為限，（2）說明精神現象的例證，多在一般青年所能發見的事實中揀取，（3）除第十一章詳論心理與行為之關係外，自第一章至第十章說及精神現象都附帶講應用的方法。第十二章略講現代心理學之趨勢，並分類附以中英文參考書，意在指導歡喜研究心理學的學生一種研究的門徑，並不是心理的系統。」因為那時的吳淞中學試行道爾頓制，道爾頓制之下的學習，是以學生自己閱讀為主的，所以在文字上「我更注意於怎樣才能使中學生自己看懂。每下筆時，總有十五、六歲的青年的影子在我的腦中，故文字力求淺顯，例證力求通俗。」「但是這樣作，自己還不相信，編完並請幾位沒有看過心理學的二、三、四年級的學生過細看一遍，並請他們各把不懂的地方記出來，結果又改去許多。」

此書共分緒論，精神現象之原始本質、本能、知覺、記憶及想像、習慣、感情、思想、行為、自我、心理學對於職業與其他科學及人生之關係、近代心理學的方法分類及派別各章。並附譯名表，共約十五萬言。十二年一月交由中華書局出版，於當年五月初版發行。

四、《公民課本》

民國十一年十一月一日教部公布學校系統改革案，是即所謂新學制。學年方面小學改為初級四年、高級二年，中學分初、高級各三年，大學四年至六年。斯年十二月六日至八日由各省教育聯合會推定之袁希濤、黃炎培、胡適、經亨頤、金曾澄五人為課程標準起草委員會，在南京召集專家會議，商訂大中小學的課程標準。中學方面，陸步青、廖茂如、朱經農、段育華、朱君毅、顧珊臣與我七人被聘為專家。討論了三天，商定了初中必修科目名稱、學分數、畢業最低限度標準三項，及高中公共、必修科目、分科選修科目、純粹選修科目之名稱、學分，及必修與選修及專修與選修之比例等。並議定另聘專家起草各科課程標準。在初級中學社會科中有公民一門計六學分（歷史、地理亦均入社會科，各八學分），其內容「包括法制、經濟、家政、論理、公共衛生」，其畢業最低限度為「子、具有衛生、法制、經濟及社會之常識而能應用者，丑、能明瞭人己關係，而實踐公眾生活之規律者。」十二年春各書店均準備出新教科書，我於二月應中華書局之請為之編輯第一部《公民課本》。

我於法律、政治、經濟、衛生等等科目本非素習，而且十二年二月，分科課程標準還未擬定，要編輯教科書也無所依據，而竟擔任下來的是由於陸費伯鴻之鼓勵。我於二月決計脫離吳淞將去南京之前，曾訪陸費，告他以我欲去南京的大概情形，他欲我入局主持新中學教科書，我不願住滬，未允其請。他亦不相強而請我編公民課本。我當時不肯答應，第三日陸費約我晤談，我告以對於法律、政治、經濟、衛生等非素習及無可依據之標準等等請其改約他人擔任。他說：「要這四種科目都是素習，中國恐無其人。初中學生所需要的是人生常識，而不是純粹的科學，你的常識就我所讀過你的著作及談話看來，可稱一部活的百科全書，只要把你的常識略加整理，即可成為一部好的公民課本。至於『依據』，則儘可以你的經驗與學力從初中學生需要上假定一個標準。現在之所謂專家，對於某科誠然有其長處，但對於中學生的需要恐怕未必像你有了六、七年中學教育經驗者之明瞭。」這番話，打動了我的心，而且我去南京決定不專教書而欲以一部分時間從事著述，則因為要編輯非所素習科目之教本，強迫地多讀一些參考書，於學業也未始無益。所以便毅然答應下來了！

此書不過六、七萬字，但因為無所依據且內容所包的科目又很廣，所以擬定綱目，閱覽參考書，竟費三、四個月的時間。直至六月初始執筆，但六月底即已完畢，八月發行。

此書分為團體生活、政治組織、經濟生活、社會問題、國家關係、道德問題六大單元，每一單元講授一學期。因為「公民科的目的，在知行並進。關於知的方面，於正文材料外，並附有許多練習題目，引導學生自己研究：關於行的方面，不用消極的諄誡而用積極的暗示」（例言四）。又依課程標準委員會的規定，並無道德問題，而我獨為加入者，是因「歷年和中等學生相處，而感觸有加入的必要，書中內容，也可以說是素日的理想」（例言九）。在文字方面，則以「照新學制所規定初中學生的年齡為十三歲至十五歲。此時的理解力還沒十分發展，文字太嚴肅，容易流於乾枯，足以使學生起厭惡之念，故本書用故事體」（例言三）；「編就後曾邀初中學生數人閱過一次，他們所不明瞭的，大概修改一過，故三本之中，文字深淺不同。」（例言五）。「教科書不是『傳之萬世』的著作，其內容應以時代精神為轉移，此書內容只是個人對於時代觀察所及的一種結果。」（例言十）。但因當時沒有這樣淺顯的同類著作，所以銷售數在當時同名稱的教本中要算最大。

五、《人生哲學》

人生哲學也是一種新科目，而且是我提出的。其經過我在《人生哲學》序文講得很詳，到現在應算是教育史料了。所以節錄如下：

「我脫離學校生活後，即在中等學校服務；任教職於男女師範、中學者歷時七年，歷地數省，歷校及十，故對於青年男女常有機會與之為團體及個別的接觸。而數年來所感於懷者，即多數青年對於人生無多方面之觀察、考量，因而見解狹隘，生活煩悶。十一年冬，全國教育聯合會新學制課程標準起草委員會在南京開會，我曾出席中學教育組。當討論高中必修課程時，我將數年蘊蓄於懷的感想向大眾傾吐一番，主張加一種科目，討究人生各方面的問題；當時首先贊成者為黃君任之，但名目如何，我們都無定見，後經幾次討論，始定名為『人生哲學』，並規定為六學分。十二年初滬寧委員分科審查，減為四學分，名稱仍舊。何年教授則由各校自定。

「科目定後，即由委員會延請李石岑君起草綱目，石岑轉推常君乃悳。爾時適與常君在吳淞共事，恭常君草就之綱目，特注重於哲學方面；當時雖有不敢苟同之處，而以職務忙碌，未曾參加意見，而委員會亦未加採用，卒改由黃任之君起草。

「十二年二月由吳淞遷南京，江蘇第一中學高三已設此科目，由石岑教授，適石岑去滬，乃請我繼續擔任，當時參合石岑、任之、乃悳之綱目，內容分為機體、活動、道德三部分，共十餘萬言，而特別注重於道德方面；蓋倫理學為人生哲學之本位的舊觀念，猶深印於腦中也。

「十二年八月與劉伯明君赴湘暑校講學，共居處者十餘日，屢次談及此問題，他以為人生哲學以道德哲學為重，範圍未免太狹，因共商定另編一綱目，而將其內容分為五部分——緒論、機體、分析的活動、綜合的活動、究竟——一中高二此科之教材即以此為綱，編印講義。今年春東大附中亦加授此科，由我教授，乃更將去年在一中所用之稿增刪付鈔；又與任之及蔣竹莊君商，再加入修養一部分，於是成為現在之內容。此稿共計修改四次，歷時一年半，試用三次。

「人生哲學是一種新科目，到底要包括些什麼。既無前例可遵，便不得不自行創造。此書雖係我一人執筆，一人試用教授，但其中的意思卻不是我個人的。除上述諸人直接參加意見外，去年國內學術界所發生之科學與人生觀論戰的諸議論，間接亦有很大的影響。

「這書雖名人生哲學，但其中之大部分卻是與人生最有關係的科學常識及哲學常識。所以如此取材的：一因年來許多青年的思想，頗有趨於空泛之傾向——如作浪漫的新詩及空談主義之類——想設法引起他們研究科學的興味；一則略為指出人生問題是多方面的，使青年由有此科而有較豐富的生活，努力前進，不因小不遂而煩悶。至於學者個人的人生問題，則待學者自身解決；此書目的只從各方面敘述人生的問題，而不希冀為個人解決人生問題。」

全書除附錄外，計十四萬餘言，分為六編。第一編緒論，述人生哲學意義及研究之方法與目的。第二編人生的機體，述生命的原素及其特徵、生命的持續、人類在生物界的位置：是從生物學上立論的。第三編人生活動的分析研究，則從心理學上立論，述人類活動的動因及其原始稟質與機械、感情、理智諸活動，及個性與群性。第四編人生活動的綜合研究，則以倫理學及價值哲學為基點而分論自我及人格、道德、宗教、藝術、愛、自由、理想諸事與人生的關係。第五編人生的究竟，述人生的意義、價值、目的及個人與宇宙的關係，則係對於人生究竟問題為一般的探討。第六編人生的修養，分論身體、精神、行為、職業上各種修養問題，意在鼓勵青年從事一般德性之修養，以創造其人生理想而實踐之。

就體系講，本書不能算哲學，也不能算科學，只是我認為一般青年所當知道的關於人生之科學的與哲學的常識。取材除一般生物、心理、倫理、美學、哲學等著作外，關於科學及哲學常識方面，頗多採取美國莫爾《現代心理學之基礎》第二篇第三篇的論據，但對於人生哲學的特質，人生的意義及人生的目的等則發抒我自己的意見。這意見雖似平常，然而很可表示我當時對於人生各方面的見解。在我三十餘種著述中，專論人生問題及表示我的人生見解的只有此書。故以下還得略為摘述。

我對於人生哲學的內容既規定為機體，活動——分析的與綜合的——究竟，修養諸部分，為自圓其說起見，所以下人生哲學的定義為「人生哲學是以科學實證為根據，研究人生的機體、活動、究竟、修養問題，而為意義與價值之探討的學問」——二十二年修訂本改為「人生哲學是以科學實證的人生機體、活動為根據而討論人生之意義、究竟、修養等問題的學問」——而以發生的、心理的、社會的方法，為研究此項學問的工具，以辨生、明我、勵行，為研究此項學問的目的——蔣竹莊先生在此書序言中稱此三項目的為有學說的價值。

就機體與活動講，人類與其他動物比較，只有「量」的差異而無「質」的區別。但我從生物、心理、社會學各方面，推論人類有一種特質為其他動物所不能具有的，即「無限的自覺創造性」。「所謂無限的自覺創造性者，是人類對於環境及自己的行動，不但自覺而已，並且時時感覺不滿足、時時創造新事業，以滿足精神上之要求。從廣義講來，無論何種行動，只要不是襲取他人的，都可叫作創造的。照這樣解釋，其他動物有特新的行動，也可謂之為創造的動作；所異者，動物有此行動，無整個的計劃，預期的目的。人類則不然：對於環境及行動，不僅為盲目的創造而已，並於創造歷程中，能自知其創造者為何物，所欲達的目的為何事。所以無限的自覺創造性是人類於自己生活歷程中，時時自覺不滿足，而創造新生活，並能自知所欲創造之新生活的目的。如此周而復始，永無止境，從個體講，直至軀體消滅；從團體講，直至綿延無限。這種了解物我、創造不已的精神，就是我所認為人類精神上的特質。」「所以對於人類之將來總是可以抱樂觀的，並推論其發達無窮，進步不已。」

我並本此特質推論人生的意義說：「我們從生物學上看來，知道生物有了機體，便要活動，而人類精神上有一種無限的自覺創造性的特質，一切活動都能影響於他人（因果觀），故個體雖小，其有造於宇宙者卻很大。所以我們覺得人生是積極的、演進的、徹頭徹尾有希望、可樂觀的；人生的一切活動都是能創造的、有效果的。我們的機體存在一剎那，便當本創造的精神為積極的活動；無所謂悲觀，更無所謂虛幻。至於儒家『就生言生』的態度，雖然也能使人樂生，但究非徹底的。我們雖不排斥這種思想，但只能以之為追求人生意義的起點而不以之為終境。」

我本此特質，更規定人生的目的為「發展自我，延擴社會」。因為「我們從各種科學上看來，都知道人生的活動是由於機體的存在，而人生的一切問題也都是由機體存在以後所發生的。我們既是由物質的細胞所構成的『人』體，當然不能置生存的機體於不顧，而為虛幻的靈魂或超人說。所以我們以為人生的第一目的，就是存『我』。『我』既有了存在的機體，便要時時活動，活動的方向雖然有種種，但其目的在於自存存人，故『我』是一切生活的根本，是生活中最有價值而最當看重的。然而只注意於一『我』的活動，而不及於對方之他『我』則活動可以互相衝突而於『存我』的目的有妨礙。所以當活動時，一面要努力發展自我，一面又要注意社會。換句話說：當我們活動時，應當使個性與群性交融，使之均齊發展。所以我們以為人生的第二目的，就是延擴社會。所謂延擴社會有兩種含義：一是使社會的機體繼續存在於無窮，一是社會機體同時擴充於無邊。我們知道個人的機體是要消滅的，而社會的機體則能萬古長存。『我』有機體，能活動；當活動時，就個人講固然是在於發展自我，就社會講則於社會機體的存在使之繼續的綿延以外，並將其存在之內容增加。故我們多一分活動，自我便充實一分社會也悠人而擴大一分。然而活動是自有機體以來所具的特質，並不假外求，只要我們順其趨向，向前進行。這不假外求而時時向前的活動，便是無限自覺創造性的表現。所以我們可以說：『人生最後的目的是發展自我，延擴社會，而其方法為無限的創造。』」人生所以要修養，是因為要達此項目的，而本能的活動不能統馭自然，不得不將固有的能力特別加以訓練，使之盡量發展。

同時我讀過桑戴克的著作較多，而很相信他的刺激反應說（下詳），所以更採胡適不朽論的見解，而以為「『我』是平等的，有自由發展的權能，人人可以由自我的擴充而變更宇宙全體：只要我們繼續不斷的活動，費一分努力，便有一分結果，社會的進步，大我的擴充，我們個人都有全權，只看我們個人的造因怎樣？我們不悲觀，不苦惱，而抱無窮的希望，繼續向前活動，就是為此！」

以上種種人生的見解，我嘗自稱之曰「科學的人生觀」。是針對一般青年而發。同時也是我的夙見。此見解我至今尚無大變更，對於現在的青年，似仍可適用。

六、四本關於道爾頓制的書

道爾頓制四字使我成名，使我儕於所謂「教育家」之列，使我在中國教育方法史中占一個姓名，使我藉以生活若干時；但關於道爾頓制的四本書，在我的教育著述以至於一般著述中都不占很重要的位置，所以只用較短的篇幅，把它們併在一起說說。

道爾頓制本是一種教育方法，並無很深的學理待研究。十一年秋我們在吳淞中學所以要試行道爾頓制的原因和什麼是道爾頓制，在前篇中已經說過，這裏不必再贅。我編著關於道爾頓制的四本書，不過應「時勢之要求」而已，並無何種深意。

我關於道爾頓制之第一本書——也是中國關於該制之第一本書——名《道爾頓制概》。十一年十月我們在吳淞中學試行道爾頓制，九月間在《教育雜誌》中出道爾頓制專號。其中論文之執筆者大半為吳淞中學之同事，我則〈撰什麼是道爾頓制〉一文。同時因「感觸到此制的理論及辦法很有許多地方可以醫我國中等教育的積病，應當有本專書供他人參考。於是我一面為《教育雜誌》道爾頓制專號撰文，一面搜集編輯《爾頓制概觀》的材料。不過那時關於道爾頓制的出版物，只有杜威女士之《道爾頓實驗室制》為最詳。一切材料，除《泰晤士報》教育增刊而外，都聚之於該書，所以在《教育雜誌》上預告此書本年（十二年）一月底出版。《教育雜誌》〈什麼是道爾頓制〉一文寄去之後，柏克赫斯特女士的《道爾頓制之教育》寄到了。

過細一看，書中內容比杜威女士的《道爾頓實驗室制》精確得多，並且道爾頓制是柏女士所創始的，她的話總要靠得住些，所以把從前的計劃一變，根據她的見解重新編過。」故全書分緒論、歷史、原則、實際應用、作業室、功課指定、圖表法、教授與學習、道爾頓制與小學教育、中等教育、設計教學、葛蕾學校制度及結論十三章，約十二萬字。材料之最大部分是取之於杜威女士及柏克赫司特女士的。第十一章是朱光潛君作的，第十二章前半是常乃悳君作的。於十二年二月在南京編完，交由中華書局於是年五月初版發行。因為當時教育界對於新教育方法都很歡迎，所以此書到七月即再版，就銷售數量言，是比較的大。

第二本關於道爾頓制的書名《道爾頓制討論集》。十二年暑假我曾在「東大暑校，上海國語專修學校，及武進、宜興、武昌、長沙各處講演，講演時間綜計四十餘日，聽講人數共一千有餘。每到一處均抽出一部分時間，請聽者自由用書面提出問題，共同討論，計前後共得問題一千三百十三則，提出問題之人數在二百以上。」九月間請舊長沙第一師範畢業生當時在東大肄業之余蓋君整理，去其重複而併其性質相同者，共得二百〇四題。再分為原則、設備、編制、課程、教學法、成績、學校行政、效用、小學、中學及雜項之十一類，每類數題至數十題。全書約六萬字，文字由余君執筆，我為校閱。其目的在「供邊地或鄉村教師研究道爾頓制的參考」。於十二年十二月編就，十三年三月由中華書局發行。

關於道爾頓制第三本書名《道爾頓制研究集》。全集十四五萬言，分學校組織問題，設備概況，成績紀錄表，功課指定概說上、中、下，指導法上、中、下及小學教學法與道爾頓制之十章。係整理十二年暑假在南京、上海、武昌、長沙等處之講演稿而成，除指導法之三章外，均陸續在《教育雜誌》、《中華教育界》、《中等教育》各雜誌發表過。於十三年三月編成，同年六月由中華書局發行。

在此書中，我曾表示我對於道爾頓制及中國教育方法的意見說：「道爾頓制是近代教學法中一種特殊的產物，其特質為個別教學、團體組織。此個別教學、團體組織八字是調和個性與群性的要素，差不多是熱心改進的教育者所共同期望的。道爾頓制的方法能否達此目的，我們雖不敢武斷地斷定，但據此以為研究改進的方針，卻能引導我們入於坦途。故我們對於道爾頓制之研究與實施，不要以道爾頓制的機械辦法為限，更不當為適合於外國環境之方法所束縛，當本其精神，努力於創造更適宜於國情之方法。」

第四本關於道爾頓制的書名《道爾頓制淺說》，為中華書局常識叢書之一，全書三萬餘言，為應該書局之請而編輯者。內分一般人對於道爾頓制的誤解，教育者提倡道爾頓制的原因，道爾頓制之歷史及其原則，道爾頓制之具體辦法，道爾頓制之優點，研究道爾頓制之精神及方法六章。因「此書為常識叢書之一，係備社會上普通人士閱讀，故措詞立意，力求淺顯；文體用故事體，但其中情形卻不是完全杜撰的。」又因當時有許多人以道爾頓制重個人自由學習及各科平均進行誤會為私塾制及學年制，故第一章特為提醒，以免以訛傳訛。本書於十二年十一月編就，十三年六月發行。

七、《個性論》

在十四年夏以前，我只翻譯過兩本書，而且都是關於心理學的：一為桑戴克的《個性論》，一為莫爾的《現代心理學之趨勢》——嚴格講來，只有第一種可稱翻譯，第二種應稱編譯。

桑戴克的《個性論》，分量甚少，全書不過二萬餘言。但我卻用過很大的力量去翻譯。翻譯完畢，自己校閱讀三次並請劉建陽君校閱一次——也可說是我的唯一的翻譯工作——並作一篇相當長的敘言，說明我所以譯此書的原因，並摘述其學說及他的生平與著作。我在序言中說：「我最歡喜讀桑戴克先生的書：先生的重要著作如《大教育心理學》、《教育心理學簡編》、《教育原理》、《動物智慧》、《心理學要義》以及與Strayer合著之《教育行政》等都購備得有。每得一卷即反復不捨。前年在湖南第一師範教書，曾根據先生的《教育學》及《教育心理學》，編《教育心理學綱要》及《教育學》（此書未付印，後遞嬗而為《教育通論》）並譯其《大教育心理學》第一本（共三大本）之五分之四。讀先生書，每覺精神怡然，頭頭是道，我近來之行動，亦很受其影響。」「桑戴克先生是首以科學的方法研究動物心理學的，所以他的學說大概都是從研究動物抽繹而出。他的最重要的著作是《大教育心理學》：此書共三大本，千二百餘面：第一本《人之原始稟質》（The Original Nature of Man），第二本《學習心理》（The Psychology of Learning）。第三本又分兩部：第一部《精神工作與疲勞》（Mental Work and Fatigue），第二部《個性之差異及其原因》（Individual Differences and Their Causes）。這三本書中所討論所研究的各有它自己的範圍，彼此不相混雜，但有一條基本原則，就是刺激反應說（Situation-Response Theory）——他的教育理論與方法都是從此抽繹而出。他以為一種反射動作或本能，有感觸刺激發生反應的能力，刺激與反應中間，並有一種聯結；而同樣同一的刺激應產生同一的結果。刺激與反應的聯合，有一定的因果，決不是偶然的機會。但刺激與反應除了基本勢力外，還有其他副勢力協同動作。所以同一的刺激可以產生不同的反應，而同一的反應，也可反應不同的刺激。人類的一切行動，都是由刺激與反應的聯結所產生的。這種聯結雖極複雜，但對於人類行動所生之反應，可以三種定律解釋：即一、準備律（The Law of Rsdiness），二、練習律（The Law of Exercise），三、效果律（The Law of Effect）。人為什麼要有行動？是因為有所需要——不論是由內部的要求或外部的刺激所產生的——有了需要，便要設法達其目的。準備律就是聯結刺激與反應的傳導點（Conduction Unit），對於刺激有需要（廣義的，不一定是有用的）準備傳導，則傳導使人滿足，否則困惱。所謂滿足，是人對於某刺激不設法避免而保留其一些動作；所謂困惱是人對於某刺激不求保存而與之絕緣。練習律又分二種：一、運用律（The Law of Use），即刺激與反應之間，經過一度聯結，則此聯結再遇此類似情形時，其力量增加；二、不用律（The Law of Disuse），即在相當的時期內，刺激與反應之間沒有聯結，則此聯結的力量減少。效果律是刺激與反應中間的聯結有滿足的事實相伴隨則此聯結的力量增加反之伴以困惱的事實則其力量減少。人類的行動，沒有能逃出三種定律之外的。這三種定律在教育上的效用很大：自學輔導、適應個性、設計教學、道爾頓制等新理論與方法，大概都從這原則中抽繹而出。我並相信這原則可「應用於改造社會方面」。「桑戴克這本小冊子雖只有五十二面，但把他《大教育心理學》第三本第二部的重要原則原理都簡約在一起，所以文字含義甚富，譯成中文很難明瞭，勉強可讀原文者仍是讀原文為好——希望有多人研究他的學理」。以上所說，是我所以選擇這小冊而用很大的努力去譯述它的原因。

此書除我的序文及原編者序言外，正文只個性差異之本質、原因、旨趣三段不過兩萬字。但我卻費了一月餘的時間去翻譯。書成於十二年七月，同年十二月由中華書局加入教育叢書中發行。

八、《現代心理學之趨勢》

「這書是美國Western Reserve大學哲學副教授莫爾（J.S.Moore）著的，原名The Foundation of Psychology，直譯之當為『心理學基礎』，或『心理學要義』。但其所討論之心理學派別，心理學範圍及心理學臆說三問題，都是現在心理學上所急要解決而未解決的重要問題。且其所述特別注重於現代心理學說上之各方面，故易名為『現代心理學之趨勢』。」「現在各國心理學，大概都趨重於實驗方面，莫爾此書則完全從理論上立言」，以為「從前的純理心理學者固然視心理學為哲學的一支，現在的行動派、機能派、構造派、自我派也各有所偏，而不認心理學為一種獨立而完全的科學；且各派的立論，彼此互相衝突。故發憤把現代心理學上的各派及各種說明心理現象的臆說作綜合的研究，而思調和各方面之意見，構成一種一面脫離玄學，一面脫離生物科學而獨立的完全心理學。」「但他個人的立腳點，卻偏重於機能觀方面，故事中維護機能派的地方甚多；對於行動派與自我派的批評比較嚴格，而對於構造派的觀點則仍視為心理學之正宗，不過不認其與機能派有同等的地位罷了。」因其第二編講哲學與科學的關係，第三編講臆說的問題，卻大半是哲學及科學的常識，所以我十二年在江蘇一中教人生哲學及在東大附中教心理學，均取其一部分為參考材料，而將其大意寫出。後來因其可為一般人研究心理學哲學等之參考乃全部寫出，但非逐句對譯，只就其大意述之而已。其第三編之一部分，並係由我口述，余蓋君代為寫下。寫畢又曾交友人楊效春君校閱一過。全書約十五萬言，分心理學之派別，科學心理學的範圍，心理學的臆說三大編，六章百二十四節，附表甚多，可稱研究哲學及心理學者之通俗的良好讀物。於十二年十二月編譯完竣，十三年十月由中華書局加入新文化叢書中印行。

九、《教育叢稿》第一集

上面各書均成於十三年暑假以前。十三年秋至十四年夏則以返湘赴川，旅途費去的時間很多，而在成都半年之中又為功課與講演忙，雖曾為教學之便，編輯教育通論、現代教育方法、中學教學法、教育心理學四種講義，但以大學生所需的各科內容，比中學生的要深詳，而時間與參考書均不敷，故對於該四科之講義只擬定一些大綱，十四年夏由川返寧而後，始陸續整理其前三部，故此一年間未寫成整冊的教育書籍。但我的寫作已經養成習慣，即在旅途只要有機會，仍照常執筆。故於十三年九月由長沙返里時，在途中寫〈小學教育問題雜談〉，於十月赴川，在輪船上寫成〈收回教會中學問題〉及〈中學職業指導的先決問題〉兩文。——三文均甚長，合計當有四萬餘言——在成都則只以所經之交通困難的經驗寫成交通與教育及因南開大學之「輪迴教育」的風潮問題而寫過一篇願全國教育家反省，此兩文為雜感式的評論體，故均不長。在成都半年，只寫兩篇教育文章，除功課忙書報少的原因而外，交通不便——上海北京的書報寄到成都常常在二、三月至半年以後，看過之後，寫成文章，再寄出，又須一月，除去純粹學術性的文章而外，如係討論教育問題，到發表出來，已成了歷史而無人要看了。——是其重大原因。

在成高因為新書不易得，雜誌亦不完全，而講授現代教育方法、教育通論等科目，每想引用自己的文章而不得。成都第一女子師範雜誌較多，保存亦較多，乃將成高之所缺者，請該校畢業生劉舫、林靜賢兩君代為查補鈔錄，彙成一冊，十四年夏返寧，再將民國十年後散見於《教育雜誌》、《中華教育界》、《中等教育》、《新教育》、《教育與人生》五種刊物而未經編入其他書本的文章擇要重編，略分為道爾頓制、中學教育問題、教育評論三大類，每類又附與其性質相近之文若干，以便讀者。而名之曰《舒新城教育叢稿》第一集。全書計收教育論文二十篇，附錄三篇，書前並加一篇自傳式的長序，共約二十萬言，於十四年十月編就，同年十二月由中華書局印行。

十、《蜀遊心影》

此書為我由寧赴蓉及在蓉半年所寫，為書信體：分寧蜀途中、渝蓉紀程、錦城雜拾三編，述當時生活情形。以其中有些話，在當時為避時諱不便發表，於十六年夏始交北新書局，不料兩年未經排出，函催每至數月不得復。十八年校對已畢，適為李劼人君的一部書稿與該局交涉，頗有不快之感，乃於十八年向該局購出紙版，交由開明書店印行。至二十三年再改由中華書局發行。此書雖係副業的副業，但目的只在說自己要說的話，並不以「業」看待，而其內容又與教育無直接關係，故不詳述。

自民國九年秋至十四年夏之五年間之教育著述副業，大體如上述。其中尚有零碎文一章雖在當時生活上也不無補助，但稿已無存，搜集不易，且亦無關重要，便不再述及了。

第四章　正業

一、理想與計劃

我從民國八年暑假畢業湖南高師而後，八年餘之間，正式任過教職的學校：有湖南兌澤中學、第一中學、福湘女學、第一師範、吳淞中國公學中學部、南京東大附中、第一中學、四川成都高師八校，湖南、江蘇、四川三省區，而講演的地方則有江蘇、浙江、安徽、湖北、湖南五省區數十學校——十年秋曾參觀北京、天津各校，十三年四月至十一月曾參觀江、浙、皖、湘、川五省之中等學校五十一所二百餘班，各校幾均有講演——故我與國內教育界接觸的範圍比較廣，因而對於各地的情形也比較的明瞭。而此八年餘中，國家擾攘不寧，內而軍閥互相混戰，外而國際壓迫日力，教育界對於國內與國際種種不良現象之感應，比較一般民眾為強，而愛國救國之念，也比較一般民眾為切。於是教育界與現實政治界常處於對敵地位。政府對於教育界，縱不取敵視態度而生死任意，亦每取敷衍態度而為消極的掣肘，各省及北京教育經費之積欠，即其最平和之消極辦法，我在此八年餘中，親經湖南及四川之黑暗政治，在學校且為幾次風潮的對象，對於其他政治黑暗、教育黑暗之見聞更不知凡幾。於是對於當時的教育以及教育制度也因對現實之不滿而有種種反感。十年在長沙時，即擬從近代中國教育史中，理出一個現代教育所以如此如彼之答案來。十二年到南京，本擬從事研究近代中國教育史，以教課編講義及講演道爾頓制忙而未實行。所以在川時即決心不再作教師，而欲專心致志於近代中國教育史的工作，同時並欲根據個人理想創造一種新的教育制度，以為立己達人救國之具。

我出身農村，對於經濟的勢力，自幼即略感知。在高師四年，更感著經濟支配人生的力量——我每念到，當時若無官費的高師，不論我如何努力，絕不至有今日——所以對於「讀書人不治家人生產」的名士，歷來痛恨。而在教育界生活八年餘，更體驗到要講自由，在個人必得生活有辦法，在學校必得經濟能獨立。我是自由思想者，有生以來，雖在各政黨黨員中均有至友，但始終不曾加入任何一黨，故在經濟上，既不願與政黨方面發生關係，更不願與政府發生關係，以免妨礙自由。而八年日本武者小路實篤的新村及國內的工讀互助的思想又很給予我一些影響。所以我當時的理想，要創造一種不恃外力專依勞工以自存的一種私人講學學院，第一步辦法是以個人人格的感召結合少數略有生活能力的青年，共同工作，互相砥礪，先解決個人生活，再進為團體之發展。第二步俟個人生活有辦法，團體基礎鞏固之後，再將辦法宣傳以引起國內有識之士之注意，希望有人從農工各方面結合同志，創立學院，蔚成風氣，以改變師生賣買知識不問行為的關係，以影響商品化的正統教育制度，而為國家社會各方面培養一些有用之才，替國家擔當一些艱苦的事業。

我的理想既要創立一種以勞力自活而與學者共同工作互相礪砥的私人學院，則第一問題是經濟的籌劃，第二問題是青年的結合。我雖然出身農村，對於種植方面也有許多常識，但從事農業，要有基地，要有體力，自問不是專長。在寫作方面，自幼養成習慣，因而對於寫作時時都感興趣：這是因為我的求知慾與發表慾均極強，而且歷久不渝，在寫作中可得相當的滿足；而數年來周歷各省，積儲的感想甚多，也要得一段整個的時間整理發表；同時，因為在幾家書店出版幾本書，與出版界有相當認識，著述比較容易換錢，所以決定以著述工作為解決經濟問題的工具。在青年結合方面，則在成都有羅文漢、孫承光兩位雲南學生，對於我的理想與計劃很表同情，而且在文字工具上也有相當的能力。我的計劃是要從小處作起，以植立基礎，並不要集合許多人。有此兩人，已經可以成立一個小團體，所以在人的方面也算是具有微薄的根基。

著述的方針決定了，再擬定進行的辦法，辦法分兩部：一是讀書，一是著述，而讀書部分又分為自己學習及指導青年學習兩項。我在高師本是學英語的，後來之研究教育，是由對於教育發生許多問題得不著解決，而想從閱讀教育書籍中求解決。所以早有研究近代中國教育史的傾向。可是我的求知慾素來很盛，閱讀興趣素來是多方面的，而於文學、音樂、美術等等尤具特殊的嗜好，所以在學問的基礎方面，是比較廣博。自高師畢業與社會實際接觸而後，更常感知識不敷應用，於社會科學及歷史學識亦感缺乏，同時，在當時的一般教育專家，每每於教育以至於其所專治的教育部門如測驗統計、教學法等以外不問其他，甚至不知其他；有若干自國外歸來專治教育的專家，缺乏「此時此地」的治學精神，對於本地風光的教育資料，不願搜集研究，以至著述例證，都得採取其留學國的材料：這些都引起我很大的反感。因此我當時雖決定以教育著述為達我教育理想的工具，但對於自己所欲學習之科目，則絕不以教育為限。故擬定自學計劃，除教育外，第一是時代知識，即注意於報紙雜誌的閱覽；第二是近代史，包括國際、國內兩部分；第三是社會科學，尤重經濟學及社會學；第四是哲學，尤重心理學及道德哲學；第五是工具學問，除隨時閱讀英文書報，學習英文寫作外，並重習法文（我在高師曾習過法文二年，德、日文各一年。）於教育則注重教育制度、教育哲學、教育方法等。對於指導青年學習，則當時只有孫、羅二人，除令其參與工作直接學習外，並為之指定書目，令其閱讀，備其隨時質疑問難，並於每晨抽出一部分時間教以英文，彼等並轉學東大，在學校選課。

在著述方面，除決定先將歷年積稿及在成高講義整理成冊外，亦擬定三部計劃。第一部是生活工作：即編輯辭典與翻譯英美教育書籍以期以稿費或版稅的收入，維持生活；第二部是研究工作：我因幼受私塾與書院教育的影響，對於新的教育制度，在學生時代即覺有點格格不入，及作教職員經過幾次風潮並看得當時教育界的種種不安與師生間的種種仇視的現象，對於教育制度與社會組織之關係發生種種疑問，更常想從近代中國教育史中求得答案；而當時教育界，除去我們在吳淞的一群「浮薄少年」以及其他的少數青年（十三年南開大學《學生週刊》的〈輪迴教育論〉其最著者。參閱《舒新城教育叢稿》第一集二八六頁至二九五頁）及非教育家（十三、四年北京出版之《每週評論》不時有批評教育的文章）對於中國的教育有所懷疑，有所批評而外，大多數的教育家，似不感著當前的教育有問題，尤少有人感到教育制度與社會組織之關係的問題。我的疑問既不能向教育家求得解決，便只有自己努力。所以我對教育研究的中心，乃根據多年來之意向，規定為近代中國教育史。此中心又復分為兩部分，一部分是整理自清同治元年設立同文館以來中國改行新教育的史料，而寫成一部較完備的近代中國教育通史及若干專史；又一部分則為保存現在的史料而每年編一部年鑑：著述計劃之第三部分為文藝工作：我平日本歡喜讀文藝著作，少年時，又曾寫過幾篇小說，「五四」運動而後，對於新文學的譯著作品讀得尤多，加上自身的經驗有許多很可以取為小說戲劇的資料，故內心常思為文藝的創作；且數年來限於環境，所見、所聞、所感不能盡情直說，而思用文學作品發舒之，以舒胸中鬱積，所以把文藝創作也列為著作計劃之一。在事實上，則因為平素寫慣了論文，文筆粗率，不能作深刻精細之描寫，在創作技術上的修養實在不夠，所以只擬定了幾部小說格局，寫了幾段《起講》，終於不曾繼續下去，故第三項計劃完全未曾實現。第二項計劃關於保存現在中國教育史料，編成民國十四年、十五年兩部《教育指南》。十六年起，本約定由中華教育改進社繼續，但以政局變動，社且無存，當然談不到書的繼續。此兩書遂成為中國私人教育史料著述之絕響。關於整理自清同治元年以來的史料部分，則編有八十餘萬言的《近代中國教育史料》四冊，《中國新教育概況》一冊，而著近代中國教育專史的工作，只成十七萬言的《近代中國留學史》及十五萬言的《近代中國教育思想史》兩部及若干篇教育小史；通史及其他專史均未完成。關於第一項計劃，雖然擬了一種三年計劃，選定英美教育名著而為一般從事教育者所讀的基本書籍八種，但結果只譯成一部不在擬目之內的商品著作《個別作業與道爾頓制》。關於第一項計劃則編成一部《中國教育辭典》——此書由余家菊負總纂之責——一部《中華百科辭典》。兩冊《常識叢書》。就是積稿與講義亦只整理完成一部《教育通論》，一部《現代教育方法》，而原有之「中學教學法」，「教育心理學」亦均被擱置。這原因一部分是由於工作計劃太多，三年的時間本來不敷，一部分是被「教育家」的虛名所累，被許多好意過訪者的談話與許多教育刊物主編者的索稿而犧牲我許多著述時間。而最大的原因，是十六年國民政府定都南京，為建馬路，我的寓所被拆，在寧無法覓屋，不能安心工作下去；同時也是為一位朋友的交情使我改變職業。——這種種以後將再說。

二、一位朋友

我的著述計劃與決心雖如上述，但在事實上如無出版家相助，這決心與計劃也難實現。因為在當時中國的教育界對於書籍之需要量不大，出版界對於教育書籍每以其非營業上的良好商品而不願出版。我在當時雖擁教育家的虛名，尋求承印書籍的地方比較容易，但所有稿件，要無條件地由出版家代為出版，在經濟上且可於版稅未到期以前預支或於必要時售稿以維經常開支，卻是不大容易的事。這幫助我的出版家是中華書局總經理陸費伯鴻先生。

陸費伯鴻姓陸費名逵，是浙江桐鄉人，為商務印書館《教育雜誌》第一任編輯，於民國元年創辦中華書局。我在本縣小學肄業時，亦曾偶閱《教育雜誌》，但對於編者之姓名從不注意。民國元年在常德第二師範之附設單級教員養成所，由教師指導閱讀《教育雜誌》及《中華教育界》始知教育界中有陸費逵其人。民國二年男女平權的教育思想大倡，一般教育家主張女子須與男子受同樣的教育，治同樣的職務，他在《中華教育界》上發表一篇〈女子教育問題〉的文章，從女子的特質及其對於社會的責任上立論，主張施以特殊的教育，而力辨男女受同樣教育、治同樣職務之非。我在高師肄業，學校的辯論會中，曾以男女平等為題，我曾參與辯論，因為搜集時賢議論，對於他這篇文章特別注意，因而對於陸費逵三字的印象也特別深。此後《中華教育界》有他的文章，都特加閱覽，更從中華書局之宣傳物中，知道他就是中華書局的創辦人兼總經理。但對於他是「何如人也」，則始終未曾想像過。

民國十一年的九月二十九日下午，吳淞中國公學商科請他講演，其時我在中學作主任，雖然知道商科常常請上海「商業鉅子」講演，但以事不干己，平時也不注意他們請些什麼人。他那天到校講演，我當然也是一樣地不關心，而且他講演時，我們中學正在開會，自無暇去聽他的講演。他講完了，已近天黑，學校在校請他晚餐，我以地位關係，被邀作陪。席上一見，真所謂「神交已久」（他對於我的神交，是看過我在《中華教育界》及《教育雜誌》的文章與我在商務出版的《實用教育學》、《教育心理學綱要》兩書），而我們又都健談，遂致全桌的人的口，都只得閉著，而專用各人的兩耳靜聽我倆的高談闊論。飯吃完了，我們的話仍未完，以致他返滬的車期（當時淞滬車每九十分鐘開一次）延遲一班。而他那「面白身中無鬚」（此為科舉時闈場中填形貌的常用語）頭特大、聲特宏，以及「談得痛快，改日再談」等等，卻給我以很深的印象。不久，他果函約我去滬再長談一次，致我在旅館過夜。自此而後，我們見面的時間很多，暢談的時間更長，有時甚至談了終日。——我的稿件，也漸漸地移到中華書局出版。十二年春我離吳淞，中華書局正擬出一套新學制的中學教科書，他約我進局主持，我不願管理事務，復他一封長信，說了一些關於教科書編輯理論，和對於當時教育界的意見，並詳述我個人生活的態度而毅然去寧。他知道我不能相強，乃請我編輯《初中公民課本》，且按月預付稿費。十四年夏，我從四川返寧，去上海訪他，他又將舊事重提，要我入局任職，我將我的理想與計劃詳細告之，而謝其厚意。他不獨不相強，且就他在出版界二十餘年的經驗——他十八歲（一九〇四）即從事出版業——給我的計劃以許多改正——最要者為編輯百科辭典——及搜集教育史料之種種方法，並願以中華書局圖書館之藏書借閱；同時願盡力代為出版，於必要時並允購稿及預支版稅。我十四年夏至十七年夏之三年間，能夠安住南京，專事教育著述，我的決意而外，他對於我那決意的實現幫助很多。所以我敘述我的教育著述生活，不能不說及他、感謝他。可是在另一方面，我的創設學院計劃與教育著述生活，也因他而終止：那是他於十七年夏請我為中華書局主編《辭海》，再經幾次堅約，終於十九年一月一日入中華書局作夥計了——《我和教育》也至十七年夏而止。

三、生活工作問題

十四年至十七年可稱國內政治界與教育界變動最劇烈的時期。十四年廣東有劉震寰、楊希閔、陳炯明等之變，廖仲愷且犧牲於黨爭。孫中山先生三月在北京逝世後，國民黨內部復起爭執，但國民政府於七月一日成立。十五年春統一兩廣，六月六日出師北伐，十六年三月攻克南京，四月定都南京，不久又有寧漢分裂之事。但未久復合，至十七年底而統一中國。在北京方面，曹錕於十三年十月去職後，中樞有十三年十月段祺瑞之臨時執政政府，十五年五月顏惠慶之攝政政府，十六年六月張作霖之大元帥政府。在北政府所轄之省區，則十四年奉天有郭松齡的倒戈，江浙再戰，十五年有奉派及國民軍之戰，四川則更無寧日。在社會方面，十四年上海有五卅案，廣東有省港大罷工，十六年有上海大罷工。在教育方面，則自十四年起，國民政府實行黨化教育，十六年改教育部為中華民國大學院，十七年復改為教育部，北京政府則十五年有「三一八」慘案，死傷學生達數十人，教育總長且月易一人，（十五年三月至六月有馬君武、胡仁源、王寵惠、任可澄四人任教長），教育經費更少過問。此外因政治思想之激動，教育界有國家主義與黨化教育之爭，收回教育權與教會教育之爭，讀經及禁用國語文與採用國語文及國語羅馬字之爭。而軍事教育、公民教育、科學教育、鄉村教育、師範教育獨立等等，復各有人提倡鼓吹。學潮之澎湃，則可與「五四」運動相埒。北政府之教育總長被毆，住宅被毀，學校宣布與教部脫離關係（北大），各省大中小學亦多有拒校長、拒教員之風潮，教會學校自「五卅」而後，風潮尤多：學生退學，學校停辦者，比比皆是。同時以政治問題而牽及教職員學生之思想問題，以致被逮捕殺戮者亦數見不鮮。此數年的中國教育界，直可謂狂濤巨浪，動盪不寧的時期。

這種動盪不寧，對於我除去教育思潮以外，好像沒有直接的關係，可是它與出版界卻有極直接的關係，而出版界對於我又有極直接的關係，所以這動盪不寧的時期對於我的計劃與工作也發生重大的影響。

在那時，各地既屬干戈擾攘，社會秩序不安，一切事業都受影響。而出版界則與政治教育及文化界的關係太直接，所受的影響尤大。出版界因為要適應各地的環境，非最與政治及教育思潮無關的書籍不能出；而因各地戰亂不息，許多學校不能開學，營業的數額也自然隨之減少。出版業雖然是一種文化商業，但其本質究屬商業，絕不能超出商業的營利法則而專作學術事業；即使出版界有人有志於此，其公司亦將因虧蝕而不能自存，結果仍是不能遂其志願。我的理想是要創立一種以勞力自存的私人講學學院，要以勞力維持生活以達學術研究與傳授的目的，則勞力於不能離開學術之外，還要顧到可以製作商品的條件。我十四年夏初返南京的時候，雖然上海因「五卅」之事而罷課，但各地的戰事尚屬局部的，出版業所受的影響尚淺，所以我的勞力計劃仍是偏重於學術的。我曾選定英美教育名著八種，包括教育史，教育思想史，教育社會學，教育心理學，教學法，中等教育各部門，共約百五十萬言，擬以三年時間完成之。當時選書之目標有二：㈠各書為教育上之基本著作，著作者對於其著作之科目均可代表一種思潮，即十年、二十年之後亦尚有閱讀之價值；㈡雖屬教育一類，但各門均求有適當之分配，並力避國內已出版者之重複。此計劃我認為可以增進一般教育者之基本知識，很可有人購讀，雖然偏重於學術方面，但在出版家亦不至大賠其本；即陸費伯鴻亦以為然。可是十四年八月二十九日，臨時執政府，下令以楊宇霆繼盧永祥蘇督之任，雙十節浙督孫傳芳以秋操之名進兵上海、長興，二十三日孫以浙閩蘇皖贛五省總司令名義進占南京，東南半壁又重陷入戰事，出版業大受影響，我的譯書計劃也被破壞，而且永久不曾實現。

四、《個別作業與道爾頓制》

譯書計劃雖然被戰事打破，但我的生活終得維持，於是轉而求近利之商品。十四年七月道爾頓制的創始者柏克赫司特女士來華講演月餘，由美國帶來幾本書贈我。我雖以道爾頓制「起家」，但十三年秋起，因鑒於國內教育界對於該方法之種種誤解，即不談道爾頓制。可是柏女士來到中國，道爾頓制的書籍仍是一種良好的商品。為使勞力可成商品而又不太離開學術計，便以一月餘的時間將柏女士所贈的《個別作業與道爾頓制》（Individual Work and the Dalton Plan）譯成中文。換得稿費五百元，作我教育著述與創立學院的資本（十四年秋，有成高之雲南學生馬耀武來寧共學，但以性情不近寫作，於冬初返滇）。

譯此書的理由我在該書〈譯者短語〉中曾經說及：「論道爾頓制的中文書籍雖多，但除少數，大概為彼此互抄，量與質不為正比例之進步。此書係英國西青學校（West Green School）校長林勤（A.J.Lynch）所著，雖然他的主旨在報告該校實施道爾頓制的經驗，但前兩章論歷史背景，後一章論課程研究，實有其獨到之處。其中所述之種種弊端，在英國雖說過去，在中國則正方興未艾，而英國小學教育之特重本國文化，尤可從其課程中推證。這些我們都有取來參證的必要。至於敘述道爾頓制及其利弊之簡要詳明，更為熱心道爾頓制者所當知」。

這書因為是「近利」的商品，所以九月交稿，十月即由中華書局出版。

五、《中國教育辭典》

在成都我曾有計劃編輯教育辭典，而且搜集許多材料。但返寧而後，以忙於近代中國教育史的研究與編輯百科辭典，無暇進行。十五年秋，余家菊君來寧任東大教授，與我比鄰而居，偶爾談及教育辭典問題，彼願合作。乃由彼任總纂，我負教育史、教學法、教育心理學諸部門之責任，除利用助我編輯百科辭典之諸人外，並請古楳來寧相助，同時函請各友人撰稿。以十餘人之半年時間於十六年一月將六十餘萬字之中國教育辭典完稿。但以時局變化，至十七年五月始由中華書局發行。

此書由余君任總纂，故一切計劃及內容均由他負責主持。他在凡例中曾說：「本書之所搜羅除教育原理、教育行政、教育史傳等當然儘量採入外，而於心理學、倫理學、論理學、社會學、生理學以及哲學、生物學等亦皆酌量抉擇其要項而收納之。」又謂：「本書力求成為一冊『中國』的教育辭典，而不願為一純粹抄譯之作，故於本國固有之教育學說、教育史實、教育史家乃至於教育有密切關係之各項事例，莫不留意搜採，並於篇末附中國教育四千年大事表以便翻檢。」並「採法國畢松（Busson）《新教育辭典》例將教育法令之重要者一律收入。」

六、《中華百科辭典》

這書係十四年夏由陸費伯鴻先生提議，但材料則係自八年「五四運動」而後所搜集。我讀書素有寫筆記的習慣，「五四」而後，各種新名詞層出不窮，為自己參考便利計，隨時摘錄，積稿甚多。自經伯鴻一提，乃想到這些東西可以利用。同時鑒於一般青年常識之缺乏，於教科書外每不能閱覽普通書報，因想整理出來，於青年不無裨益。十五年春羅文漢、孫承光兩人來寧，不能從事著述，乃從編輯上予以訓練，以期逐漸養成其獨立生活之能力。此外則舊時湖南一師學生劉炳藜，中國公學中學學生楊若海亦在寧，乃集在一起共同工作。十五年冬嶽麓高師同學劉範猷君厭惡案牘，棄其在湘之某軍秘書長而來寧與我共過文字生活，十六年中華書局南京副經理吳廉銘君亦不願過持籌握算之生活，而欲加入我們的團體。再在寧延請書記二人，幫同繕寫。我則於董理大綱校閱稿件而外，仍從事近代中國教育史之研究工作。經過十五、十六兩年之整個時間，於十七年一月將二百餘萬言之辭典完稿。當工作時，各人因參考之便，隨時記下許多條文，搜集許多材料，為百科辭典篇幅及體例所不能容者，本擬另編一部簡明的《文學辭典》及《中外人名辭典》，後以主編《辭海》，無暇兼顧，而將其可用之材料併入《辭海》（人名辭典仍單獨成書，惟由公司完成，版權移歸公司。）

十五年而後，工作人員逐漸增加，至十六年有七、八人，生活費用加大，而辭典既非短時所能完工，亦非短期所能出版，要以版稅來作資金，非先墊相當的資本下去不可。十五年人數不多，我出售兩部書稿，預支一些版稅，並將人壽保險單及萬國儲蓄會單抵押出去，尚可維持。十六年人數加多，每月開銷要三、四百元，而時局又是變亂相隨，版稅收入減少，售稿亦較困難，頗感不易維持。斯年四月因為作「政治難民」而赴滬，與伯鴻談及，他允自六月起，每月墊付三百元，同時《現代教育方法》出售於商務印書館，又得稿費八百元，所以這部書竟能在政局變動之下而能安然完成。這是不能不感謝當時的出版家的。

這書之編輯雖經多人之手，但內容體例均由我擬訂，且曾商量過許多朋友——最要者為趙叔愚、李儒勉、汪桂榮、宗白華、徐悲鴻、吳俊升等——全稿亦由我校閱。我的目的是要於辭典之外，兼備常識教科書之功用。故體式上雖為辭典，性質上則兼顧各科系統知識，所以在每條文之下，依其性質照學科項目分為各類，於題目之下係以單字或二字標明之。在凡例中，我曾說明我編輯此書之由來及編輯時所採用之方法。此書雖不能稱為佳作，但在我卻頗費心力。以其為我辭典工作之處女作，且含有補充教育之意義，故將凡例之前兩條摘錄於後。

「我國自清末改行新教育制度以來，全國教育已逐漸資本主義化，中等以上之教育至有中產子弟不能享受之勢；而世界文化，互相激盪，歐戰以後，變化更大。既不能使國人不與接觸，亦無相當辭書足以解釋其日常見聞之名詞；即使得入中等學校，而學校教育每傾重於課內的系統知識之灌注，忽略實際社會之需要，常致畢業後對於報章上習見之文字而不能了解，甚至一事之來，輒因誤解名詞而盲從傅會，使社會多所擾攘。本書即以最經濟之方法，將青年及一般社會應具之知識，分門別類，用淺顯文言為客觀之說明。收集通用名詞萬餘條，一以中等學校之各種科目為標準，一以一般社會所需要之基本知識為根據，而尤注意於教科書或專業訓練中所不易見之常識事項。以冀其對於在校者之修學，在職者之治事，均有相當助益。

「本書係採分科編輯法，即根據主編者十餘年來從事中等教育及服務社會之經驗，從各面估量青年及一般社會應具之常識，釐訂綱目，再請各科專家參訂之，然後分門編撰；其不屬於學校科目與專門業務範圍以內者，則從歷年所閱關於各方面之中西報紙雜誌中搜集其最流行之名詞，依其性質，參考各種書籍，分別選輯。編纂後始按筆畫排比。故本書科目雖多，尚少傾欹之弊，各科分量則依需要而定。」

此書雖於十七年一月完稿，但以時局不定及排校不易，至十九年三月始由中華書局出版二十年五月重版略有增訂，二十三年再行增訂。以事務繁忙，無暇執筆，請劉範猷、陳潤泉、周頌隸、徐嗣同諸君增加新條目二千餘條，並請劉濟群（舫）女士增補大事記。為減輕青年負擔計，發行普及本，將定價由八元減至五元。

七、兩冊常識叢書

中華書局於十二年編輯常識叢書若干種，其目的在增進一般人的科學常識，故每冊分量只限定三四萬字，而書的內容及文字則規定力求平易通俗。十二年曾應該局之約，寫一本《道爾頓制淺說》。十四年秋並蒙其約編《心理學大意》。此書要旨「在灌輸心理學上的常識，故所取材料以日常生活的精神現象為主；說明精神現象的例證，以一般青年所常見的事實為主。」一其「排列參用心理的與論理的程序，分上下二篇，上篇述心理學的意義方法及範圍，下篇述心理學上的普通問題。」並將潛意識加以說明，以見變態心理之一斑。於十五年九月出版。

在心理學大意中說及夢，但以篇幅關係，不能詳說；而我當時對於佛洛德（Frued）之精神解析（psychoanalysis）頗有興趣，在成都講授現代教育方法，亦曾述精神解析與教育之關係。十五年夏，偶與同人講夢的問題，因長夏炎熱，不能作繁重的工作，遂將所講者整理成《夢》一冊，付之中華書局刊為常識叢書之一。此書第一段假托唱道情者編了一段中國人「夢的人生觀」的俚詞，而從科學上分析之以證明其不合理。正文分為道情說夢、夢與睡眠、夢的現象、夢的原因、夢的學說、夢與預兆、夢與人生七段，並附錄周禮、列子、潛夫論、無能子、朱子大全、靈樞經、法苑珠林諸舊籍中論夢的文字。

這書雖是一本小冊子，但卻有些關於我個人的人生見解，而道情一曲，是我數十年僅有的韻文（少年時也曾寫過舊詩，但均無存。）所以我不惜篇幅把它錄在下面。

人生若夢，為歡幾何；有酒且飲，有曲且歌；
說什麼，夫妻恩愛，兒女情長；
說什麼，子孫繞膝，福壽雙享；
說什麼，高車駟馬，冠冕堂皇；

說什麼，金銀財帛，用了又藏；
說什麼，高官厚祿，誇耀鄉黨；
說什麼，生死予奪，權操我掌。
君不見：山前黃土，埋沒了多少英豪；
又不見：山後孤墳，有誰來辨賢不肖。
什麼威風凜凜，聲名赫赫；
什麼妻嬌妾美，子肖孫賢；
都不過是過眼雲煙。
大限到時，還不是狂風過耳，誰能繫牽。
要知道：數十寒暑的榮華富貴，敵不過邯鄲一夢：
我勸你：有酒且飲，有曲且歌，切不要將夢作真，把真當夢！

這是文章中的所謂「反襯法」。緊接這段之後，便說這種觀念的不對，而從科學上說明夢的種種。最末則推斷夢能調劑生活，創造事物，增高人格。勸讀者把它當作一種自然現象，用分析綜合的方法研究之，用常識或哲學的眼光解釋之，尋求它的因果，以為進德修業的反省資料，或再進而研究精神解析的析夢方法去治療精神病。最末並說：「朋友！大家努力運用科學的常識、科學的方法，打破迷信，創造新生活罷！」此書於十五年八月完稿，十六年一月發行。

以上屬生活工作。

八、《教育通論》

民國八年暑假，我第一次為教育學講師，那年下學期在福湘女學正式擔任教育學功課，但係採用坊間出版之《教育學》作課本，九年在湖南第一師範講授教育學，曾依桑戴克的《教育學》自編講義，但因病中輟。十四年在成都高師為教育系預科設教育通論學程，乃改為以灌輸學生之教育常識為目的，而將舊日教育學之藩籬打破，自行擬定一種新綱目。不過當時只依照綱目講授，未曾編輯講義。十四年返寧而後，雖然以全力從事研究近代中國教育史及編輯辭典，翻譯教育書籍的工作，但覺此項綱目，仍有整理成冊之需要，乃於十五年春抽暇為之，經數月之時間，卒底於成。

我編輯此書的目的有三：「（1）給學生以相當的教育常識，即希望讀者讀完此書，知道『教育』是什麼，（2）啟發學生研究教育的思想與興趣，即希望讀者讀完此書知道教育界有什麼重大問題——尤其是中國的教育問題——值得大家努力；（3）指示學生研究教育的門徑，即希望讀者讀完此書後為進一步之研究，亦可依據書中所指示之途徑而不致誤入歧途。因之本書的取材涉及與教育有關之各方面，尤注意於中國教育現狀及研究的方法。」全書分為何謂教育？教育與學校、教育與學制、教育與學生、教育與教師、教育與課程、教育與教學、教育與訓育、教育通論、研究教育的途徑十章。每章復分若干節，章末並有提要、問題、名詞釋義及參考書等。完全為初學教育之便利而編輯。

此書雖為教育常識，但對於教育的定義，卻不採取陳說，而自行釐訂為：「教育是改進人生的活動：其目的在為社會創造自立的個人，為個人創造互相的社會；其方法在利用環境（自然環境及社會環境）的刺激，使受教育者自動地解決問題、創造生活。」這定義一部分是基於桑戴克《教育學》的見解，一部分則由我的人生哲學中「人類有無限的自覺創造性」的概念抽繹而來。

我在學問上，素日主張先通人而後專家，並以為如果從「通人」著手，以「專家」為的，縱不能成為「專家」，亦尚可以成「人」；倘若以「專家」為的，從「專家」著手，則即使成為「專家」，亦不過一種活的機械。而當時一般的所謂教育專家，又大多「專」得有點近於像活的機械，所以我對於學習教育之學生極力主張發展其人生常識及與教育有關之基本知識。故在「研究教育的途徑」裏面說：「因為教育一面為理論的學問，一面為實際的事業，所以研究的範圍也可以分為理論的與實際的兩種：前者在擴充知識，用演繹的原則釐訂實施方針，後者在以經驗證明原理，用歸納的方法創造新原則。但教育科學完全植基於他種自然科學及社會科學之上，教育事業與其他事業息息相關，所以理論的研究要研究其他基本科學，實際的研究應注意教育以外之社會活動。」在理論方面我將教育學者應具之知識分為人生常識、與基本常識、教育常識、專科研究四類。人生常識依照斯賓塞爾（Spencer）的意見，分為生理學、數學、物理、化學、兒童學、政治學、經濟學、歷史、藝術等科；基本常識分為生物學、心理學、社會學、論理學、倫理學、美學；教育常識分為教育哲學、教育科學；專科研究則以各人所任之科目及職務而定。實際方面則分為專業修養（如教學技能，行政管理等）、觀察調查、實驗及社會服務等我之有此意見不獨希望養成「通人」的教育家，且希望從廣博的知識與修養中造就一些教育政治家。

九、《現代教育方法》

積稿整理完成的第二部書是《現代教育方法》。這書我曾於十三年在長沙暑期學校講過一次，在成高再列為二年生的正式學程。長沙的講稿由某君筆記，在《湖南教育雜誌》發表過，在成高講授時雖曾自編講義，但未完畢，而川、湘兩地自十三年起，即有未經校閱過之筆記單行本發售，乃於十五年冬屏絕一切，奮力為之，五閱月而畢。全書分何謂教育方法、現代教育方法的背景、蒙台梭利教育法、葛蕾制、設計教學法、道爾頓制、沃特制、德可樂利教育法、學級編制法、測驗法、教育統計法、最近英德美三國之教育方法，結論——創造中國新教育方法之途徑等十三章，並附精神解析與教育。全書約二十五萬言。於十六年三月完成，於斯年四月上海大罷工時期售於商務印書館，至十九年九月始印行。

此書係就歐美各種流行之教育方法編纂而成，但在當時以至現在的中國，對於教育方法尚無如此綜合研究的著作。我所以涉獵如此之廣，初意並非要寫成專書，只是對於當時學校所用之方法懷疑，而欲在各種新方法中求得一種慰籍。這一層我在本書的序文及結論中說得很詳細，因其可以表現我對於新舊教育的根本意見，茲摘錄如下：

「我自清宣統元年從書院改入新式學校以來，對於現行的教育制度即感不滿足。雖然在過去的十八年中有十六年是為時勢所迫，而不得不在現行教育制度之下作學生、作教師，但不滿的情感並不因之減少，而反與時俱增。我初進高等小學的第一日，就覺得一大群人聽鈴聲上課下課的辦法不合我的脾胃，只因大家如此，無法抵抗，便在那裏虛耗了幾年光陰。可是到畢業的前一年，終為著鬧什麼『革命』而不容於學校。後來因社會與家庭的種種壓迫，仍然跑到自己不願意進去的所謂學校裏混文憑，更跑到社會上所謂學校裏做教師，辦現在的所謂學校。在此十六年中，我幾於無時不是過思想與行為互相矛盾的生活。但因為社會成訓的壓迫，雖然懷疑新式學校的辦法，雖然常常回想書院講學的風味，然而決不敢倡言打破現教育制度，更不敢倡言回復書院式講學方法，只想在西洋的新方法中求得想像的天堂。故當學生時，對於各種教育方法，即感興趣。凡有什麼新方法，只要我有機會知道，便要涉獵涉獵，希冀於無意之中，遇著合意的新東西，以作精神的慰藉。所以我對於現代各種教育方法之研究，初無何種高遠的目的，系統的計劃，只是為調劑自己精神的苦悶，隨便閱覽而已。」

十二年暑假在各地講演道爾頓制與各地教育界人士為多方接觸之後感到提倡新教育方法者門戶之見太深，因想及綜合研究的必要。「於是將平日閱覽所及的各種教育方法重為系統的研究。雖然因為懷疑現行的教育制度，對於各種方法均有未滿之處。可是西洋工商業社會所產生的教育方法不盡合中國的需要，與中國小農社會所需要的特殊教育方法之因果已略有所窺。」故「十三年在長沙暑校設現代教育方法學程。其目的有三：（1）使聽講的小學教師明白現代教育方法在思想上有共通之點，不必自立門戶，示人不廣。（2）使他們對於各種方法有系統的了解，以便隨時採取其優點，以改進現行之呆板的年級制與注入的講演法。（3）使他們知道中國社會組織根本與西洋文明國者不同，決不能全盤模倣西洋已成之辦法，只可以之為參考，而努力自創適於國情之方法。」

新教育方法要怎樣創造，我曾就新舊教育方法之利弊加以比較而提出幾項原則：我以為「中國舊教育制度在組織上雖未曾注意團體活動，在教學上雖有極不合情理之處——如私塾之體罰及教數歲兒童讀《四書》五經之類——然其制度之全體，固有為現在新教育制度所最缺乏的三種要素：即（1）學費以各人之能力為準則：學校且有恒產，非如現在之同等納費與無恆產。（2）師生的關係為『人』的，非如現在之為『制度』的。（3）教學重個人努力，不如現在以團體為單位，互相牽制。此三種精神之有無，實係新舊學校最大之差別，亦即我們研究中國教育所當特別注意的問題。

「舊學校之有此三種精神，與新學校制度之缺此三種精神，我想凡經過私塾書院及現在學校生活的人，若留意將其已往的經驗詳為反省而比較之，便會有完全肯定的答案。我國在歷史上是小農的社會，且有家庭制度——中國舊家庭制度之良否為另一問題，此處只就其過去之事實言之，——為維繫社會的中心，故政府雖不以法規厲行強迫教育，只以考試為誘導人才之工具。但人民對於子弟之教育並不漠視。中等以上之家庭，固然為科名而遣其子弟受較高之教育，即平民亦因社會上的需要與習慣，而在鄉延師或附學，受生活必須之知識教育。——現在的私塾學生，據安徽全省及廣州、南京等處之調查，亦遠超過小學學生。——惟當時之教育事業，幾完全為人民自動處理，——各州縣之學官只空有其名，並不實際管理學校事情，——政府又不知道統計，遂致教育上表面之報告不及人；實則那種自動的精神，即在教育普及之西洋文明國，亦不易辦到。我們回憶學堂未興以前，無論何種窮鄉僻壤，有數十戶或數戶住民，便有一私塾，與各鎮各縣書院林立的情形，便可知道。這多數的私塾書院，除表示人民對於教育的信仰及其自動經營教育事業之精神而外，其組織如義學之免費，私塾之自由納費書院之供給山長，獎勵勤勉學生之膏火等事，實是最合理的辦法。因為人的能力與境遇決難一致，倘必如現在責貧無立錐與富埒王侯之學生納同等之費用，則富者既嫌其過微，貧者只有永遠不入學校之門，而讓教育——尤其是高等教育——為資產階級所獨占；而富而無能之子弟，更不知因境遇之僥倖，白費多少教育者的精力。私塾與書院制之辦法，能使可造之士均有受高等教育之機會，所以貧苦子弟只要自己努力，上進之途不絕，非如現在學校制度之將貧苦子弟一律揮之門外也。」

「其次，私塾之教師與書院之山長，可由家長及地方長官選擇聘請，並以賓禮相待（決不如現在之教職員被視為長官員屬，）社會上更因歷史的傳衍，而將『師』與『親』並列。教師亦因位尊責重，不肯敷衍，而師生之關係更非泛常。因學生年幼者可由家長代為擇師，年長者則可自己擇師，均以信仰為結合的根蒂。故師生情感常有如家人父子之浹洽。學生既為信仰教師而受教，對於教師的言行，自易受其感化。教師亦因其志在傳道講學，而忠於其職，愛護學生，故當時未聞有師生取對立階級的形式，而發生學潮者。雖有門生控座師之事，但居極少數。現在的制度如何？教師之來，係學校校長聘之而來，他只對校長負責任。他忠於其職，有校長獎勵之，不忠於其職，有校長懲戒之。而校長對於官廳負責，故教師直接對校長負責，間接對官廳負責。家長於其子弟入學，或學生欲自入學，最多只能選擇學校，決不能選擇教師：因為照現在法規的規定，校長有任免教員的全權。某人為其教師，不遠千里而來投某校，也許他還未到校，那位教師已被校長辭退，或被他校以重金聘去。而且學額有定，現在中學以上，甚至於小學，都須受競爭試驗，投考者常至超過學額數倍或數十倍。某人所擇之學校，學校未必就能收某人，所以就是擇校，也無把握。即幸而擇校如願，亦只對學校負責任，教師之一切獎懲，均須假學校之名以行之。故教師與學生之間，都只在媒介的學校上發生關係，人與人之間完全不生關係。近年來風潮不絕，論者歸罪於教師或學生、或校外之鼓動者，殊不知制度也是最重的原因。」

「第三，舊日之教學雖不良，但其方式固為個別的。就教學原則上，個別教授與團體教授各有其優劣，若就學習的本質講，一切須經個人的獨立努力，始有效用。學記上之『雖有嘉肴，弗食不知其旨也；雖有至道，弗學不知其善也』的話，最足以表示此義。而現在的學校，則以團體教學為本位，——道爾頓制除外，故亦最與中國舊教學方法之精神相合，——集賢不肖於一堂，而以同一的方式講解、討論之，其弊端已早顯示於人，無庸再述。此種方法，在受業時，固不能使個性自由發展，出校後，更因畢業之自滿，而缺乏追躡的精神，遂致虛矯自喜，不事努力。」

「以上於述新舊教育方法之利弊，均只就其常者言之，並非謂舊方法全無劣點，新方法全無優點，亦非謂舊者決不能發生新者之劣點，新者決不能有舊者之優點；只是從二者之本身言，舊者之精神，係中國歷史數千年遺傳下來的產物，確與社會之要求相符。雖其枝節上待增減的地方甚多，但其根本卻不應推翻；而新者因為其具體方案為科學研究之結果，足以救中國舊日主觀武斷之弊，亦當斟酌採用，惟不可完全移植而已。因之，我對於中國教育方法未來途徑之答案如下：

（1）教育經費須採自給主義：學校應有恆產，納費應有等差。
（2）師生之間，應將制度的關係打破，恢復『人』的關係。
（3）教學方面，應保持歷史相傳之個人獨立研究精神，而發揮光大之。」

「本此三原則，根本將現在中國學校制度改造，則本書所述的各種方法，均可用以為助；否則，再依樣葫蘆地將世界各國的一切教育方法一一移植於中國，仍與中國教育改進無與。至改造的形式如何，著者雖亦略有擬議，但自信尚不完備，未達發表時期。不過本此原則，在實際上進行亦已有日，如有成就自當公諸社會。」

這裏所謂未達發表時期的改造形式，即是我創立私人講學學院的理想及十七年五月向全國教育會議三個提案的辦法。

此外在成高講授過的學程尚有教育心理學、中學教育法，並有一部分初稿，均以無暇整理而廢棄。我之教育著述生活期之整理積稿工作，只完成上述的兩書。

十、研究工作的計劃

我對於研究工作的計劃，第一是整理清同治元年設同文館以來的新教育史料而著近代中國教育通史及專史，二是為保存當時史料而每年編一部年鑑式之教育指南。第二項的材料是現成的，只要肯花費時間、留意搜集、好好整理、是很容易辦得到的。第一項工作則因當時無人作過同類的工作，只有從故紙堆中去搜集材料，加以選擇與鑑別，其工作便有點像「沙裏淘金」，費力多而成功少，是一種比較艱難的事情。在未著手以前，對於史料問題曾經詳細考慮。除採用一般歷史的方法而外，我以為近代史有幾個特殊的困難問題：第一是史實正在進行：其結果不能預斷，遂不得不將有關之各種材料多為保存，以待事實之演變與時間之淘汰。第二是政治上的忌諱：治史者欲求得多方面之材料為公平之論斷，往往限於現實政治之勢力，不易得反對方面之材料，即得之亦不能自由發表，公平論斷。第三是人的忌諱：因為社會礙於「人情」或囿於成見，對於史實之主人公，常有過譽或掩惡之筆，不易得其事實之真相，若採其敵對者所發表之資料，又恐蹈挾嫌攻擊之弊。第四是教育者的本身問題：即教育者歷來被視為人間師表，為維持其尊嚴計，對於社會往往不能相見以誠，因而其所表現之事實比較地不可靠史實的論斷也不能不受其影響。為解除此種困難，故在史料蒐集方面規定六個注意點：第一是立定目的：即以某種史料為中心，而搜集其有關之直接及間接的材料；第二注意各種史實的背景：如現實政治及社會思想、社會組織對於教育之影響等；第三是求平衡：即要目光四射，將與教育有關之各問題顧到分別蒐集，不可以一概全；第四是旁證：即於表面的事實上，再注意其裏面的「內幕」；第五是求正確：即一切史料均要追溯來源，記載時日；第六是要有科學的態度：即以客觀事實為立論的中心，不攙主觀的偏見，不以感情抹殺事實。

近代中國教育史料的特殊問題及其應注意之點經過考慮之後，再進而研究史料的來源與搜集的方法及鑑別、審定史料諸問題。為指導孫、羅諸人從事研究，對於史料來源及蒐集鑑別等事，曾寫有簡要綱目，茲錄於下：

甲、史料的來源近代中國教育史料的來源約可分為三大類：（一）文字記錄，（二）實物記錄，（三）耆舊記憶。屬於文字記錄者：（1）正史：《如清朝全史》，《清史紀事本末》，《民國十週紀事本末》等是。（2）公牘：如創設同文館之呈文批錄，《光緒政要》，《大清教育新法令》，《學部奏咨輯要》，《教育法規彙編》等是；（3）規章：如前清之學生總會章程及現在各學校章程等是；（4）雜誌：如清末《學部官報》、《教育世界》及現在《教育雜誌》、《中華教育界》等是；（5）報紙：如清代之《時務報》、《新民叢報》及現在設有教育新聞欄之各報；（6）專著：如郭秉文之《中國教育制度沿革史》、殷芝齡之《現代中國教育行政》等是；（7）個人文集：如《李文忠公全集》、《蔡孑民先生言行錄》等是；（8）雜著：即非教育之著述而間有關於教育上之重要材料者，如容閎之《西學東漸記》、柳貽徵之《中國文化史》等是；（9）軼聞：如《清代軼聞》，《清稗類鈔》，《梵天廬叢錄》等是；（10）文藝：如《留東外史》，《留西外史》，《人境廬詩鈔》（黃公度）及各時期社會上流行的歌曲，戲劇等是；（此類材料素為治正史者所不重視，但其價值最大，蓋其所表現者最為真實也）；（11）金石文：如各校之碑文及印章等是；（12）外國人著述；如推士之《中國之科學與教育》、杜威之《旅行中日札存》（Letters from China and Japan）等是。屬於實物紀錄者：（1）建築物如南京之南洋勸業會舊址、北京之北京大學第一院；（2）紀念物：如上海澄衷中學之葉澄衷銅像，浦東中學之楊斯盛銅像等是；（3）圖片模型：如湖南清末省教育會之模型，南京高師之照片等。先民遺跡：如北京大學圖書館所藏之學部檔案原稿，「三一八」慘案之死難者的遺物等是。屬於耆舊記憶者，如民國元年教育部設立之種種情形，我們無從於文字中求得之，然而蔡元培、蔣維喬能歷歷記憶；其他如吳稚暉、李石曾之於留法勤工儉學，許崇清之於國民政府教育情形，范源濂之於學部情形，陳寶泉之於教育部情形，袁希濤之於義務教育情形，黃炎培之於職業教育情形，張菊生、陸費逵之於教科書情形，黎錦熙之於國語運動情形等是。

乙、蒐集史料的方法蒐集史料的方法可分三大類：（一）發見，（二）訪問，（三）彙存。發見即在漫無系統的事實中求得史料。此方法又可分三項：（1）於通行之舊籍中求之，如讀《清史紀事本末》或《中國文化史》，《留東外史》等書將其與教育有關係的事實摘錄之。（2）訪求絕作：如清末之《教育世界旬刊》及《學部奏咨輯要》等。（3）注意當時報紙雜誌，將有關係者剪藏之。訪問則就與教育史實有關之人，詢其親身經歷而保留之。彙集的方法，第一步是歸類，即將性質相近的事實劃為若干類，遇有各種史料，皆以類為歸；第二步是剪存與編目，即將重要材料剪集之後，依圖書館或特定方法編目以備檢查。

丙、審定史料的方法除去注意一般審定史料之正誣、辨偽兩種共同方法以外，並須注意五事：（一）史實之創造性：如清光緒二十三年上海南洋公學之師範院的規程，光緒二十八年欽定學堂章程應當重視，是因其為創例。（二）史實之衝突性：如清末至民國十五年之讀經問題，民八以後之小學國語問題，中學男女同學問題等，正反兩面均有其時代背景。（三）史實之真實性：如學校風潮之雙方言論均有所蔽，史家就各方有關之材料據以判斷外，並應用精神解析的方法去研究其真實因果，於一般教育問題則當注意文藝作品。（四）史實之普遍性，如十三年南開大學之〈輪迴教育〉一文，把中國教育上之一般弱點暴露無遺，應視為極有價值的材料。（五）政制及社會思潮對於教育之影響，如清末之科名獎勵為推行新教育制度的手段，十三年中國國民黨之視學生聯合會為公民團體允其參加政治行動，九年上海《民國日報》與《時事新報》「學校猶政府，學生猶公民」，與《學校猶商店，學生猶顧客》之爭，十二年後中國共產黨出版之《中國學生》、《中國青年》之鼓吹學生參與政治等之種種理論，均與教育有重大影響。（以上所述，曾於十六年六月在《中華教育界》發表一篇萬餘言的文章題為〈近代中國教育史問題〉，討論頗詳，現收入《近代中國教育史稿選存》專集中。）

十一、研究工作的難題

研究的計劃與搜集史料的方法決定了，入手的工作是從事搜集史料。但以自己平日不是專治教育史的人，雖然自民國十年後，有研究近代中國教育史的意向，在各地講學時搜集一些材料，但都是很近的；有許多東西雖知其極關重要，而以手頭未備，亦不得不向他處尋求。可是一般刊物尤其是關於教育紀事的東西，非專治教育史者，不願意保存，而極重要的東西，每每因無人注意保存而不易得。加以自民國以來內亂頻仍，教育部差不多等於「告朔的餼羊」，至八年而後部員索薪不得，安有人去幹有關全國教育的統計及法規整理的工作。又一方面則因南北分裂，因政治見解之不同，而互相檢查郵件，往往有許多刊物明知其極有關係，費了許多精力，用盡一切方法，向原出版處購得，但寄到南京往往被檢查員扣去——民國十四年廣東所刊行之黨化教育資料，十六年之上海《中國青年》、《嚮導》及北京之《晨報》、《國聞週報》等常被扣留——結果仍等於零。所以在那時從事近代中國教育史之研究的工作，真可謂困難重重，事倍功半。

在南京有東南大學金陵大學及江蘇省立之三大圖書館，而東大承南京高師之後，又以教育科著聞全國，依理想，應該可以供給參考書。但省立圖書館專藏古書，雖其中有極不易得之舊籍，但新書則購藏極少，關於近代教育史料的書報可稱絕無。東大圖書館藏書雖不少，但以西文書籍為多，雖然教育科名聞全國，但並不以教育史尤其近代中國教育史著稱，故無人注意於此項史料之搜集，即《教育公報》、《教育雜誌》亦不完備，——《美國教育雜誌》反有全份者——自不能供給我所需要的材料。金大圖書館藏書頗富，尤以購藏志書著聞，近代中國教育史料當然非其搜集的目標，但以其歷史較長，藏置頗佳，對於一般刊物，又從圖書館之立場而選購之，故所藏雜誌報章及各處贈送刊物較富，雖不足以供研究專史之參考，但可以得著許多基本材料。所以南京三圖書館之中，於我的工作最有幫助者要算金大圖書館。三年之間，我銷磨於該館的時日，有好幾個月。

金陵大學之圖書館對我極優待，允我自由入庫查閱各種書報雜誌，並允我帶書記入庫抄錄材料，但因其為普通圖書館，除普通書報雜誌而外，關於近代中國教育專史之重要材料如《欽定學堂章程》、《學部咨奏輯要》、《光緒政要》、《光緒諭摺彙存》、《光緒宣統新法令》、《約章成案滙覽》等書以及各校章程及報告，各種教科書等均以不在普通圖書館範圍之內，未曾購藏。此外中華書局圖書館亦藏有關於近代史料的一些書籍，但以歷史甚短——該局創於民國元年——較早之出版物亦極少購藏。我在搜集史料方法的計劃中，本有訪問一項，在民國初年與教育行政或教育事業教育思潮有關之人如蔡元培、梁啟超、袁希濤、蔣維喬、黃炎培、陸費逵、黎錦熙諸先生均相識，與他們有關的事情每親訪或通函詢問，且請他們指示史料，但所得不多：因為他們也都不是專治近代中國教育史的，除憑記憶開示若干事蹟而外，對於教育有關之原始史料亦少收藏；有時指出幾種書名，市上亦無法尋覓。為著同文館的創設年月問題，我曾問過多少人，查過許多書，均無結果。因想到教育部必有檔案，乃於十四年十二月函達黎錦熙（時彼任教育部國語統一籌備委員會委員）請他代為托人向教育部查抄，並請其代購《學部咨奏輯要》一部。他回信說「現在的教部未免太悲哀了，欠薪年餘，部員罷工；托人在部中搜《學部咨奏輯要》，則以檔案無存，無人知有此書」。因此引出我一段牢騷，當覆他說：「悲哀的笑話太多了！（1）通南京城沒有一部二分之一以上的《教育公報》；（2）民國八年的《教育法令彙編》，竟找不著民國六年中學添設二部與採用中學校長會議的文章；（3）費去我兩星期的時間找不著京師同文館是那年設立的（《清史紀事本》與《通鑑輯要》說是同治二年，《辭源》說是十年，《通商始末記》說是六年，偏查《東華錄》則絕無其事。）近來因北京的朋友們大談讀經，買得一部《讀經救國論》，而一字一字地讀過，我覺得而且極盼望此時有位不客氣的秦始皇把今日以前之一切古書與古儒焚而坑之才愉快！」最末則請他代向部中找一份最近的留學生統計（時正著《中國留學史》），結果仍是無有。而他的回信有一句話說：「在中國研究學問，最少亦不比富人進天國容易。」這句話在當時確屬實情。——京師同文館設立年期，後經袁希濤先生向吳景濂先生處借得一本《京師同文館學友會報告》，始悉其創於同治元年八月。

教育部與教育界前輩既不能供給許多材料，而有若干刊物又非有不可，於是乃分函上海之陳啟天、向達、武堉幹，北京之劉炳藜、劉舫女士，四川之陳岳安、李劼人，長沙之劉範猷，昆明之馬耀武及南京之蔣維喬、李儒勉、周慧專女士等分途向各地市上及私家搜購清末有關教育之各種出版物，並請陸費逵轉函中華書局各省分局代為搜購，但結果所得仍少。這中間有一個不易為一般人所理解的經濟原因：即是出版物成為商品之後，出版家與販賣家對於某種書籍之出版物囤積與否，當視其商品價值之大小（即行銷多少）而定。清末出版的法令教科書等，到民國十四、五年之間，早已失去時效，當然無人重印。而這些專門的東西，除去某種人因某種需要偶有購買外，一般人絕不過問，則出版家或販賣家縱有積存，亦因其滯銷而長期占去許多地方，房租棧租負擔太重，亦把它們當廢紙出賣。我記得《光緒、宣統新法令》，均為商務印書館出版，但十四年我函達向達武堉幹（時均任商務編輯）向該館購求不得，向其棧房及有分館搜求亦不得，也是這個理由。

十二、紅眼睛劉先生

十四年的半年費了許多精力，除去在金陵大學圖書館查抄報紙及《教育雜誌》，向中華書局圖書館借到《光緒政要》，《學部咨奏輯要》等幾部書而外，其他重要史料如《欽定學堂章程》及興學之初的教科書等均一無所有。十五年春《中華教育界》預備出留學教育問題專號，該誌編者陳啟天約我寫近代中國留學小史，我費了兩月餘的時間搜集材料，但因為德國留學始期得不著證據，竟至寫不下去。十四年十二月十四日去花牌樓商務印書館購書，偶然經過一家所謂國學圖書館的舊書店，白紙裱在木板的招牌很新，雖然只有一間門面，一個櫃台，但書架上堆滿了所謂經史子集中最流行的木刻書，櫃台外擺設一個書攤，放置許多舊教科書、舊雜誌等。只有一位紅眼睛的老者在那裏經管。我駐足隨便翻閱書攤上的舊教科書，選定民國元年商務、中華出版的幾種，和他講價錢。他所索甚微，每本均取三十文，（當時值二分餘，）我照所索付之。他以為是一筆好生意，臨行時，告我內室尚有許多舊書，要我入內看看。這一來，我成了他的大主顧，他對於我的研究工作的幫助，也遠在一切朋友與幾個圖書館之上。——同時他對近代中國教育史料之保存，也間接地盡了很大的責任。

這間門面大概長約二丈，寬約一丈，中間一層板壁，隔作前後兩間。前面的一間是櫃台和書架，所謂內室就是後間。這間一丈見方的內室，除去一張木床，占去三尺，床前有尺餘寬空地，床頭一張小桌，桌上一個火油爐，一盞美孚燈而外，三面都是書架，連同地上都堆積是書。地上的書固然雜亂無章，架上的書也大不如外面架上的整齊。據他說，這內室的書都是屬於舊教科書、舊雜誌和過時的書，不過架上的是整部，地上的則屬零冊。零冊都是三十文一本，任憑選購，整部的則有定價。這間屋因為是內室，所以光線很不充足，而各書又無書根。架上的也無籤條，若要選購，必得一本一本或一部一部地自己去翻。所以選起來很費力。我問他有無光緒和宣統《新法令》、《光緒政要》、《欽定學堂章程》，他也不知道，要我自己尋覓。我因為光線太暗，只就靠門邊之亂書堆中查閱，無意之中，發見一本《約章成案滙覽》第二十三卷，收宣統以前之留學文獻最多，我留學小史所急要之材料已載其中，乃立即購歸，將該文完成。第二日起幾於每日都到他的內室去墾荒，我所需要的材料，大概都從那裏購得，而使我最高興的是得一部《學部咨奏輯要》兩部《欽定學堂章程》——此書最少，後來知道袁希濤先生有一本抄本——幾百本戊戌政變以後及光宣之交的教科書。——南洋公學第一次印行之《蒙學課本》亦在那裏購得——及我所不曾想到的雜誌書籍如清末發行之《教育世界》、《江寧學務雜誌》、《中國新婦女雜誌》、《皇朝畜艾文編》、《變法自強奏議》，與各種會議報告等等。

這些書都不值錢，最貴的也不到一角一冊，但從故紙堆中去選擇卻是一件很麻煩的事：這不獨是光線太暗的問題，每次選完之後，若有人繼續來購，或無人來購，而老板看到翻得一塌糊塗加以整理，都得把已選和未選者混在一起；第二次去選，又得從頭作起，每每弄得費去一天工夫而得不著一本書。我去的次數多了，和老板漸漸相熟，答應把選過的書好好放在一旁，請他不要混合，但有他人繼續來購，仍是無辦法。我從談話中知道他這些東西，是從收荒者當廢紙收來的，所費本極有限，他以三十文一本售給我已算厚利，起初和他交涉允許他加價一倍，要他暫時停止售給他人。但他要趕快出清存貨而不答應。有一天，我看見他獨自喝酒，忽然計上心來，於第二日上午即去，到午餐時，到對門飲食店購得一些葷菜，買了一斤黃酒，一隻麵包，拿到他店裏，邀他共食。我本素不飲酒，為著要結識他，破例舉杯相陪。一斤黃酒灌進肚裏之後，他認我可以做朋友，告訴我他姓劉，是本地人，無親無故；並允許我把室內的書暫時停止售給他人，讓我先行選擇。這允許，對於我是一種快樂；為要返還他的快樂計，對於書價仍踐言加他一倍，並不時帶點酒菜和他共飲。經過兩三個月的時間，我選購了千餘冊，以後他還繼續代我搜集，一直到十七年我離南京時為止。二十三年我將近代中國教育史料七千餘冊移歸中華書局圖書館，總有二分之一以上是從他那裏得來的。每逢講到我的近代中國教育史的研究工作，便想到這位紅眼睛的劉老先生。他對於近代中國教育史料的保存，無意地作了超過教育前輩和幾個圖書館的工作，可以稱為無名英雄。所以特別把這件事記出來。

十三、《近代中國教育史料》

十四年秋至十五年夏之一年間，對於近代中國教育史的原始材料，搜購得大小書本幾千冊，堆滿了一間屋子，雖然於搜得時隨即閱覽，將其中之可用者加以標誌，以便著近代中國教育史時隨時取用。但「因各種材料在舊籍書簏中雜亂無章，翻閱極感困難，因分類抄錄，藉便參閱。繼思此類材料，在中國新教育歷程上，要為不可埋沒之事實。但一般研究教育者或師範生，欲於漫無頭緒之書報中逐一搜集，其事至難，蓋經濟與時間既非人人所能勝任，而可遇不可求之材料更難必得。」因從抄就之底稿中擇其重要而為一般教育者所當參閱之紀載，先輯成一部近代中國教育史料。我當時搜集的材料本來很多，但為顧及讀者的購買力計，只先印四冊，共約八十餘萬言，於十五年冬交中華書局印行。後以政局變亂，至十六年八月始發排，於是再輯補編，將十六年八月以前關於「黨化教育」之材料加入，至十七年三月方始發行。

此書雖係輯他人之作，但所費時間比自己寫作還要多；第一是因為材料搜集不易，第二從散亂無章的舊籍中抽繹其可用之篇章，並須將不必要者加以刪節，空耗的光陰不少；第三為求信實計，每篇均須詳查其來源，考核其時日，——這層在史料上極為重要。常見許多編輯者編輯史料對其所輯之文章不註來源與時期，竟至全無用處；以史實之時間關係極大，同一事件，在前一月甚至前一日發生重大意義，後一月或一日發生則全無價值；而發表的地方應該注明，不獨便人核對，且可從發表之刊物中推論作者與當時社會之關係，並可指示讀者以尋求他種材料之途徑。甚望青年學者注意及之。——亦得費了許多時間。所以我對於這部史料之重視，並不亞於我的其他重要著作。

本書所以稱為近代中國教育史料，係指我國倣行西洋教育制度之全體而言，時間斷自清同治元年設立京師同文館至民國十八年八月。此六十餘年間經過之教育事蹟甚多，勢不能一一追溯原委，羅列無遺，故只擇其較重大者錄入，並假定「（甲）紀述事實現象者；（乙）敘述事變因果者；（丙）言論之代表時代思潮者；（丁）言論之於實施上發生影響者四個標準，以為去取之的。因為史實最重時間性，所以各篇除原文載有時期或由其來源之出版物中可以推斷其發表時期者，餘均詳為考核揭於篇首。又因為史料在示信於人，故書中採取之篇章，均詳註來源，有刪節者並為註明；一事與他事有關，而他事在教育史上無重大影響或未盡屬教育範圍之內，為節省篇幅計常用按語簡要敘述之，但只以敘述事件為主，不加批評，以免影響讀者之判斷力。」這種治史的謹嚴方法，是幼年得之於張浣泉先生的講解《了凡綱鑑》，我應當感謝張先生。

這書全部四冊，除補編的黨化教育外，共為三十大類；第一冊有興學創議、學制系統未建立前之學堂、戊戌政變前之新教育、維新教育（戊戌至設學部前）、京師大學堂、遊學六類；

第二冊有學制、教育宗旨、教育行政、義務教育、女子教育、華僑教育、職業教育、教科書八類；第三冊有大學改制、海外大學、男女同學、國語、文學革命、學潮、教會會議、教育人物八類；第四冊有教育意見、庚子賠款、學堂獎勵、改科舉、廢科舉、貴族教育、翻譯、雜纂八類。（外附補編）各種材料均係從六十餘年來之公私文書及各種刊物中選集而來。而教科書中有陸費逵致我《論中國教科書史略》及清光緒二十四年南洋公學《蒙學課本》、清光緒二十七年無錫三等公學《蒙學課本》之幾課課文，雜纂中有蔣維喬為應我之請從其日記中抄錄〈民國教育部初設時之狀況〉諸文，尤足珍貴。

十四、《中國新教育概況》

清同治以來的重要教育史料，既已編成上書，當時又想六十餘年來在教育理論上當有許多有價值之作，擬另輯一冊以見中國新教育思想發展之進程。「嗣因清末教育幼稚，學者論著除供史料上之參考外，而有永久價值者殊尠，是以取材斷自民國，擬名『現代中國教育論文集』，而選文結果，代表時代思潮之創見的論文過少，敘述史實之狀況者較多，遂變更初意，專輯記述改行新教育制度以來之各種概況者，定名為《中國新教育概況》。」因「以使一般教育者了解中國近代史實及現況為目的，為節省篇幅計，不錄重複之作。凡一事或一人對於某事有數文可選者，僅取其一；其一事而無系統之適當專著，則集數文以成之。」「在內容上注重於各問題之代表著作，在形式上注重於文字之優美。其內容完善而著者於行文時未加修飾者，則稍為整理；或文字完善而內容因時間上之關係不甚完備者，亦略為增減。」全書十五六萬字，除我之〈民國十四年教育思潮〉、〈幼稚教育〉、〈留學教育〉三文外，錄陶知行之〈新學制史〉，陳啟天之〈教育思潮史〉，陳寶泉、袁希濤之〈義務教育〉，孫世慶、鄭朝熙、韓定生之〈初等教育〉，林礪儒、程時煌之〈中等教育〉，郭秉文之〈高等教育〉，鄧萃英之〈師範教育〉，鄒恩潤、秦翰才、潘文安之職業教育，陳東原、俞慶棠之〈女子教育〉，楊廷銓、陶知行、湯茂如之〈平民教育〉，莊澤宣之〈成人教育〉，張準之〈科學教育〉。於十六年五月編成，交由中華書局於十七年四月發行。

十五、兩部教育指南

我在研究計劃中本有保存現代教育史料而每年編輯一部《教育年鑑》的一項。十四、五年之間對於搜集教育史料感著許多困難，同時要訓練馬耀武、羅文漢、孫承光諸人從事編輯工作，所以對於《教育年鑑》更擬以最大的努力，使其繼續地年出一冊，為我事業上同時替國家社會——此等事本不當由個人負責——盡其最大的責任。所以每年費去他們的大部時間與我個人的幾個月時間，從事於教育論文書籍之搜集，並一一為之選提要與內容概略，同時並搜集教育法令，與教育史料，擇要錄入，並編輯教育大事記，以供一般從事教育者之參考。為讀者便利計，並於書前述當年之教育概況，以為綱領，便讀者於明瞭當年教育情狀外，並可為研究問題、搜集資料之根據。因年鑑要注重統計，而當時統計無法覓得，且恐個人事業中途有變不能繼續，故改名為《教育指南》。只因十五年冬，陶知行等主持之中華教育改進社，亦有意於整理近代中國教育史料，該社編輯王西徵知我正從事於此，特遠道相訪，共商分工合作辦法，決定自十六年起，由該社繼續年鑑工作，我則專理清同治以來之教育史料。不料十六年政局發生變動，該社無形解散，年鑑不曾繼續出版，而我以將該項工作交給該社不曾準備，同時自十七年起，個人生活亦發生變動，而此十四年、十五年的兩部年鑑式的《教育指南》，遂在教育出版界中成為絕響了，——現在書亦絕版，即購亦無處購起。但當時若有續稿，印行亦非易事。

這兩部書雖是編輯工作，但在我卻費去許多心力，且以為如能繼續下去，於中國教育史料之保存於治教育史以至一般從事教育者，不無益處。而我編輯該兩書，是不計工本，不計生活——兩書共得之版稅不過數十元，若以編輯薪工材料計算所費當在二千元以上——全憑一股熱忱，專門從教育學術著想，所以我常視此兩書為我對於教育最純潔的工作。我之為此，是對於當時教育界不滿的一種反感。——此反感可由序文中之字裏行間見之，現在此兩書已經絕版，但在我個人生活上卻是一種重要事跡，且可以見當時教育學術界之荒蕪情形，故將兩書之敘述摘錄於下：

我在民國十四年《教育指南》序文中說：

「我固不以教育者自期，但以十年來職業上之關係，閱讀國內教育出版物之數量卻不少。在此廣泛閱讀之中，固然增進了許多知識，感受了多少興趣，然而使我最不滿足者也有好幾種：第一是各種論文以至於書籍多空泛的議論，少實際的材料；第二書籍論文中間有採用統計資料者，但多取材他國，尤以美國為最；第三重複的著作很多；第四目錄學不發達，致學者空耗許多不必耗的時間；第五史事無人疎理，無由明各種問題之源淵；第六法令無人輯錄，遵法毀法均無從著手。前四項為著作者之責任，後二項則教育官廳之責；但當政治紊亂達於極點的此時，中央教育行政機關尚有不暇自存之概，還說其他！故民國八年以後，無正式的全國統計發表，教育法令亦只有民國八年編輯取材至七年為止之《教育法規彙編》，且遺漏不少，——民國六年中學添設二部之令文為中學教育史上之一大變動，該集且未錄入，——即傳達教育公文之《教育公報》，至十四年亦且刊不及半。至於史事之疎理，當然更說不到了。然而國家一日存在，國法應當尊重，人類一日未滅，歷史終當保留，這種責任既不能由應負責任之教育官廳擔負，只得由國民中之個人勉盡其力之所能，分工努力。此我編輯此書之動機一。上述前四項現象，誠然當由著作者負責，但著作者之發表某種著作，或因人事上、經濟上種種關係，而不能對於該類著作品為廣泛的研究，有些實際材料，當其初次發現時，著作者亦未嘗不覺其重要而思採取，但因當時彙集或保存之不便，竟不曾積留，及至事後要用，便又茫然無處尋求，亦是著作上常有之事；各種作品中少實際材料或多採外國資料者，此為其一大原因；而且各種類似性質之作品常散見於各地及各種出版物中，一人勢難全備，即或全備，因平日不專心於其問題而不注意其作品者，亦屬極平常之事。及至因事所迫，或為興趣所驅，欲研究某問題而思取材，又渺無頭緒，於是憑一己意見發為論斷。在著作者個人固以為別有新義，可以資人研究，殊不知有時所謂新義者，已早為他人說過，因此便多重複的著作。至於目錄學之研究，與各類書籍論文目錄之編輯，本是圖書館之責任，中國雖在民國十四年間有國立圖書館之名目，但願負此種責任與否，現在還無從斷定。要於著作者、研究者、業務者有所扶助，亦不能不由國民個人分工合作。此為我編輯此書之動機二。」

「年來泛遊長江流域各省，不時與內地教育者接觸，常感他們為交通所阻，環境所束，不能明瞭全國教育思潮趨勢與教育實況之苦，而個人不時在教育言論界有所發表，亦苦於參考資料之缺乏。近來注意於中國近代教育史問題，更苦史料之難於搜集。因就平日搜集的參考資料略為整理，編輯此書，以供中小學教師師範生及教育研究者之參考，同時並為保存史料，以備現在及將來研究教育問題教育歷史者推溯鑒戒之資。雖然此冊之材料不算十分完備，但我個人在業務上、研究上得益於此者不少，亦望此種助益能普被一切讀者。」

「編輯此書之目的既在供中小學教師師範生與教育研究者之參考，故一面注意於書籍論文及出版物之提要介紹與教育大事記，教育法令之分類彙集；同時並注意於書中所見之書籍論文、出版物、著作者等之統計。〈民國十四年教育狀況〉，與〈民國十四年教育思潮〉兩篇在使讀者對於十四年教育現狀及其趨勢有相當之了解，以便進而分類研究。後面之書目篇目索引及人名索引則完全為讀者翻閱便利而作。」

「此書所錄之論文雖只五百九十一篇，出版物三十二種，但因帶有選擇性質，編者個人閱過的出版物在八十種以上，論文在千篇以上。各種出版物，除個人專備之教育專刊及普通刊物五十餘種外，餘均向南京東大圖書館、東大教育科、金陵大學圖書館借閱者，（有許多出版物完全不載教育論文，但又不得不閱，故所費時間甚多。）此當向上述各機關之主持者致謝。……至於教育書籍除各學校單獨發行不易搜集者外，通行之物已搜羅無遺。商務、中華出版之書籍則完全向該館等借閱者，謹在此誌謝商務總編輯王岫廬先生與中華編輯所長現在已故之戴懋哉先生。此外供給材料者有友人李儒勉先生及其夫人周慧專女士及趙叔愚、馬客談兩先生，亦在此誌謝。」

「在編輯上相助者為雲南馬耀武、羅文漢兩君：十月以前馬君為董理大概，十一月他因事返滇，於今年一月由羅君續為之。三個月來，他的時間完全費於此事。除書籍、論文、出版物之選目提要與法令，大事記之分類及教育概述、教育思潮兩論文由我執筆外，其他如校讎、統計，與次序之排列、索引之編製等均由他代為負責，我不過在旁指導而已。」

「編輯最感困難者，在於教育法令之搜集；教育法令唯一來源之《教育公報》既不按時出版，各省《教育公報》亦如之，有些能按期出版者，竟完全不錄中央法令（如安徽、河南。）雖經在東大教育科假閱各省《教育公報》十餘種，並參以報章雜誌之紀載，但猶未能搜齊。此種困難在編輯上固算不了什麼，但國人對於法制的觀念卻可從此見之。政治紊亂，中央政令不出都門，現在各種法令在實際上的效力固屬有限，然共和國家絕不能不要法律，人民更不能不遵守法律。法律之不良者，可根據民意用正當手續修改之，但不可有便利或妨害時極力維護或攻擊。中國自『五四』以後，學風日敝，風潮時聞，學校教職員或學生於風潮時，恃平日漠不關心之法令為護符或攻擊資料者，更所在皆有；這種反法制與利用法制的行為，實非教育界所宜有，而養成國民遵重法制的精神，更為教育者當負的責任。本書輯錄法令，不獨在予中小學教師或教育研究者以業務上、學術上之參考，並望國人注意法制以養成遵守法制的精神。」

又在民國十五年《中國教育指南》序文中說：

「編者在此二年中泛閱全國教育家之著作，除學校刊物及私家刊物之極不易尋得者外，凡通行全國之教育論文書籍大概均經過目。其最大之感想，就是教育者本身缺乏獨立之研究的精神；兩年來雖選輯論文目錄一千三百五十五篇（十四年五九一篇，十五年七四四篇，教育雜誌社之《教育叢著》除外），但以編者個人之判斷，真正可供學人之參考者至為有限；雖不無永久價值之著作及譯述：如陳鶴琴之《兒童心理之研究》，陸志韋之桑戴克《教育心理學概論》，惟其量至少。而且美國化之風氣特盛；教育論文與書籍中之理論幾無一不從美國少數教育者之學說遞演而來。從學者以國內教育出版物之浩繁難於遍讀為苦，而詢編者以閱覽之方。編者則謂：『讀書當先求綱領，然後觸類旁通：若能切實讀過美國杜威之《平民主義與教育》（至今無人譯出）桑戴克之《教育心理學》（陸譯為其簡本，）麥柯之《教育測驗法》，克伯屈之《設計教學法》，現在中國理論上的教育論文大可不讀，教育書籍，只可選讀。』此雖概括言之，未必盡合實際，然而將每年各教育出版物泛泛讀完，即有此種感想橫於腦中；讀者若遍讀兩年來所有教育刊物，或亦當同此會心。至於他國教育學術之介紹雖間亦有之，但均非重要而無系統。若專門從事於本國教育學術之研究而為系統之發表，在此二年中實所僅見。此實我國教育上之一重要問題，願與讀者共同反省而切實努力！」

「良好著作之產生，自然非一日之功，而且與環境有重大的關係。當此內亂頻仍，教育者生活且不能維持之時，而欲責其專事研究，本為事實之難能：故兩年來論文之執筆者大半為習教育之大學生與師範生，中小學教師次之；至於所謂最高學府負學術重責之大學教育教授則發表甚少，且發表者亦多隨便討論問題之作，即求如日本《教育雜誌》中之較有系統的某某講壇亦不可得。然而以此兩年之教育出版界與清末之稗販日本教科書為著作，『五四』時之專門討論問題為時尚之現象，則又進步多多。不過此種進步未免遲慢委靡，而且頗似無根之浮萍，經不起風浪，所以興學三十年來，政府對於教育狀況無詳細的報告，著作者無系統的著述。中國的往跡如何，來軫當如何，誰也無客觀的標準以資判斷。如學制上之六三、三，六四、二，教學法之道爾頓制、設計教學，訓育上之學生自治、軍事訓練，莫不興焉勃然，亡焉忽然。然而若干年來之所謂某某制、某某法，固非自能奔馳，須有人負之而行。倘使教育者於負之而行之前，取往跡以為審慎周詳之根據，於決定進程之後，以堅毅不斷之精神赴之，則所得之結果最少當不至如現在之紊亂，而後三十年之教育當亦大異於今三十年。換言之，編者於此兩年從泛覽全國教育著作中，求得現代中國教育者缺乏獨立研究精神的一個結論，敢鄭重獻於國人：望教育者對於本國之歷史往跡、社會現狀多多留意，將隨便倣襲之精力移用於獨立創造之上；更望民眾竭力扶植教育者，使之『能』安於其業，『能』努力於創造。」

兩書內容均分為教育狀況概述、教育書籍提要、教育論文提要、本書所見各出版物提要，（十四年者本欄後有書籍論文出版物種類統計、論文作者、書籍著者、及出版家統計，十五年者無之）教育大事、教育法令、書目篇目索引、人名索引各日。十四年者法令後有教育思潮概述，十五年者無之。十五年者有教育史料輯要，教育調查及統計，十四年者無之。

此兩書在我可稱很費心力的純潔工作，但以其商品之價值太小（即銷路太少），出版頗費周折。以陸費伯鴻先生和我的交誼，在個人友情上講，出版應無問題，但中華書局是有限公司，而且那時的經濟很不充裕，就公司立場言，自不能多賠錢（兩書都有四百餘頁，出版費每冊要千餘元）出這種時間性極暫而範圍又極狹的書籍。商務當時的力量較大；但亦難於為教育作永久賠錢的買賣。所以十四年之稿，雖以李石岑之力，由商務於十五年十月印出；十五年者脫稿於十六年三月，正是國民軍克復南京的時候，四月上海即發生大罷工，此類書籍在營業與事實上均無辦法。經與王雲五先生通函幾次且得蔣竹莊先生之力，同時此書又止一冊而止，幸得承印，於十七年發行。——這周折：不知者以為是出版家太不顧教育事業，實際上是中國當時教育界對於教育研究的興趣太少，圖書館不發達，少人購買，出版家為其先天的商業性所限制，不能負責。

十六、《近代中國留學史》

我研究近代中國教育史的目的，本在完成一部近代中國教育通史及若干專史，為研究的便利計，擬先從專史入手，而我於中學教育經驗比較的多，所以擬先從中學教育專史作起。但十五年國家主義的教育思潮與收回教育權、取締教會學校問題盛極一時，其根本思想則積極提倡以國家為前提之教育，消極反對外國化教育。而留學教育問題，亦因上述之兩事而連帶被教育界重視。自《中華教育界》於三月出留學教育問題專號而後，留學教育問題乃成為當時教育言論界的主題。我在嶽麓高師及在吳淞中學接觸幾位留學生，而不滿其不明國情，對於留學教育早感不滿，曾於十三年春用怡怡的筆名發表兩篇論留學生問題的文章——原定五篇，後因事中止——《中華教育界》出留學教育問題專號，我被指定撰近代中國留學史，搜集許多材料。

十五年被教育界思潮所激動而感到「現在的中國，留學問題幾乎為一切教育問題或政治問題的根本：因從近來言論發表的意見看來，固然足以表示此問題之重要，從國內政治教育實業諸事業無不直接間接為留學生所主持所影響的事實看來，更足見留學問題關係之重大。」所以就已有的材料編成一部《近代中國留學史》。

這書分為留學創議、留美初期、歐洲留學之始、日本留學之始、西洋留學之再興、留日極盛期、庚子賠款與留美、勤工儉學與留法、日本對華文化事業與留日及各部特送留學生、官紳遊歷、貴胄遊學、女子遊學、留學資格與經費、留學管理、留學獎勵、留學思想之變遷及結論——歷史告訴我們的留學問題等十五章。並附錄六十年留學大事記及參考書籍目錄。共約十五萬字，於十五年五月完稿，交由中華書局於十六年九月出版。

我對於幾十年的留學教育方針本來不滿，自十年而後，清華學生鬧著留國——當時該校畢業生，例須送美留學，但學生由中學至大學，均在該校受美國式教育，致由美回國之學生對於國情格格不入，故在校學生，有先在國內服務一年再行赴美之運動，而稱此項運動為「留國運動」——問題，引起我對於該校之注意。而該校經費由美國退還之庚子賠款支付，仍採留美初期變相的幼童留學政策，我尤認為不滿。故在全書中對於該校留學辦法之責難獨多。我從歷史上理出關於留學政策的許多問題，而最後下一結論：即「中國六十年之留學政策，均把受教育當作研究學術。」——即將幼童及中學畢業生送到外國進學校，受其中學、大學之教育，而不是派遣學有根柢或事有經驗之人，去外國研究其本人或國家所需要之學問——留學生回國後之留學國化，不能如日本留學生之對於國家有重大貢獻，是事之當然，要改正這種弊端，應規定「以後的留學政策，當以研究學術改進本國文化為唯一目的。」我並舉改進的六種方法說：

「1.國家應調查國內學術界之需要，通盤籌算，預定每年應派出國研究某種學術的名額，公開向全國招集此項專門人材；留學生研究期滿回國後，應嚴格試驗以驗其所學，及格者予以適當的事業使之辦理，俾能展其所長，以免空耗國家經濟，個人精力。」

「2.個人應有為學術而學術的自動決心，並對該學術有適當的基礎，特殊的興趣；出國不是為博留學的頭銜，以謀自己祿位，只是忠於所學為國家效力。」

「3.清華學校留美預備式的教育與高等科畢業生一律派遣赴美的辦法，當根本取消，應首在國內辦理大學，施以中國的教育，其留學計劃如仍保存，應劃歸國家留學教育事務中辦理。」

「4.官僚的遊學生監督與具文的遊學管理規程均當完全取消，另訂若干考成規條，執法以繩。」

「5.自費生名額應無限制（從國家政策上講：學科分配應有限制，但人民對於某種學術有特殊的熱忱，願出國為進一步的研究，備他日國家之用，自當聽其自由。）不過仍須經嚴格考試，以驗是否有專門研究某種學術之能力與改進本國文化之志願而免冒濫。」

「6.派遣大批青年去國外受外國教育的政策與在國外自辦大學專招國內學生入學（此係指當時中國在法國所辦的里昂大學）的教育方法應完全取銷，但為華僑自辦大學施以中國教育者不在此例。」

此項建議，雖係從歷史上研求而出，似於留學政策，不無裨益，但事實上卻未發生多大影響。

十七、《近代中國教育思想史》

「十七年（思想史印為十六年，誤）一月某日，趙叔愚君介紹某君來談中國近代教育史問題，來意固在研究教育政策，將有大欲於中國教育改造者；但談數小時，而所談問題都是些極不相干的瑣細事情，始終不曾注意到現在中國教育所以如此的歷史，更不曾注意到所以構成此歷史的原因。他去後，我思所以助之者累日，結果遂費兩個月的時日寫成此書。」這是我在序文中述此書著作之原因。

「此書並無何種創見，不過將中國教育上六十年的往事，為回憶式的思考，而尋出若干支配的動力而已。但是在現在我還相信，對於教育政治家或『中國教育』研究者尚不無裨益。」

「此書成後，我自己對於改革中國現教育的意見亦因而較為確定。這種意見曾在本書末章略為提及」說：「要定今後中國教育思想的傾向，第一要知道教育是人類活動的一部分，絕不能離其他活動而獨立；社會、政治、經濟各方面的理想與事實，都足以支配教育，故教育的改造，絕不只是一個教育的問題，而是社會、政治、經濟各方面的問題。我們在此處雖然以研究教育問題為中心，但萬不可相信教育萬能，也不可相信教育無效。我們所當注意的，只是教育是人類活動中的一部分的事實，它雖然不能離他種活動而獨立；但它的改造，卻也有影響及於他種活動。因此，我們要指示今後教育的途徑，應當看清社會、政治、經濟各方面的情形，建立一個可以達到目的康莊。」

「其次，中國現在的社會情形很特別，世界潮流既然從各方面逼她向工商業制度的路上走，而她的舊組織又從各方面——交通阻滯，兵匪橫行等——牽制著不許她向那方面走。在這過渡時代，既不能保留舊的，也不能全用新的，應得斟酌於二者之間另闢一新路。」

「現在中國政治不上軌道，社會兵匪橫行，無秩序，無組織，經濟頻於破產，而兩橛的社會生活現象仍然如故，中國所以弄到這樣地步，有兩個總因：第一是列強的壓迫，第二是國民對於國事中了『不在其位，不謀其政』的儒家政治思想的毒。要脫離列強的壓迫，非在經濟上能獨立，軍事上能自衛不可；要民眾對於國事有『天下興亡，匹夫有責』的態度，則非加以民治的政治訓練不可；而要使教育普及於現在交通不便的鄉村，須首將集中都市現行教育制度打破，除特殊學術教育機關擇地設立外，應在鄉村設立有指導員的圖書館、科學館、體育館，使鄉民有自由受教育的機會；次則勵行考試制度，使在校讀書與受三館指導在家自修者均受同等考試，以為國家各方用人的標準。這種教育，我暫名之為導師考試制的教育。」

「因此我們對於今後的教育的途徑，可得下列的結論：

「第一、要經濟獨立，應提倡生產教育（不是職業教育，職業教育重個人生計，生產教育重國家富力。）

「第二、要對國際能自衛，應提倡軍事教育。

「第三、要民眾對於國事負責，應提倡民治教育。

「第四、要使現在中國的教育普及鄉村，應提倡導師考試制的教育。」

這種見解，確是我當時比較確定的教育意見，十七年我在《教育雜誌》上所發表的中國教育建設方針，及向大學院第一次全國教育會議所提出議案，均以此意為本。

此書共二十一章，分為導論、鳥瞰、方言、軍備、西學、西藝、西政、軍國民與軍事、實利與實用、美感、大同、職業、民治、獨立、科學、非宗教、國家、公民、黨化等教育思想及女子教育思想變遷史與結論——六十年來中國教育思想總評及今後的途徑。全書共十八萬言，於十七年三月完成，由中華書局於十八年四月發行。

《留學史》與《教育思想史》在我的教育著作中，算是盡心之作，但論者病其「就事論事，」而責其對於六十年來的社會組織，尤其是經濟制度，國際勢力均未能深入。這責難我不獨承受，而且在當時即已覺得。其所以不能深入的原因：第一是由於我平日不是專治經濟學、社會學的人，識見有限，第二是當時的環境，正是唯物與唯心爭執最烈的時期，有種種不便。但在未有更佳之同類著作出現以前，這「就事論事」的兩部書，似尚可供一般教育者研究近代中國教育史的參考，所以還是讓它們印行下去。

十八、一些教育史論文

自我專心從事教育著述與研究近代中國教育史的消息傳播出去而後，國內教育界的許多人常來過訪——以東大教育科之教師與學生為最多，其次為江浙教育界人，黃任之、蔣竹莊、袁觀瀾諸先生也常來訪，過往最多的為趙叔愚先生——各教育刊物之編輯人也常來函索稿。朋友的聚談，本是佳事，但各地參觀教育者之便道見訪，因其事前並無何種目的，只是「隨便談談」，每使我感到時間可惜。教育刊物編輯人索稿而指定題目，雖然為著「情面」與生活而寫過一些文章，但事後往往感到有妨我的研究工作而不快。但在事實上，十四年七、八月因為柏克赫斯特女士來華講演道爾頓制，我為應付「情面」，寫了許多關於道爾頓制的文章，十五、十六兩年亦曾寫了一些應制——應編輯者之制——文，犧牲許多時間。某次與趙叔愚談及此種苦惱，他謂你何不「兼祧」，意思是要我將教育史中篇章，抽出寄交各教育刊物發表。我極然其說，於是常把各專著中可以獨立成篇的文章，寄交各教育刊物，先換一些稿費，然後再印成書；同時並告各編輯友人，如有試題，最好以近代中國教育史中之問題為範圍。因而在這三年中，除去從留學史、思想史、教育方法中抽出一部分先行發表及其他不在教育史範圍以內之文章二十餘篇外，並於十四年寫〈中學教育史〉，〈留學小史〉，十五年寫〈幼稚教育小史〉，〈師範教育小史〉，〈中學教育之分期〉，十六年寫〈教育史問題〉、〈三十年來之中國教育〉，十七年寫關於中國教育建設方針及教育行政制度改革、學校制度改革、免費問題諸文。關於教育史之部分，於二十五年由劉舫女士代為搜集連同十九至二十一年之論文集為〈近代中國教育史稿選存〉，關於中國教育建設部分，於二十年自行搜集連同從〈留學史〉、〈教育方法〉、〈教育思想史〉之結論共計十篇集為《中國教育建設方針》。其他可用之稿則於二十年連同十九二十年寫給青年關於求學、治事、戀愛的雜文，自行集為《致青年書》。

十九、兩部應時書

十三年後，國家教育思想盛極一時，收回教育權運動已成為當時教育界的重大問題，十五年「五卅」事件發生，民族獨立思潮激動了許多青年，教會學校的風潮接踵而起。我因為在教會學校任過職，對於教會學校的情形，比較熟悉，十三年在蘇浙皖各省參觀中等教育，又收集一些教會學校的材料，而於十三年十月在寧蜀途中寫成一篇〈收回教會中學問題〉的長文，交《中華教育界》於十四卷八期發表。十五年因看得許多關於收回教育權的文章，覺得材料不甚充實，乃將歷年所得之材料加以整理，而成四萬餘言之《收回教育權運動》。除去教會學校外，對於日本在中國的殖民地教育概況，也曾述及，而且均附有統計。全書分何謂教育權？中國喪失教育權的由來、外人設學的用意、外人設學的現狀、收回教育權運動及其現狀、收回教育權運動的影響、結論——今後的問題七章，並附關於此問題正反兩面之參考資料二百餘篇。於十五年七月完稿，十六年十一月由中華書局發行。

第二部應時書名《宣傳術與群眾運動》。十六年秋，劉炳藜在杭州黨部任事，兼任政治訓練班的講師講授宣傳術。開學前他因事到南京與我談及，謂苦無暇編輯講義，我一時心血來潮，答應為他寫講義。他去杭後，幾次來函索稿，我乃費三星期的時間，寫成六萬餘字的宣傳術與群眾運動。我肯犧牲時間寫這種書，卻有我的理由。這理由我在序文中說得很詳細。簡單地講，「是因為人類是群性的動物，自初生以至老死，均不能離群索居，人與人之間，便不能不有交往，也便不能不利用語言、文字及藝術品等以為傳達思想的工具；而人群的幸福，社會的安寧，也就建築在這人群思想互瞭解之上，所以為人群生活進步計，一切人均當本其所信而努力宣傳。」「近年來，每一種重大問題發生，不問其範圍是屬於外交的、內政的、地方的、學校的，若有所活動，其組織中必有所謂宣傳組，有專人司其事。然而宣傳的目的何在？宣傳之方法如何？被宣傳之群眾其心理如何？應如何領導控制？恐很少有人為精密之研究。本書作者固然不曾從事於政治的宣傳，但鑒於一般青年之不明群眾心理，不明宣傳要點，以致發生許多無謂的糾紛，心實有所不安，因本其十餘年來從事廣義宣傳各方面之經驗寫成此冊。」

在內容方面，全書八章，可「分為三大部分：前三章論宣傳術與群眾心理之關係，可稱為應用的群眾心理學，第四至第七之四章，論發表技能及其原理，可稱為文藝概論，最末一章，論宣傳者之修養，可稱為修養要義。」我對於編輯此書之目的說：「倘若一般民眾都具有一些關於宣傳的常識，一旦出而任宣傳職務，固可以之應用以增進宣傳之效率，即為被宣傳者，亦可不受不合理的宣傳之蒙蔽。果此書而能減少一分社會擾攘，增進一分國家力量，豈獨作者之幸，抑亦民族之福——至於分編用為心理學與青年修養之參考，或用為文學藝術之入門教本，以增進各該學科之基本知識，猶其餘事。」

此書寄交劉君應用後亦即置之。二十一年整理舊稿，覺得其中頗有可供青年參考之處——二十二年劉英士在國立編譯館出版之《圖書評論》中評為難得之作，彼固不知為我所著——乃用徐怡筆名，由中華書局發行。

三年來我在教育著述生活中所編輯、翻譯、著述的書本已如上述。在質上雖無什麼特別佳作，但在量上共成大、小書籍十七種二十冊四百餘萬言。雖然在編輯方面，是取助於他人，但大部分卻是我的力量（《教育辭典》由余家菊負總纂之責應作例外），就著述生產量言，恐怕要算我一生的最多的時期了——十七年秋，至二十九年春之十二年間，只在十八年編輯一小冊《西湖博覽會指南》，與陸費執合編一部《西湖遊覽指南》（均絕版），寫成一部《攝影初步》，攝得一本《西湖百景》，三冊藝術照片（《習作集》、《美的西湖》、《晨曦》，每冊均收照片二十張，用玻璃版精印，後兩冊收有少數十九、二十、二十一年之照片），二十年寫成一部《故鄉》，與孫承光合編一冊以法令為主的《中華民國之教育》（絕版），二十一年與劉舫合編兩冊《淞滬禦日戰史》，二十五年集合雜文成一冊《狂顧錄》（大半為十八年前舊作，未發表者只一小部分）。

此外在生活上與教育意見上還得說幾件事，茲分述如下：

二十、政治難民

我因自幼受了私塾和書院教育的影響，養成一種自由思想者的生活態度。辛亥因受當時《黃帝魂》、《安徽俗話報》的鼓吹，一度鬧「革命」，但所得的結果是與預期相反；民國元年在常德所謂選舉事務所中幫了兩星期的忙，使我對於政治發生不良之感，因而絕心不進政界，不入政黨。可是又一方面我對於人生又是素持多元論的。這是說：人生的活動是多方面的，人類的個性也是至不齊一的。社會上的種種事業，都有其本身的價值，只有各種不同的人物，行其心之所安，去自由選擇其所願作的事情，以相反相成，社會始能於公平競爭中謀進步，人生始能於多態統一中感安舒。倘若一切人都「一條鞭」地幹一種事業，一個人自始即過著完美無缺憾的生活，則社會成為機械，而人生亦無樂趣。所以我在人生態度上重視「缺憾的美」，在社會活動中重視「相反相成」。因之我自己有所「不為」，但不無故反對他人之「為」。

我對人生既持這樣的見解，所以對於朋友，只要是「可與言」的，都願結識，絕不因其為政治界或政黨中人而拒絕，也不因朋友中有政治界或政黨中人而影響我的多元觀。當時的少年中國學會既有各色各樣的人物，十三年而後，國家主義與共產主義爭執最烈，十四年秋南京大會，竟至決議改組，我則以自由思想者被推為改組委員之一。但我在兩派之中，都有私交很厚的朋友，我們的往來仍和平時無異。他們以我對於他們的政治主張都有信有不信，從其黨的立場，也常常向我宣傳，要我加入他們所在之黨——宣傳我最力者要算共產黨之惲代英，和中國青年黨之陳啟天——但我卻始終保持自由思想者的精神只允從朋友立場上效勞，而不允入黨。不過我是教育者，與教育界之往來，自比與其他各界之往來為多，加以九年在長沙一師與陳啟天、余家菊同過事，以出版上之關係，又常與左舜生往來，而那時國家主義派，在江南尚容許公開活動，所以我與陳、左、余及李璜等之往來也較多。十二年左等在滬創刊《醒獅週報》邀我為社員——那時我不知其為政黨刊物，十五年十二月他們公開宣布為青年黨之機關刊物，我即函請退出——十四年李、陳等發起國家教育協會並邀我為發起人，我又常在陳啟天主編之《中華教育界》中發表文章，雖然因我對於任何政治主義，都無很深的信仰而不曾為國家教育協會之刊物及《中華教育界》國家主義教育專號作文，但在一般人看來，總以為我應當是國家主義派的人物。不料我這從未加入任何政黨的自由思想者竟因此嫌疑而一度作政治難民。

自民國十三年孫中山先生允許共產黨員以個人資格加入中國國民黨而後，黨內固有左右之爭，黨外則共產黨與國家主義派之爭辯最烈。十四年三月孫先生逝世於北京之後，國民黨左右的爭執漸顯，十五年五月廣東統一而後，七月九日蔣中正以總司令率國民革命軍北伐，於八月克復長沙，十月克武漢，即以之為首都而有容共驅共之爭。十六年三月克復南京，四月十八定南京為首都，因容共清共問題而致甯漢分裂，我的政治難民的生活也就在這時期。

十六年二月，孫傳芳之五省聯軍，在贛、閩、浙三省失敗而後，乃與張作霖聯絡，以江蘇交與直魯軍，二月二十二日夜七時，褚玉璞率北軍入城助孫，而國民黨之活動甚力；二十六日街上遍貼南京市黨部之傳單，除攻擊軍閥而外，並極力攻擊共產黨。三月初，國民革命軍克宜興以後，南京謠言甚大，東大於十四日晨三時被圍，且捕去學生四人，學校亦無形停頓；我住所隔壁之暨南學校亦停止上課而由劉虛舟辦救濟會，並邀我相助。十八日夜孫傳芳離寧，由褚負責維持治安。二十日褚遣俄兵與國民革命軍戰於雨花台，炮聲徹夜不絕，城門關閉，救濟會有人滿之患。至二十三日夜而形勢更緊，救濟會全體人員值夜，我亦加入。二十四日晨六時聞軍馬之聲，啟門視之，則青天白日滿地紅之旗幟飄揚於市，所遇軍隊，概屬湘音，而前敵指揮官程潛、魯滌平之佈告亦貼遍通衢，褚則於二十三夜間退往浦口，在這混亂時期而有全城搶劫之事，且波及領事館及外人，致二十四日下午四時有下關外國軍艦炮轟城內之事，而釀成歷史上之南京事件。二十五日市面即漸平靜，二十六蔣總司令入城，一切秩序均恢復。而中央銀行之鈔票，亦一律通行。救濟會於二十六日結束。

自十三日至二十六日之兩星期間，南京城內雖曾混亂幾時，但我在生活上，除去滬寧火車不通，無報可看，數日夜為救濟會服務，身體上感疲勞，上海稿費不到，經濟上感拮据而外，精神上甚為平靜。每日除去救濟會數小時外，仍照常工作，即我家及什物亦不曾移動，家人更不曾進救濟會。且於四月初在所謂黑市——地在頭道高井，於天未明時開市，天明收市，平時出售髒物或富家欲保持體面之物，那時則多劫來之物——中購得幾部不易得的英文書，我的心情之所以如此平靜，是認為自此而後，時局可以平靜幾時，我可以安心從事工作。不料四月六日竟至以「政治難民」的資格而逃滬。

當時首先入城的軍隊為程潛所部的第六軍，而指揮官又為程及魯滌平。他們都屬湘人，故軍中的湘人自多。我雖不曾在湖南軍政界任過職，又離湖南甚久，但以不時發表文章，湖南人之知我姓名者比較的多。而劉範猷則曾在湖南軍界任過職，他的舊同事及僚屬此次隨軍來寧的頗不少，故秩序稍定之後，即有人來訪他。四月五日早七時，第六軍的政治部要人喻寄渾君約範猷去晤談，要他為之辦報。同時告以武漢政府有令通緝我，謂我係國家主義派要人。這命令交他執行，他因知我專治教育，不問政治，且認為是湖南不可多得之人才，故遲不執行。但日子久了，終究掩不過去，所以要他轉告我從速暫避。範猷歸來，謂我除立即離寧外，且應登報聲明，我謂離寧可照辦，因交通阻塞，滬款不到，經濟甚困，即無此問題亦要去滬；至登報則無必要，因我本未加入任何政黨，無從聲明。當即決定於翌日攜帶稿件書籍。起行赴滬，再設法去日本——孫俍工其時在日本，早有信約我去日。對於著述工作則暫時停止，範猷暫去辦報，但仍與羅、孫諸人暫住我處，自行研究。

滬寧車因戰事影響，每日只開兩次，且無定時，我於六日早六時上車，九時開行，至夜十二時方達上海北站，而上海戒嚴，不能出站，乃在站內坐至天明。初至新惠中，繼至振華旅館，均以客滿見拒，卒在三馬路滙中旅館得一小房間，當日即訪蔣竹莊先生於其新大沽路之寓所，請其代向商務交涉《現代教育方法》之稿費——該稿於三月初寄去，商務曾覆信願以八百元收稿，惟我不願出售，故未定局。——商務此時因戰事影響，本不購稿，只以有約在前，只得履行，我亦不再持不售之議。惟以戰事期中，各稿均經停收，稿費無法支付，乃由蔣與該館高夢旦先生商，由其個人墊付。下午電尋陸費伯鴻不得——其時政局擾攘，公司重要人均不到廠店辦公——乃以函達，直至十一日始由其來電約於下午去其家晤談。我如約前去，得悉上海當時之種種情形，我亦將我之一切詳細告之。彼謂時局日內即有變動，依理不久即可返寧，惟政局變化無常，最好是遷家至滬，並將羅、孫二人帶來，繼續工作；在經濟方面，他當盡力。並謂《百科辭典》工作完畢，可以入局任職。我依其勸告，於翌日以每月二十四元租定蔣先生隔壁之屋三間，即行遷入，準備遷家室及羅、孫等至滬。去日本之計劃即打銷。入中華書局之事則俟將來再說。

十二日我在各馬路找尋房屋之時，看見許多反共產黨的標語，十三日晨，見報載南市閘北、浦東等處均因繳工會糾察隊之械而有流血之事，各報的言論亦大變，而總工會則下令總罷工，是所謂上海清共之始。

清共問題發生之後，上海勞動界雖有一番騷動，但不到三日即平靜下去。十八日蔣來談，謂現在時局已靜，彼之家室，要返南京，我遷家之舉，儘可中止。商之伯鴻亦以為然，二十日又得南京劉盧舟及範猷函，亦主張返寧；範猷之函並謂喻君亦以為時間性已過，儘可返寧：因十八日蔣中正與一部分中央委員以「南京為總理選定之首都，國民政府應即遷寧」而定南京為首都，寧漢實行分裂矣。我經數日猶豫，卒於二十六日由滬返寧。

在三星期的「政治難民」生活之中，雖然時局的變化很大，個人的生活不安，但我的工作仍未停止，除將所帶的《百科辭典》稿件隨時校閱外，並寫一篇新刊介紹的文章寄《教育雜誌》而在此短短的時期之中，朋友中如李石岑、吳廉銘等之代為關心，代為照料，高夢旦之代為墊款，以及商務印書館之收稿，固然使我感激，而尤使我感念不忘者為蔣竹莊、陸費伯鴻、劉盧舟三人。

我六日離南京時，家裏只存六十元，除我拿三十元作旅費外，只餘三十元；而一家五口——十六年一月十一新產一男孩澤湖，連同澤湘、澤淞、澤寧共有二男二女——連同範猷及羅、孫兩人與女工，共有九人，區區三十元，不敷十日開銷——另有書記兩人，臨時停職——而上海之款，在起行赴滬時，不能預斷必可得到，家中用費，概由劉盧舟擔負，雖然我去滬未半月即有款滙寧，劉君不過借貸三十元，但他那一口承當與隨時代為照料家室的友情是很可感的。蔣先生的年齡長我二十餘歲，他在南京任教育廳長及東大校長時，我們雖有往還，但只有論學的交誼。我此時到滬，他除代向商務及高夢旦先生交涉外，以我孤居，飲食不便，而堅約在其家寄食。這似小事，但其古道熱腸，卻不易得。而最特殊有趣的是陸費伯鴻先生：我在十六年五月以前，全恃版稅及稿費維持我的事業，而且不預支，十六年三月十七，他看得上海的情形不對，公司收稿有種種困難，特致我一函，謂時局不靖，不能照常收稿，願代借千元，俾我完成《百科辭典》及《教育史》工作，我覆函拒之。四月十三日我將《現代教育方法》之稿費交他，請其代為匯寧，而同日得南京家中十日所發之信，謂中華總廠函囑分局送三百元於我，十四日相見詢其何以早為匯款，他稱不知道，我也不再追問，但函囑家中不收。此款我雖然未曾取用，但其友情之真摯，是超乎一般朋友之外的。

我二十六日返寧之後，整理數日，於五月一日起即實行恢復舊日工作，範猷亦將報館之事辭去，而與我共同過著述生活。因在滬與伯鴻商定自五月起，每月由中華預支版稅三百元至十七年六月止，經濟上已安定，時局亦平靜，工作亦很順利。不過南京自改為首都以後，人口激增，物價陡高，生活不如從前之舒服，而湖南人隨軍政界而來者太多，同鄉之見訪與借錢者，大有應接不暇之勢。十七年夏改建馬路，寓所被拆去三分之一，無法安居，不得已而遷居杭州。

二十一、《中國教育建設方針》

十六年五月而後，我一面督率羅、孫等編輯《百科辭典》，一面整理教育史料，選《中國教育論文集》（後因無材料而中止），補編《近代中國教育史料》，整理《教育思想史》，寫教育史論文，至十七年三月完成《近代中國教育思想史》。雖以編辭典及會客費去之時間甚多，致《近代中國教育通史》，未曾著手，但《思想史》完成之後，我對於中國教育改革的意見逐漸確定，在思想史末章中曾略為說及，十七年三月再將其寫成一篇論文，詳述改革意見，題為〈中國教育建設方針〉，交《教育雜誌》發表。這篇文章是我對於中國教育改革根本意見，茲摘錄如下：

「中華民國的教育建設第一認定中國應當獨立存在在世界上；第二認定教育是建設中國的工具之一種；第三認定要謀中國獨立，非先從經濟上著手不可；第四認定中國歷史上是小農制度的國家，現在的社會組織固然如此，而且將來亦不能推翻此農業制度，故教育設施的一切要素，均當以此為根本本此認識，故對於中國的教育建設有下列的根本主張。

「第一、中國自鴉片戰爭而後，無時不受國際經濟勢力的壓迫，近年軍匪橫行，民不聊生，大半是這種經濟壓迫的結果。中國此時要求經濟獨立，對於外交上之取消不平等條約與內政上之關稅自主等等，固然都是很重要的事情；然而僅止於此，還是不能獨立；因為從近年海關統計看來，中國歷史上所自豪的家給人足的飲食品如五穀類、衣服原料如棉花等，進口率均年有增加（詳見《新生命》創刊號，武堉幹：〈中國進出口貿易之比較觀〉）很足以表示中國農業的衰敗。衰敗的原因自然有許多是屬於內政不良；但農業保守故常，既不從積極方面以改進生產率，又不能在消極方面抵抗天災，以致供求不給，實為主因。我國在工商業上固當利用保護政策，以求製造發達與原料品輸出之減少；然而中國人民百分之九十以上為農民，我們不能而且不當將此大多數的農民盡使之變為工人、商人，即使將來工商業發達，也不能將地大物博的農業本位制度推翻。所以要求中國經濟獨立，無論何時都當以改進農業為主，改良工商業為輔。教育方針亦不能外此。」

「第二、中國以農立國固有深長的歷史，即在將來亦不能推翻此種農業社會的根基；故社會上一切文物制度均有其特殊的精神。最顯著者是家族觀念與均產思想之發達。此種觀念與思想之發達，其缺點在保守依賴，乏競爭心；其優點則能維持社會上各個分子均齊發展，無階級的鬥爭。在教育上則以正心誠意推而至於治國平天下的人本主義為主潮，所以師生的關係亦以家族關係衡之而稱之曰『師父』、『弟子』，朋友則列為五倫之一；而顧念親戚、體恤鄰里更為日常生活中之當然德目。以與西洋工商業國家以自然主義為教育上之主潮而重視個人競爭的情形相較，完全立於反對方面。現在我們自然不當專守歷史傳衍下來的人本主義的教育，而演那『庭前格竹子』的笑話，應當採到科學的精神與方法制馭自然；然而也不可專重外力發展，置內心修養於不顧。所以今後的教育在哲學上應當注意於人本主義與自然主義的調和。」

「第三、農業國家的社會，一般人的生活目的都在於求家給人足，所以不向外發展。這種生活態度，一面維持著家族制度，一面使物質上交通不發達。清末改行新教育制以來，一般教育家、政治家不明此種情形，只努力於模倣工商業國家的教育制度，一面將學校教育工廠化，而以整批生產的方法出之；一面將中等以上學校集中都市，而使鄉村青年不能不向都市求學。此種整批製造的學校教育制度，原是歐洲工業革命後社會環境所造成的。我國社會至今還是小農制度，社會環境本無此驅策，而貿然行之數十年，以至弊端百出；現在則此種不合人性的教育的制度，在歐美日趨衰敗（美國教育家組織之Progressive Education與世界教育家組織之The New Era兩種季刊，捽擊現教育制度與提倡個別教學的文章極多。）中國仍然竭力提倡，而將中國舊日書院制、私塾制的師生的『人』的關係、與獨力自學的精神完全拋棄，已算失策。至於歐美交通便利，鄉村與都市的生活程度相去甚少，學校集中都市，學生就學，在負擔與交通上均無困難；中國則都市生活程度常超過內地鄉村者數倍，交通尤極困難；內地學生常有費數十日時間而不能達求學之學校所在地者。在經濟負擔上既加重甚多，而遠適異地又與家族觀念相衝突。所以三十年來新教育在數量上可言成績者只有都市的教育，內地鄉村則反而日趨日下，長此畸形發展，不獨教育無由普及，而且因都市與鄉村生活的差異，在思想上要發生衝突，以致國內人民發生戰爭，亦屬常事（中國之連年內亂，此亦其一原因。）故現在中國的教育，在學校制度上須一面提倡獨力自學與師生的『人』的關係的精神，力挽工廠式整批生活與商業行為的頹風；一面須倣書院制的辦法，在鄉村設立圖書館、科學館、體育館，延請指導員負指導責任，使農民子弟於不增加生活上的負擔而能自由求學；其學業標準完全以考試制度行之。各級教育完全免費，並用獎學制度補助貧苦學生的直接生活費，以發展其天才。」

「第四、中國因交通不便，各地風土人情差異之處甚多，生活需要亦彼此不同。教育行政上決不能採用中央集權制度。從歷史上看來，清末改行新教育制度以來，教育行政均為中央集權，不過中央的權力只在民國八年以前能行使，『五四』以後，便因政治問題而遂漸喪失。但集權制最占勢力的時候——光緒三十一年設學部至民國五年洪憲改元——學校在數量雖較有進步，而其內容則機械地遵守部章，乃至東三省無橘子、廣東無雪等地方的初小亦完全照審定教科書於十月教橘子，廣東十二月教雪，於社會需要、學，生經濟全不顧及。民八以來，中央集權制喪失效力，各地對於課程教學以至於教育宗旨，均自由試驗，自由釐訂，而全圓教育究無一種公共的目標，致國民意識日趨分裂，所以就中國的情形論，教育行政院既不可專採中央集權制，亦不可專採地方分權制，應將二者調和。在立法與行政方面均當嚴格規定中央與地方的關係及其權限，尤應組織教育立法、教育監察的獨立機關；在經費方面更應當將中央、地方及特殊——如不屬於二者之學術機關——三方面確立預算，行使獨立會計制以保障之。

「第五、因為中國數千年以農立國，歷史背景、社會環境，自然異於其他各國。故各級教育的科目，決不當模倣他人，如從前規定小學亦須有外國語與中學以外國語為主科；亦不當如某種教會學校對於所謂漢文課程仍令兒童熟讀《四書》、五經。教育的功用在於繼往開來，中國有數千年的歷史，自有其特殊的文化；不過因為是農業的國家，人本主義特別發達，而側重於正心誠意的內修工夫。此種特質在追踪慾望不及而自怨自艾的物質壓迫時代，自然有其功用；惟因重視內修過甚，對於自然不加抵抗，甚至自信為落伍民族，對於國家獨立的自信力亦無之，則為害甚烈。故在課程上，一面要從固有的歷史中尋求先烈豐功偉烈的事蹟以堅定國人對於國家的自信力，一面要特別注重科學精神、科學方法，養成力能遂志的國民，以創造未來的文化。

「以上五事，只是一個大綱，然這個大綱，係從過去數十年教育失敗的經驗中尋出來的道路，在歷史背景，社會環境中均有相當的根據。要建設中華民國的教育，在最近的數十年中，非走此路不可。」——此意見中最大的缺點是未看清世界大勢，未提倡重工業。

二十二、三個提案

國民政府最初成立於廣州時，行政機關多採委員制，故十五年二月有教育行政委員會之設立，但該會委員蔡元培、李石曾、吳稚暉等以不願重蹈北京教育部以官僚支配教育之覆轍，欲學術與教育並重，院長制與委員制並用，計劃與實行並進（見十七年四月十二上海各報蔡元培之〈大學院組織談〉）而主張設立大學院，十六年六月由政治會議議決設立中華民國大學院以代教育行政委員會，於同年十月一日正式成立於南京，由蔡孑民（元培）先生任院長。——十七年十月由中央執行委員經亨頤等提議改為教育部，大學院之時期不過一年。

大學院「為三民主義教育之實施，教育行政之統一，學制系統之整理，教育經費之獨立，教育效率之增進」於十七年五月十五日召集第一次全國教育會議於南京。其會員為大學區或省區代表二人，特別市代表一人，中央黨部代表五人，其他機關代表若干人，大學院選聘專家十人，及大學院正副院長、秘書長等。我既非省區黨部或機關代表，也不在專家之列，對於該會議本無關係。三月應陶知行先生之約，去南京城外參觀其主持的曉莊師範，偶然談及我的教育意見，他謂蔡院長很想將教育制度為徹底之改革，何不告之。我依其言，將大要寫寄蔡，當得覆函，請製成提案，交全國教育會議討論。我乃擬定教育行政制度改革、學校制度改革、各級學校一律免費三案寄彼代為提出。——後以教育行政制度改革案與大學院本身制度衝突中途撤回，實際提出大會者只後兩案。

這三個提案的根本意見，大體已見於〈中國教育建設方針〉的論文之中，但關於教育行政制度改革、學校制度改革、學校免費的理由則詳述於各該案之中，且有具體方法。——第一案僅有原則——這種種是我從事教育，研究近代中國教育史所得的結論，在我個人教育生活史固屬重要，對於現代中國教育之改革似亦尚有可供參閱之處，故為摘述如下：

我在教育行政制度改革案中舉出改革的方針說：

「一、教育行政上的中央集權制固然不適宜於地大物博的中國，但是專採地方分權制也不行：因為中國是數千年歷史傳衍下來的小農社會，一般人民對於國家的觀念向來薄弱，倘若任地方自由發展，則各地風俗習慣差異極大，若為漫無系統的進行，走到極端，現在形式上統一的全國，恐怕會演成四分五裂的現狀；就使能保持一個中心思想循序進行，而各地文化程度懸殊甚遠，結果上所生之差異也難以道里計。而且現在的中國，在教育與文化上兼程並進，尚恐趕不上歐美的文明國家，更何能有如許的時間，從容聽其自由發展。所以我們一面要顧及適應地方的需要，一面又要集中政權，用國家的力量規定全國教育行政的基本要項，督促實行，以提高行政的效率。故教育行政制度改革的第一方針為中央集權與地方分權的調和。

「二、我固不把教育當作純粹的職業而主張業治，也不把教育看作與政治無關的東西而主張教育離政治而獨立。可是教育是一種有關國計民生而需要長久時間的建設，卻是一種事實：負責的人員，固然非相當的『教育專家』不能勝任愉快；其在事務上之進行、也應當不受一般政潮的牽制而保持相當的獨立。所以教育行政制度改革的第二方針是採用『專家政治』的原則，而使教育事務獨立於一般行政之外。

「三、所謂專家政治的『專家』，不僅是一個教育總長懂得若干教育原理、人生原理、政治原理，而是集合全國懂得教育與政治及社會各方的人共同努力於教育的設施；所謂教育事務獨立於一般行政之外，不是教育政策不受一般行政的支配，更不是不受它的影響，乃是根據全國施政方針所決定的教育設施，非全國施政方針有根本的變更，不因他種政務之有變動而更張或中止。要達到這種目的，所以教育在全國政制不相抵觸之下，應獨立組織立法、行政、監察及學術四種機關，分工合作，去負發展全國教育之責。

「根據上面的方針，對於教育政制在組織上有下列的幾條原則。

「一、教育立法機關　分全國的及地方的兩種：全國的可稱中央教育會議，為全國常設之教育立法機關，與教育行政、教育監察及全國學術機關處於對立地位；其本身之組織法由國家最高立法機關議決之；其職權有四：（1）獻議關於全國教育根本大計的意見——此項根本大計的決議權應屬之全國的行政會議，非教育機關所能獨決；（2）議定關於全國教育之重要法規及經費預算；（3）推薦及同意全國元首所提出之教育行政首長及教育監察首長；（4）選舉教育監察員。其本身組織應健全，會員應集合各方面有實力之代表人員。會員人選約為教育部總次長、國家學會代表、國立大學校長、私立大學及專門學校校長代表、全國中小學校長代表、全國學術團體代表、全國職業團體代表、全國教育專家等；每年開常會二次。會員任期若干年，每年改選一部分。常會閉會期內，組織常務委員會，設常務委員若干人，由各會員選舉之，執行會務；並於必要時召集常會。其屬地方者稱某某省地方教育會議及某某縣地方教育會議，其組織及權限均如全國教育會議而縮小其範圍。本會議若有失職得由教育監察機關檢舉或教育行政機關、人民團體依法控告，由國家法定機關糾正之。

「此項組織在形式上雖似議會政治的各級議會，但實質上則大不相同：因為教育立法的目的，在集合專家共謀教育設施的改進，所以規定行政長官亦為議員。其次為謀教育能繼續而順利的發展，有借重熟練會員的必要，故規定每年改選一部分；第三各會議所議者為根據於全國教育方針下的法規及經費，對於全國的教育大政方針只能有意見的貢獻，不能為直接的決議，與國會、省議會、縣議會的性質不同。至於會員除教育界人員外，並規定學術團體、職業團體代表者，是因教育為有關全國國計民生及社會文化的設施，處處與他種學術及事業有關係，非有各門專家貢獻意見不可。此種機關，即可以現在的各級教育會為基礎而更張擴充之。

「二、教育行政機關　分全國的及地方的兩種，全國的稱教育部，地方的在省稱教育廳，縣稱教育局，一如向例，不改名稱。惟職務及行政官之產生則大異於現在。現在的教育行政機關與教育行政人員可以說是教育界的『萬應如意油』，不論行政上本身事務、學校中的種種設施、學術界的種種事業，都可照通常的行政手續以一紙命令或一個員司處理之。實則所謂教育長官，不過普通的政客，所謂教育員司，不過普通的官吏，有若干學術上的研究或學校中的專門業務，他們甚至於連夢都不曾夢到，更何能說到處理。所以我以為名義上既稱為行政，便當名符其實專門限定其處理行政事務。凡關教育法規及經費支配上責任劃歸教育立法機關去擔負；關於學業考試及行政人員本身職守上的監督，則由教育監察機關辦理；其屬於學術建設者則由國家學會辦理。這樣，則教育行政人員可專心致志於行政效率的增進，而收效較易。不過教育行政事務之持續性甚長，教育政策之推行尤要長久的時間，絕不是普通政務官所能勝任。所以教育部雖為內閣之一部分，但應保持相當的獨立，教育總長應由中央教育會議推薦，由全國元首任命，或由元首提出於中央教育會議得其同意然後任命之。其去留應以教育行政本身為標準，不當與其他之國務員負聯帶責任，教育廳長或教育局長之產生則以經省或縣教育會議之推薦或同意由教育總長任命之。

「三、教育監察機關　分全國及地方兩種，屬於全國者稱中央教育監察院，屬於地方者稱某某省或某某縣教育監察所。其職權有四：（1）監察教育行政人員職守；（2）審核教育經費收支；（3）視察並指導各種教育；（4）考試教職員及學生。各種教育監察機關設首長一人，主持全部事務，由教育立法會議推薦或同意由元首或教育監察院長任命之。其內部組織應分三部、一委員會：即監察部、審核部、督學部及考試委員會。監察部之監察員由教育立法會議選舉之，各員獨立行使監察職權，教育行政人員及學校行政人員有背職守（這裏所謂職守，特別重在推行教育法規與行政效率），由監察員自由獨立檢舉於國家監察機關依法辦理；其檢舉不受首長之干涉。審核部之職員，由首長聘請熟悉教育事務及富於財政經驗者任之，以其審核結果報告於國家審計院依法辦理。督學部由首長聘請退職而有專長之各級教員任之，常期輪流視察各級教育並指導之。考試委員會則依臨時需要由首長指定監察員、督學及審核員任之，於必要時並得聘請專門人員充任專員。所有各級學校之畢業考試、入學考試及教職員檢定等，均由本委員會主持，遇必要時，並得設常務機關辦理考試事務。各級學校畢業文憑之發給及各級學校教職員的任用，均以本委員考試之結果為標準。教育監察機關之本身則受全國法定監察機關之監察。

「四、全國學術最高機關　教育立法、行政、監察等機關只能辦理教育上之普通事務，其屬於全國學術上問題之判定，與學術上發明、發現之鑒定與獎勵，則非此種機關所能辦。所以應當另有全國最高的學術機關。此項機關無中央與地方之分，全國只有一個，可定名為中國國家學會。其根本組織法應由國家立法機關議定。內部組織應分為文學、科學、哲學、藝術等若干門，每門更分為若干類，每類設會員若干人。會員由全國學術團體推薦或自請，再經嚴格之調查與審核然後將去取之理由公告全國，任人討論，以最後之結果交由全國學術團體聯合會通過始正式列為會員；以後有補缺者，即由本門會員及其有關係之學術團體推選、交由全體會員通過之。凡關於學術上的種種問題，均以國家學會為最高的決定機關。教育上有關於學術上之興廢，非經國家學會之同意不能單獨進行。」

在學校制度改革案中說：「現行學校制度改革的目的，在積極謀中國的獨立自強。中國近百年來無日不受列強的侵略，現已成為半殖民地的國家，要謀獨立，首當注意於經濟問題。但因地大物博，交通不便，社會的生產情形還在手工業時代，並且以農業為主。目前既不能將現社會的經濟制度一律推翻，而效日本之由封建制度一步跨到資本主義，即在將來，亦不當追踪資本主義的後塵，自尋苦惱。故就世界經濟趨勢與中國立國本源上著眼，均當以發展小農制度的農業為主。

「要發展社會經濟能力，外而不平等條約之解放，內而各種事業之建設，都屬重要。但教育為建設的重要工具，更當追隨著社會經濟制度與歷史特質進行，以期收效迅速。故改革現行學校的目的，分析起來，有下列各項：

（1）使都市教育與鄉村教育平均發達，在鄉村注重改進農業生產，在都市注重工業之發展，以謀國家經濟的獨立。

（2）使鄉村農民子弟於不增加生活負擔之情況內，能自由入學，以普及農民教育。

（3）使教育與生活打成一片，以發展個人職業。

（4）使師生之間的關係建立在人格之上，以增進教育效率。

「根據上述的理由與目的，擬訂改革綱目如下：

「（一）基本原則：

（1）一切改革，均取進化主義，不取革命手段，以期社會秩序安穩進展。

（2）一切設施，以根據歷史背景、適合社會需要為主，不徒事模倣，炫奇立異。

（3）一切進行，力求經濟，以期輕而易舉。

「（二）實施方法：

（1）學校系統仍照十一年教育部所公布者，惟在學年齡，只定為一種標準，不必嚴繩以法。

（2）全國各級學校，現在均用二重制：㈠即已有之學校，聽其繼續存在，惟中等以下之學校，注重個別指導，專門以上學校，厲行導師制。㈡在鄉村增設圖書館、科學館、體育館，延請指導員指導不能入學校之兒童與青年，輔助其自修各級教育。

（3）全國公立之教育與學術機關一律免費，除在學程上須受考試外，不受經濟及性別之限制（免費在事實上易辦到，另有免費案說明之。）對於貧苦子弟更採獎學制，以輔助其直接生活上的費用，使之上進。

（4）各級教育的標準，由總持全國之教育行政機關，據教育立法機關之決定公布之。但只以國民所應具的基本常識及各級教育的公共要素為限；其適應各地方特殊需要之課程由當地教育立法機關根據全國教育方針擬訂，交由地方教育行政機關執行，由全國總教育行政機關監督之。

（5）各種課程，在國民基本常識方面，以喚起其對於國家之自信力（數十年來，因外侮相逼，國人每自居劣等民族而不疑，此不良概念之影響於國家前途者甚大）為原則。其他以改進農業生產為主，發展工商業為輔。

（6）嚴照各級教育標準，厲行考試制，不論校內校外生，凡欲得某級學校畢業或某種專科研究文憑者，一律須受試驗。國家用人，即以考試結果為取捨標準。

（7）圖書館、科學館、體育館的設備及運用，倣美國葛蕾學校制度（The Gary School System）的辦法，以實事求是、終日應用為目的。各省之有省立大學者，即就其已有之三館擴充，指定一部分教授為導師，指導校外學生研究專門學科。各縣之有中學者如之，以中等教育程度為限。再以鎮為單位，添設三館，以初中以下之程度為限，延請專人負指導之責，以期普及。更就各地方特殊情形設特殊的圖書館（如上海之商業）、科學館（如漢冶萍之煤鐵），指導青年實地研究，以謀特殊事業之發展。

（8）在學校以外自修各級課程者，不限定年齡與時間，以考試及格為標準。他們自修各級課程時，除可在規程內自由請求三館導師指導外，並可白家庭延請教師指導。

（9）鄉村之科學館附設農事試驗場，負改良該地農業之責，圖書館附設通俗講演所，負開通該地民智之責；體育館附設衛生處，負當地公眾衛生之責；其他各特殊地方之科學館，一律設特殊事業試驗所，以謀改良各種產業。

（10）導師俸給，三館用費，完全以間接的稅收方法供給之。除自願捐贈者外，無論學生或其保護人均不與導師發生直接的經濟行為（此即師書院制與義塾制之遺意，打破現制的商業行為，以期增加教育效率）。導師指導應以知識啟發、工作參加為主，不重空疏的講演。

（11）平時由教育行政機關分派督學，巡視各地。一面考察學生成績，一面指導導師（辦法略見《教育叢稿》：書報指導員與地方教育調查研究專員芻議）。每學期由督學互換視察地方主持考試；非有最特殊事情，不調集學生會考。

（12）三館的添設，逐漸進行。先用藝友制的方法——即陶知行現在曉莊鄉村試驗師範學校所試行者，略與徒弟制相類，——培植導師。次由政府公布各級教育的考試規程，先使不曾受學校教育而有相當知能者與考，以移轉民眾『視學校為教育的唯一途徑』之視線。次擇適中地方，先設立三館，用科學的方法診察比較三館與學校之效率，依次遂漸推及鄉村（清末改行新教育制度，將書院私塾認為與現行學校制度不能並立的東西，所以倡此必得去彼，以致實際上毫無預備，惟在形式上改換名目，結果演成換湯不換藥的滑稽劇；現在三館之添設，只視為學校教育的補救與輔助，性質上並無衝突，所以不必如前此之急急，但收效則可斷言）。

（13）三館經費之來源有二：㈠移用他項不必用之經費，㈡增加教育稅收。第一項以軍費為最多。據民國八年之國家預算，軍費達支出之百分之四十二，教育費不及百分之一。民國十五年，廣東全省共收一萬萬餘元，軍費達百分之七十二，教育費只百分之一。若照文明國通例，教育經費達百分之二十，則一切教育推廣費均不成問題。其次為寺產。寺產興學，倡於張之洞（光緒二十四年，他所發表之〈勸學篇〉興學章，即詳言及此）。全國廟產，每年收入不下數萬萬元，提撥一部分充三館經費，即有餘裕。第二項若每縣以十鎮計算，每鎮三館，計三十館，每館平均以三千元計算，不過九萬元。舉行遺產累進稅，與調查荒地作為教育基金，亦有盈無絀（此不過略為估計，實施時當詳為規畫）。

「此種改革之特點，第一、能使社會秩序不發生絲毫紊亂，而可增加教育之效率。第二、農民之子弟，不必專門劃出若干年之時間，亦不必增加生活上之負擔去求學，即可於農隙或輔助家庭作業之餘，在家庭中受教育，教育極易普及。第三、父母可以就近或延專人教導子女，國家無形中增加許多教師。第四、教育與生活打成一片，農產工商業既可以改良，個人生計可以解決；現在都市教育畸形發展之弊，亦可免去。第五、師生之間，無直接的經濟行為，學生之受教，教師之教學，均由國家直接負監督之責；現在的商業關係，寇仇行為，可以打破，而可收人格陶冶之效。第六、利用三館既可以養成青年獨立潛修的學風，並可以發展產業、促進社會教育。第七、三館經費，既有不病民的確定來源，支出方面，又無學校之種種靡費，甚合經濟原則；分設座位，交互利用，既無空置的教室，更無無用的宿舍，房屋亦極經濟；學生就近入學於不增加負擔可以求學外，並能助理家務，國民經濟上所得更多。第八、三館制係集書院制、私塾制的長處，融合班級制、考試制的優點，與民眾生活習慣、社會意識相應，進行當無阻礙：既可以發展社會經濟能力，又與現社會經濟制度不相衝突。此種輕而易舉的方法，實是糾正現在學校制度弊端的要圖。只要政府有決心，厲行考試制度、培植導師，便可實行。」這三館制的辦法，陸費伯鴻以為實施於小學頗有困難，我有很詳細的說明，均見〈中國建設方針〉序中。

在各級學校一律免費案中，我提出應免費之理由四項說：

「一、正在求學時代之青年，其一切生活費用均須由其家長負擔。從教育發展史上看來，僅為維持人類的素樸生活，並無需乎讀書識字的教育，只要兒童於長者生活歷程中直接參與已足。現在的種種教育，原以造就良好國民為目的，國家對於在學者成年後所課的責任很重——平時納稅，戰時服兵役——當其受教育時，在理應為之負生活上之一切責任。現在既不能負其生活上的全部責任，責其父母負直接生活上的費用之責，國家負教育費之責，於情於理，均極平允。

「二、我國當書院制盛行，學生入學不獨不納學費，並有膏火可得。清光緒二十八年張百熙奏訂學堂章程，二十九年張之洞等改訂學堂章程亦不徵收學費。至三十二年學部因兩江總督周馥咨稱「學堂收取學費為東西各國通例」的理由，始定各學堂徵收學費章程。在全國教育經費上所得無幾，而教育上之效率從此減少，二十餘年來師生寇仇的現象亦於此植其基礎。蓋東西各國雖大半徵收學費，但其社會經濟制度為資本主義的，一切行為標準均商業化，政府又以法制精神運用之，故權利義務界限分明，社會意識足以制裁一切，而青年無越軌行動。中國數千年來為小農制度的國家，行為標準，一以宗法觀念為主，故將師生關係列入倫常範圍之中，而以師與親並稱；即私塾朋館之須納束脩者，亦以倫常觀念出之，由父母量力致敬；學生本信仰父母之心以信仰教師，教師本長者之責任以教導學生，故教育易於收效。自平等納費制實行而後，不論學生家境之貧富、才能之優劣，非照額繳費，則一律揮之門外。學校對於學生所暗示者既為公平交易的商業關係，則學生之視學校為商場，視教師為知識販賣者，自屬理之正常。師生之關係既為商業的，無怪乎無事如路人，遇事如寇仇。此時固不當恢復宗法社會的師生觀念，但欲求師生間發生人格的影響而增進教育效率，此種商業關係應當以友誼替代之，則學生不直接與學校發生商業的經濟關係實為要圖。

「三、我國因交通不便，城市生活程度與鄉村者較常超出四、五倍——如上海之與湘西僻縣——而中等以上之學校又均集中都市。科舉時代，鄉村農民子弟求學不必增加生活負擔，有時還可以幫助父母料理農事的情況中自由求學——有時亦須略備束脩，但係量家之有無而定多寡——現在非離去鄉里專門讀書不可；在經濟上，於學費外，並要負擔鄉間一文不要之宿費、茶水費、旅費等等；即衣服與飲食亦因生活程度之懸殊而增加數倍。但就三十餘年之國民經濟狀況考察，鄉村農民的生產能力，不獨無進步，且反退步。因之國民教育既不能普及，而中等以上之教育機會則為都市人民及富庶子弟所獨占。這種畸形的發展既足以使都市與鄉村文化程度日趨日遠，更足以破壞國民意識之統一而發生變亂，實非國家前途之福。要根本解決此種問題，自當改造現行學校制度，但能各學校一律免費，亦可減輕人民負擔而增加多數學生。

「四、根據中華教育改進社十四——十五年之統計——全國學生學費共計九・〇〇三・六七九元，占教育費總支出額約百分之五。——而學級愈高者，其學生學費對於該級教育經費總支出額所負擔者愈少，愈低者愈多，實為不平之至。「故主張由裁減軍費、提撥寺產、施行遺產稅、調查荒地撥為教育基金以彌補之——關於教育經費獨立及免費問題我當時主張甚力，並有較詳之計算，十七年五月曾在《教育雜誌》發表兩文。

免費之辦法如下：

「（1）設免費委員會專司全國教育經費統計及規劃進行之責。

「（2）由大學院省教育行政院或教育廳、縣教育局切實調查國立、省立、縣立私立各級學校之經費，將收入支出各項細目分別彙列，彙送免費委員會統計。

「（3）以統計上正確之學費數目分別籌定抵補之數。籌款先注意軍政等費之移用，後注意寺產提撥及遺產稅。

「（4）免費先從初級小學起，逐漸及於高小、初中、高中、專門大學，斟酌經費狀況，務一年免去一級，於六年內全部免去。

「（5）各級學校免費後，現在師範學校之特殊待遇取消之，以其經費用考試的方法獎與貧苦子弟，供給其直接生活費，使之上進（師範學校之供給膳費原出於優待負國家重任之教師之意，但實際上習師範者固不盡志在教育——而且用競爭考試制，亦不容志在教育者一律習師範——畢業後國家亦無法安插之；此時師範學校之功用只有維持貧困子弟求學之一事；但以經濟壓迫之故而使貧苦子弟趨於師範之一途，學者既有不能遂其素志之苦，畢業後，仍不能安心教育事業而社會上亦受一番損失！此種情形，凡有師範教育經驗者類能言之——實不經濟之至。各級學校既全免費，則不如將此項經費，公之於全國貧苦子弟，使其分途上進。於學者個人、於國家建設均有利益。）」

這提出去的兩案，在我認為是很溫和的，但有些人則認為太急進，實行起來，亦太麻煩——尤其學校制度方面——而此次會議，以討論關於三民主義教育之實施為主題——廢棄黨化教育名稱以三民主義教育代之，定中華民國教育宗旨為三民主義的教育，均於此次議決！又「鑒於現行學制實施未久，尚無若何顯著的利弊，教育事業重在精神，也不必徒在制度形式上多所變更」（該會宣言中語）所以結果是將學校制度改革案歸入教育行政組，免費案歸教育經費組合併討論而石沉大海了。——學校制度尚於宣言中有不必變更的交代，免費則一字未提及：蓋教育經費所議者，是關於教育經費獨立與開源問題，不及學生學費問題。

二十三、一顆炸彈

十七年三月至五月，連續發表幾篇關於中國教育建設的文章而後，我個人對於改革中國教育的意見，大體已經說過，加以十七年五月為中華書局主編，應以後，編輯事務的工作很繁忙，對於《近代中國教育通史》及專史亦無暇執筆，更無暇寫教育論文。十七年秋《教育雜誌》的主編者周予同來函索稿，我乃就教育及教育家的陰暗方面用很富感情、富煽動性之書信體寫成一篇〈致青年教育家〉的長文，說明教育非神聖、非清高、非萬能、非獨立，以及教育為庸人的傭工，及先天規定其應過虛偽庸常生活，與不革命亦不反革命的種種。茲錄數段如下：

「清高與汙濁，神聖與卑賤，是對待的名詞。說教育是清高、神聖的人，雖然不曾下一個全稱斷定，說教育以外的事業都是汙濁卑賤的，但至少總認定教育是社會一切事業的雞群之鶴，足以壓倒一切。他們的意思大概以為教育是立國之本，國家是神聖，國本當然更神聖；而從事神聖事業的教育家，縱然降一級不以神聖自居，總不可以不自稱清高以保持尊嚴。至於其他的一切社會事業，雖然也有其存在的價值，但都非根本的，當然不能與國本攸關的事業受同樣的尊號了。這當是他們清高神聖教育事業的第一個重大理由。

「其次，他們從事實上立論，說教育是指導人的活動，教師是人的模範，不若政治之替人民作事，實業之替社會創業，而有同黨競爭、同行嫉妒的汙濁行為、卑賤勾當。教育界既無汙濁卑賤的事情，當然可以清高而神聖之。

「這些理由，驟然看來，似乎是正大的，所以許多自命為教育專家的以此倡，而無數的有為的青年也以此應。但是，過細考察一番，便會發見他們的謬誤。

「在現在的世界，國家的性質如何，我們且不必細論；假定它是神聖，教育事業是否也因著它的神聖而神聖之，教育是否也因著它的清高而清高之。從事教育的人為保持他們的尊嚴起見，自然要說教育是有關國本的神聖事業。但是紅鎗會的首領、耶穌教的牧師，也說他們的供奉真神、服事上帝都是保國福民的根本要務；若是沒有他們，好像人心不古，國將立亡。在他們看來，世界上的事業沒有比他們的更重要的，當然可以稱作神聖。而且在中世紀，教育確曾作過宗教的奴隸幾世紀；就是現在的中國，信敬神為神聖的人，恐怕比信教育為神聖的人還要多若干，教育又安得獨霸一切？

「你們或者說，這是主觀的神聖觀，不可以拿來衡客觀的教育事業；這話當然不錯。但從客觀方面說，教育在人生、在國家的地位中，也不過如其他各種社會事業與農工商等相當，教師也不過等於廚子、糞夫而已，更找不出什麼高貴的原素在那裏。我說這話，自命神聖的教育專家聽得，或者要怒髮沖冠地不高興；你們讀此，也會要說聲「豈有此理。」但事實如此，怒也無用。只要平心靜氣地想一番便會知道。「許子若不憚煩」，我還可以略舉一些證據。

「講教育是有關國本事業的人，無非是說教育以灌輸知識、培養德性為目的；人民的知識高了，德性好了，國家便會因之而強。人的知識與德性是否是現在的所謂教育能灌輸能培養，我們姑且不談，即使能之，也並不是什麼根本事業。因為世界上的一切，都是從人生出發的，人若不能『維持』其生命，無所謂知識與德性，更根本說不到灌輸與培養，所以世界最根本的事情是吃飯，能解決吃飯問題第一是農業、第二是工業、第三是商業；倘若中國先沒有這三種人，教育家除了實行神仙的絕食、野人的裸體而外，連生命都不能保持，更何有於神聖與清高！再就實際的需要講，現在的社會固然需要現在的教育，但是現在教育所製造出來的雙料少爺，大概四體不勤，五穀不分，倘若沒有廚子替他們燒飯，糞夫替他們挑糞，就是有農工商人替他們作了種種的事情，還是生活不了。以廚子糞夫與教師並列，教育家或者以為有瀆尊嚴，實則現在的學生們，離開教師，有廚子與糞夫還可以生活下去，倘若僅有教師而無廚子與糞夫，恐怕大家都會無辦法。

「再就事實上講：教育界果真比其他各界清高嗎？果真無鑽營奔競的事實嗎？你們即使不能親身經歷過，至少也當在報紙上看見過傾軋排擠的紀事；倘若你們在學校曾經過幾次風潮，作教師曾碰過幾次釘子，便知道教育界的鑽營奔競、傾軋排擠的種種汙濁行為、卑賤勾當，並不亞於其他各界，也不弱於大眾所深惡痛絕的政治界，甚至於足資他人倣效，則所謂神聖清高者又在那裏？

「因此我勸你們千萬不要如迷信上帝和真神的人們迷信教育家的狂言。你們如在人生的許多活動之中，而歡喜幹教育事業，只可把教育當作平淡無奇的東西而效廚子、糞夫們的各盡所能、努力幹去就行了。不必幻想著什麼神聖、清高的安琪兒，而自高其身價；更不必不自儕於百工之列，講些什麼『只問工作不問收穫』的傻話，等他人把你們勞力所應得的報酬騙去，而猶效四、五年前北京某校校長某先生說教育是清高的事業，應當枵腹從公的讕言。

「你們神聖與清高的夢，也許因我這番話叫醒來。可是，我想，你們還有一個大夢，就是從『教育是立國之本』一語中推演出的又一個意義，說教育是改造社會的唯一工具。這種意義，自然是由來已久：『教育萬能』，現在雖然不盡為人所信，但在教育史上確曾有它的地位；就是政治家、軍事家也常常將他們苦心經營所獲得的政績，槍林彈雨中所得的戰功，都要加到教育上去。日本的伊藤博文首相、德國的毛奇將軍，是大家所知道的好例。教育家為求精神的安慰，既然效阿Q精神勝利法的方法屢唱教育萬能，而政治家、軍事家又從而和之，無怪世界上成千成萬的青年志士懷抱著改造國家社會的宏願，都投向教育的旗幟之下，以求實現理想的天國。雖然也有若干志士，以追求不遂而灰心、而短氣，然而大都是自怨自艾，恨自己的力量不夠，總不聞有『教育叛徒』直接懷疑教育的本身。我對於教育不過是藉其名生活十餘年而已，無『藝術叛徒』對於藝術那般精深的修養，不敢自稱『叛徒』，但對它的功用，卻也不時以直覺估量估量。所得的結論，或許可以供你們參考，也未可知！

「在教育是神聖清高的概念中，教育家已經假定它是超越其他各種社會事業的；在教育是改造國家社會的唯一工具的概念中，又假定它是能支配其他各種事業的。這第二種假定，在『五四』以前，教育家大概不曾發生疑問。『五四』而後，為著經費問題，而有教育獨立之說，已漸覺得社會上的他種活動如經濟、政治之類足以牽動教育，但猶不認教育是受政治、經濟的支配的，故倡教育獨立。實則社會上各種事業的關係，徹底追研起來，本是『雞生蛋、蛋生雞』的循環問題，永久不能得著一個最痛快的解決。可是從大體看來，總有點先後的次序。把教育和人生可有可無的宗教比，它們可以兩不相涉，也可以彼此互相支配；但把教育和政治及經濟比，它便根本是附屬品。教育家自然希望教育獨立，而且希望其他的一切都得受它的支配；可是在事實上，教育是內政之一部，要它離政治而獨立，理論上固然不通，即在實際上又何曾有絲毫效果。中國、俄國、意大利的黨政且不說，試問世界上也有君主專制國而行德謨克拉西的教育政策，共和國而有以尊君為教育宗旨的嗎？教育的設施都要根據國家政治的變遷而變遷。在經濟方面，教育更是它的奴隸，它對於教育也有生殺予奪之權。別的且不講，何以廓美紐斯、勞沙爾的班級教學先後倡了百餘年而無人問，一到英國工業革命後，蘭凱斯德一倡便風行世界？何以日本維新與中國變法同時採用西洋教育制度，而日本以強，中國至今還在迷津裏面兜圈子？倘若我們把廓美紐斯、勞沙爾、蘭凱斯德時代和中國與日本的社會經濟制度詳細分析一下，便會知道教育所以有如此如彼原因，便會知道經濟對於教育的勢力之大。教育在一切社會活動中，也是劇場中不可缺的一個腳色，若硬派它以鼓手的威權，要它支配全場面的活動，卻未免把它看得太重。

「自然賦與人類的生活機能太壞：墜地而後，不能如雞鴨等可以自尋食物，而有賴於父母的養育；又因為人類太聰明，把原始的社會一代一代的造成現在這樣花團錦簇的世界，後生小子要在社會上生存，更不能不仰仗前輩的指教。人類受著這兩種原因的限制，不能不要教育。

教育便成為一件與人類共終始、誰也不能否認的事實。不過這種事實，原是本著本來需要自然而然發展的，初無所謂教育家，更無所謂教育科學。後生小子在生活上有問題時，與老前輩共同生活，模倣他們的辦法去辦就是了，用不著專司教育的人，更用不著什麼教育的科學或科學的教育。自從有些闊人仗著他們的權力與財力，威迫或僱傭他人教育自己的兒女，而自己則騰出時間來作別樣的事情，於是有所謂教師。教師的目的既在以教書為職業，自然要迎合雇主的心理，而創造出許多的學理，牢籠主雇，如牧師之藉上帝之名以牢籠教徒的一般。於是所謂『師者人之模範，』『一日為師、終身為父』的格言產生出來了，尊長的架子擺出來了，賞罰的威權也拿出來了。於是教師是永久站在嚴父的方面作威作福，而同時又藉教導後生的名義領薪俸。於是所謂教育家的生活便永遠墮入虛偽地獄中，而以種種的假面具示人了。

『師者人之模範也』這句話確有勢力，小學校的孩子們，他們潔白的心中什麼都沒有，便受了這句話的暗示——是由於社會暗示他們的——而尊崇他們的教師如天神一般。教師，在小孩子們看來，無異全知全能的上帝；教師所講的話，他們都奉為金科玉律；而教師們為欲維持其尊嚴與實踐為人模範的格言計，也不惜常常假造許多的論證欺騙天真的孩子們，而掩飾他們的無知。中學生年齡漸大，知識漸多，對於教師的言行，不盡視若天神了，但教師之為人模範的觀念仍然如故，知道學生不大易受欺騙，則以去而遠之為法門；大學教授之與大學學生，更如孔二先生之見鬼神，去之唯恐不速矣。

「為著要實踐『師者人之模範也』的格言，教師們不得不以假面具示人，不得不過虛偽的生活，更不得不窒息感情。所以他們的言行都是些庸人之言、庸德之行；他們不敢破壞風俗習慣，尤不敢不服從風俗習慣。不能有什麼大創造，更不能有什麼大破壞。不革命的，然而也不是反革命的：他們只是隨波逐流的庸人。所以我勸有特殊創造能力的不必一定要從事教育，幻想清高神聖生活的不必一定要作教師，要想改革社會國家的不必一定要學教育。教育是庸碌的事業，教師是庸人幹的。

「你們是青年，你們有沸騰的血，赤灼的心，我望你們能繼續著沸騰、炎熱，但同時也望你們將平日對於教育的幻夢打破一點，而切切實實認定現在的教育只是廣泛的職業之一，教師只是庸人的傭工之一，無所謂清高與神聖，更不能獨立改造社會國家。」

這封信的內容本很平常，但以我立意要打破當時一般教育家幻夢，所以特別採取煽動性書信體，故意從陰暗方面說得矯枉過正，以冀引起注意。——我的真正的教育觀已見先期發表之建設教育方針及學校行政制度改革案等諸文中。這文在《教育雜誌》十八年二月號發表時；編者即附一段按語，說明他的工具觀，以免讀者誤會。發表之後，各地來信表示贊同或反對者很多，《教育雜誌》上七月號有金海顧、葉公樸兩人的長文（編者並謂尚有多人之文，以意見大體相似未發表）討論此問題。李石岑看到了，給我一封信，說這樣地大膽說話，是無異向教育及教育界投一顆炸彈。這比喻有點近似：因為炸彈效力的時間性極短，這文在當時雖然也引起一些波浪，但不久立即平靜了。我寫此文本已由教育著述而改任編輯，此後忙於所司，更少談教育，這炸彈也可稱在我的教育生活史中最後所放的一顆。

二十四、理想的幻滅

我從事教育著述生活的最初理想，是要創立一種以勞力自活而與學者共同工作互相砥礪的私人學院，打算以長期的時間完成此種理想。可是經過三年，不獨這理想未曾完成，即研究工作久懸為的之《近代中國教育通史》及專史亦未完成，其原因一部分是由於時局的影響，一部分是由於一位朋友的情誼。

民國十四年至十七年之三、四年間，中國政局變動最劇，對於出版業之影響最大。我雖然得出版家的幫助，使我在戰亂頻仍中能安心工作，但以政局不定，教育經費受影響，教育界之購買力極弱，為欲以勞力自活，不得不多費時間於生活的工作；同時為著「教育家」的虛名，各地教育者之來訪者甚多，又為接談而費去的時間不少；再加史料整理之不易，教育刊物編輯者之索稿，又費去許多時間；所以三年之中竟不能完成《近代中國教育通史》及專史的工作。而以時局不靖，購買力薄弱，書籍銷路不大，經濟不甚充裕，不能多約同志及青年共同工作。即原有的諸人，亦於十六年五月起而有點近於職業的性質，不能盡如原來的理想。這種種我常感不滿，本擬時局平靜經濟有相當基礎之後，逐漸改正，使之近於理想，但為著一位朋友的情誼，終於完全把理想放棄。

這位朋友我不說，讀者一定知道是陸費伯鴻先生。

他與我自十一年秋在吳淞中國公學偶然晤談而後，便因「一見如故」之第一印象而立即發生很好的友情。就一般情形講，我為湘西人，他為浙江人，以民族性講似不易作朋友，但他生於漢中，長於南昌，自幼即受地理上之影響，其生活習慣已異於一般浙人；而在體質上為神經質兼多血質，故爽直而富感情；處事有決斷有毅力。其體質與習性很與我這湘西人的剛爽脾胃相合。所以「一見如故」而後，友情便繼續的滋長。就人情上講，他對我之所求，如與我的夙志及能力相去不太遠，我自不能不為友誼而犧牲理想。

中華書局初創時，由范靜生（源廉）先生任編輯所長，民國四年范出任教育總長，由戴懋哉（克敦）先生繼任，但戴以年邁，久欲退休，十三年戴逝世，由伯鴻兼任。他自十一年在吳淞與我相識之後，便有意約我入局任職。十二年一月我欲去南京時，彼欲約我入公司，我因要從事學問而未允。十四年六月由四川返寧，在滬相見，在他人以為成都的喜劇於我有損，他則謂為是我最難得的寶貴教訓，而再約我入公司任事，我以欲實現我的理想又未允。十六年四月至滬，他曾提及入公司之事，我又不允。他以有決斷，有毅力，看定一事或一人必欲設法達目的；我雖幾次不允其請，他對於我入公司任職之意念始終未消；而我們的友誼又日深一日，就他平日「為而不有」的治事精神講，他本願意成人之美，就他對公司的「求人」講，他更願助我，使我在外面多有歷練，以免進公司後發生問題。所以在那種「干戈擾攘」之秋，對我總是儘量相助。十六年國民政府定都南京，時局已漸上軌道，十七年中國統一而後，時局更漸平靜，且戴君已逝世，編輯所長職務虛懸無人，本想約我入局；但以我的個性很強，我的理想未經實驗，即再提亦未見能允許，故不明說，而只在事業上幫助我，使我們的友誼日增。但同時又恐我有他種機會而他適——河南一師及師大聘我不去，他均知之——不易再返，於是於十七年三月三十日寄我一封很懇切的長函，約我主編《辭海》。那時我的近代中國教育史工作，只完成一部《留學史》與《教育思想史》，通史及專史只有材料而未執筆，且《簡明文藝辭典》及《人名辭典》正在開始，本不欲接受《辭海》工作，但感於他的友誼及他對公司的熱誠——《辭海》於民國四年由徐鶴仙（元誥）先生開始，時作時輟，十餘年只成初稿數十萬言，他急欲完成，而苦無適當之人——經過數日之苦思，終於四月五日復允之，但保留研究工作之繼續。經過幾度函商，我並於二十三日應彼之約去滬詳商，晤談數日，他欲我將未完之兩部辭典稿併入《辭海》，以便專心於辭海工作，我允之；我要求除主持編輯事務及校閱稿件外仍須繼續研究工作，他亦允之。卒於二十六日簽定契約。當日我們同去吳淞遊覽，在途中他正式提出編輯所長之事，我仍以將來再說答之。但十七年秋，我遷杭州後，他去杭數次，每去必舊事重提，十八年夏杭州開西湖博覽會，我們一度共事——他任博覽會宣傳處處長，我任副處長，實際上他在博覽會期三月餘中不過去杭數次，實係掛名，一切事務，均由我處理——更經多次長談，我終於十九年一月一日至滬任中華書局編輯所所長，不獨我的學院理想未實現，即職業亦經改變。

二十五、快樂的園地

我於十四年秋由南京近北門橋街市的蓮花橋遷至近鼓摟的何家花園。這花園占地五畝餘，除兩個池塘幾株古樹而外，花木很多；雖然荒蕪一點，但其本質仍不失其為花園。花園之北端為一排不相連繫之房屋三座，中間為何氏家祠，東為四開間之平屋，西為三間河廳，再西為園主的住所，其前門即屬大街。園中並有三開間的獨立平房一座。離南端圍牆十數丈，牆外即暨南學校所在的薛家巷，園西隣暨南學校，園北則隣百數畝地之空坪。我的寓所即在西北角上之四開間平屋。而十五年李儒勉來居河廳，余家菊來居獨立平屋——十六年春余去滬，該屋空租，李返贛，由劉範猷續租——故全園雖有三戶，但均為舊友，實際無異一家。

南京在那時本屬富有鄉村味的城市，而何家花園的環境，更為著述的理想境地。地方空曠，樹木參天，空氣之清新，自不待言；遠離街市，不聞車馬之聲，寂靜更屬難得。而四季的鳥語花香，魚躍犬吠，更富鄉村味而足以陶情怡性。至於生活之低廉——我的寓所租金最初不過十二元，十七年亦只二十元！交通之便利！上海各報當日下午五時即到——尤其餘事。

十四、十五兩年，雖然干戈擾攘，但戰事未及南京，故生活頗為安定。而南京有東南及金陵兩大學及若干中學，教育界、學術界友朋甚多。我的寓所比較空曠而有花木，朋友之過往者亦多——其時往來最多者為少年中國學會會員宗白華、方東美、楊效春、黃仲蘇及徐悲鴻、趙叔愚諸人——至於暇時之結隊出遊，更屬常事。我於著述而外並常以攝影自娛，故那時的生活，在物質、精神兩方面都可稱為最舒適最理想的。

十四、十五兩年雖亦有許多過客相訪，商談教育問題，費去我一部分時間，但為數不多。自十六年四月國府定都南京而後，南京成為政治中心，各地人物差不多都集中於南京，故舊或聞名而來相訪者日多，而湘軍首先入城，隨軍而來者固多，因其時國府委員有譚延闓先生，軍事委員會總務處長為雷峙嶽先生，他們都是湖南軍政界前輩，其舊屬之聞風而來者自異尋常；再加以範猷原在湘軍政界服務過，其在軍政界中之舊交更多。因之我之座上客常滿，而大半均屬同鄉。他們「來自田間」，對於時間觀念本農家之習慣素不重視，一談便數小時，我則常常陷於「迎拒皆非」的窘境：因為與之閑談，則我的工作時間被犧牲，精神上感痛苦，不予招待，又要得罪人；而軍政的人物，尤其有一面之雅的人是得罪不得的。至於借錢者之無力應付，以及酒食徵逐之浪費，猶其小焉者。我在無可如何之中，便想遷居。但以書籍太多，遷徙不便，遂又中止。

十六年四月以後，東南雖漸奠定，時局日趨平靜，但黨派之爭仍甚激烈。表面的黨爭雖無與我事，但出版物的檢查──當時天津之《國聞週報》，北京之《晨報》，上海之《嚮導》、《醒獅》以及與政治有關之書籍，均被禁郵寄！卻予我的工作以許多不便──因為《辭海》要搜集新詞，須閱讀各種新出版書──我雖有嶽麓舊同學賓寬及覃滌寰諸君在軍政界任要職，於檢查方面得許多便利，且能看得許多不易看到的出版物；但當時因為郵寄物之關係，被寄遞人莫名其妙地由公安局捕去關幾天而後釋出者更是常事：我以《辭海》關係，不時與當時的最高法院院長徐鶴仙先生相往還，又以論學關係，而與少數黨國要人及湖南名宿有交誼，萬一有事，不患無人證明，無人作保，但無故捕到公安局去坐坐究屬不必要。因而遷居之念，時時縈繞於心，結果為著藉口書籍遷移費事的惰性，又只依徐君的建議向衛戍司令部去一函，聲明我以工作上之需要而訂閱許多刊物，並無其他作用，同時托徐君及黨國要人及湖南名宿向該部預為說明而仍在何家花園安居下去。

二十六、遷居改業

十七年八月，國民政府因翌年三月要奉安孫中山先生之靈柩於南京，決定擴修街道，我的寓所正在由下關直達東城外紫金山的中山路上之路線內，早經公安局佈告，令房主自拆，我的房東，以苟安的心理延不從命，但九月七日午前十時，何氏家祠及我之寓所之四分之一卒由消防隊率隊代為拆去。

當八月公安局布告拆屋時，我的理智明知非遷地不可，但因為惰性與愛南京之故，仍想苟安下去。我雖知何家花園要被馬路穿過而拆而為二，但我的寓所之半邊，仍有兩畝餘的面積，只要房主允為我臨時搭兩間房屋，使我能把《辭海》一年餘之契約完結，仍可置客擾與物價高漲等問題於不顧而勉強住下去。那時的南京既屬政治中心，外來的人比原來者加多幾倍，房屋本已不敷，再加拆去若干房屋，自更難於在南京再覓適當之房屋。而因房屋奇缺，房租陡漲，我的寓所最初為十二元一月，十六年加至二十元，十七年我出六十元而欲房主將我被拆之四分之一，搭臨時房屋以補足之，他亦不允，且餘下之四分之三亦不願以六十元繼續出租。其他物價，也為倍數的增加，而燃料與女工尤為缺乏。我的預算自然也大受影響。到了十七年九月，在生活與房屋上均使我不能不遷地為良，在八月初與房主交涉無結果之後，即赴滬與伯鴻面商，決定了遷居——但不去上海，因我不喜都市生活——並親去南通、蘇州，派廉銘去杭州分途覓屋；因為參考書數萬冊，工作人員，已達十餘人，頗難覓相當的房屋。經半月的時間，終於九月初決定率領範猷等遷杭州，羅、孫兩人則以在東大就學，由我指定範圍，自行工作，聽其留寧。——此次遷居使我最感痛苦者，是在途中遺失十年秋至十五年之五年餘的日記。

十七年五月，我接受主編《辭海》的職務以後，我已以編輯為職業，所謂私人學院之理想，已經幻滅。但《辭海》工作進行之始，除去釐訂編輯計劃，規定內容及排列方法外，因同人方開始工作，搜集材料查閱參考書之時為多，成稿甚少，我的校閱時間不多，故在五月尚能寫關於教育經費問題的論文兩篇，草擬學校制度改革等三提案，尚可謂為係教育著述工作。六七兩月而後，同人之成稿漸多，我忙於校閱，但尚能以最少之餘暇，從事教育史料之搜集與整理，——惟以工作未完，未有成稿——八月忙於遷居問題，直至九月二十三日方將書籍行李及杭寓料理清楚而於二十四日離寧遷杭。此兩月不獨我無暇及教育研究與著述工作，即同人之工作亦不能照常進行。遷杭而後，布置就緒，《辭海》編輯同人亦逐漸加多，我校閱稿件且不暇，更無暇及教育研究與教育著述工作。自十九年入中華書局而後主持編輯所行政事務，天天在核稿、簽字、會客、赴宴、聽電話、打電話的所謂應付中過生活，雖亦未嘗無餘暇，但只能看書報、寫日記，極少整段的時間去作研究工作，寫整部著作。所以《近代中國教育通史》和專史，也成了畫餅。我的教育著述生活也就是全部教育生活，就在十七年七月而止。這部我和教育所敘述的我的教育生活的種種也至那時而止。而十七年七月九日即陰歷五月二十二日，正是我滿三十五歲之期，所以這部《我和教育》也可稱為我的三十五年教育生活史。

幾件禮物

我以小農之子，因著遺傳環境與教育的種種關係，體驗一種「無限自覺創造」的人生見解，對於三十餘年的中國教育，時時懷著不滿之感，而為解決自己的苦悶計以研究教育。作學生被開除、作教師幾次作風潮的對象，然而終於本著我的理想不顧一切，專心過幾年教育著述生活。我在三十五歲以前以至現在都不能算成功者，但以我的家庭與教育基礎而能如此，亦不能稱為大失敗。我之所以不大失敗，自然是環境的磨練、朋友的幫助和父母師長的教育。我之能有今日，我應當感謝父母、師長、朋友和社會，但若有人問我除去上述的種種而外，我一生最受益的教訓是什麼？我可不遲疑地立即回答說：

「吃不窮，用不窮，不會打算一世窮。」——幼時母親常常對我所說的話。

「天將降大任於斯人也，必先苦其心志，勞其筋骨，餓其體膚，空乏其身，行拂亂其所為，所以動心忍性，增益其所不能。」——二十歲由激浦縣城起行常德時，父親給我的臨別贈言。

「父子有親，君臣有義，夫婦有別，長幼有序，朋友有信。」——五教之目。

「博學之，審問之，慎思之，明辨之，篤行之。」——為學之序。

「言忠信，行篤敬，懲忿窒慾，遷善改過。」——修身之要。

「正其誼不謀其利，明其道不計其功。」——處事之要。

「己所不欲，勿施於人，行有不得，反求諸己。」——接物之要。

以上為嶽麓高等師範所揭示的朱子白鹿洞書院教條。

我一生得著上面幾段話的益處太多，在本書中曾常常說及。這部《我和教育》無甚精義，恐怕浪費讀者的時間而得不著益處，謹以上述的幾段話奉獻於讀者，作為我贖愆的禮物。

二十九年三月二十五日，上海。

寫完以後

這部書自最初執筆至完稿，經過十年，其完成且出於預期之外；在我的寫作生活史中，不獨是一件值得紀念的事，再過若干年，甚至連自己也記憶不著其中的曲折。所以在全稿校閱完畢之後，再加上這段話。

當民國十八年十一月十日我與中華書局訂立編輯所所長契約之前，即與陸費伯鴻先生再四談及任職後之寫作與《近代中國教育史》未完成之工作問題，他謂編輯所之事務不多，同人均係君子，無需管理，儘有餘暇從事自己的工作。所以在契約上寫上好幾部當時已經動手或已有材料的書目。不料十九年一月入公司而後，天天忙著核稿、簽字、寫信、會客、赴宴的種種「應付」問題，實際上誠然「儘有餘暇」，不過「餘暇」都是片斷的，不能拿來從事於較大部的著述；而且「應付」的問題，要隨時以他人為主，事務固不能由自己決定，時間更不能自由支配。有時一件事看來極平常，不過一二句話或三五個字即可解決，但以人事與環境上之種種關係，要寫此三五個字或說此一二句話，便得事前或事後考慮幾小時以致數日或更多的時間。所以在時間上，誠然「儘有餘暇」，在腦子裏卻少空閑。到滬而後，除去寫信和寫日記外，什麼都寫不成，甚至《人生哲學》和《中華百科辭典》要略加修訂，也得請人代勞。

整理編輯大部書籍固然要整段時間，而為我十九年以後職務所不許，但以素有寫作習慣而發表慾頗強，欲完全將時間消磨於事務處理或閑散之中，亦非所願。故到滬以後，以為放棄研究工作，固為事實之所逼，但寫個人生活的自傳，當無問題。而我在三十五歲以前的生活是以教育為主體，故決定以片段的時間，寫一部《我和教育》。適十九年十二月三日赴南京出席中華學藝社年會而有兩次講演，均以「我和教育」為題。當時本擬努力寫作，在短期內完成，故於二十年出版之《致青年書》及《中國教育建設方針》的敘文中，均說不久將有自傳式的《我和教育》印行。

十九年十二月自南京返滬，確曾執筆，且從序文寫起。因時作時輟，至二十年三月還只將私塾生活寫完，以後即因事擱筆。二十一年「一二八」事件發生，公司以時局影響，只半日辦公，於是以其餘暇再寫。四月公司恢復原狀，我的寫作亦因而停止。但以當時心緒不寧，只寫到兌澤中學之生活而止。此後數年，雖時時以有著「一件心事」的心情，而常欲執筆，但終於未能實行。「八一三」後，公司再受時局影響而有二十七年之工潮，公司幾至停頓。我於處理事務之餘又來續寫。不過在時勢與局事夾攻之中，仍難專心致志於寫作。故十個月中只寫到福湘女學為止——三次綜計不過六萬字。二十八年十一月因事寄居他處，但心緒比較寧靜，以一個月之時間寫成近十萬字而將教師生活完畢即去香港。二十九年一月自港返滬，靜居家中，餘暇雖較多，但以對公司責任所在，仍不能安心寫作，二月以前竟未執筆。但心理上則時時懸念，若有所失。楫君以為即此停止，實是功虧一簣，乃極力督促，卒於三月一日起奮力為之，終以二十五日之力寫成七萬餘字，而將全書完成。再以五日之力，從事校閱，於三月三十日在她生產姍姍（我的子女除書中已提及之澤湘、澤崧、澤寧、澤湖外，尚有三男澤杭生於十八年六月九日，三女澤滬生於二十年十二月九日，姍姍為第四女。）的醫院的病房中校閱完畢。

人的生活範疇是時代與環境的反映，我之如此如彼，當然要受時代與環境的影響或支配。故書中所敘事實，都將其當時有關的重要時勢與環境情形簡要說及。在形式方面，最初本擬採用文藝的描寫方法。後以本書的目的，重在表現三十五年（一八九三—一九二八）間中國教育的具體史實與我個人求學及從事教育的生活實況——我能將往事敘得比較清楚，很得力於寫日記及保存書信的習慣。民國十五年以前的日記雖經失去，但民八以後之書信，十六歲時之日記、課藝、師友錄及嶽麓高師之校誌，《湖南教育月刊》、中國公學、成都高師風潮之報紙紀載均存——如用文藝的描寫方法，不獨要犧牲一部分真實史料，且篇幅亦非加多數倍不可。故最後決定採用歷史的記敘方法而兼帶描寫，以期節省篇幅而無損閱讀趣味。

本書時寫時輟，前後達十年，中間曾以無暇完成而欲將已成之稿毀去；而卒能完成者，楫君強為保存稿件而外，國難是促成此書的最大因素。我現在還想用文藝的描寫方法，寫幾部我和什麼以表現我幼年、少年、壯年、中年的全部生活，但除自己的努力和楫君的鼓勵外，只希望不再國難中過寫作生活。

本書排就曾蒙陸費伯鴻、董任堅、沈有乾、陶菊隱、金子敦、夏丏尊諸先生詳加校閱，多所指示，復由楫君校訂三次，均在此誌謝。

中華民國三十年七月一日，上海

Do人物27　PC0493

民國教育先驅
——舒新城回憶錄

原　　著／舒新城
主　　編／蔡登山
責任編輯／段松秀
圖文排版／莊皓云
封面設計／楊廣榕

出版策劃／獨立作家
發 行 人／宋政坤
法律顧問／毛國樑　律師
製作發行／秀威資訊科技股份有限公司
地址：114 台北市內湖區瑞光路76巷65號1樓
電話：+886-2-2796-3638　傳真：+886-2-2796-1377
服務信箱：service@showwe.com.tw
展售門市／國家書店【松江門市】
地址：104 台北市中山區松江路209號1樓
電話：+886-2-2518-0207　傳真：+886-2-2518-0778
網路訂購／秀威網路書店：https://store.showwe.tw
國家網路書店：https://www.govbooks.com.tw

出版日期／2015年5月　BOD一版　定價／500元

|獨立|作家|
Independent Author

寫自己的故事，唱自己的歌

民國教育先驅：舒新城回憶錄 / 舒新城原著；蔡登山
主編. -- 一版. -- 臺北市：獨立作家, 2015.05
面；　公分. -- (Do人物；PC0493)
BOD版
ISBN 978-986-5729-76-9(平裝)

1. 舒新城　2. 回憶錄

782.887　　104005681

國家圖書館出版品預行編目

讀者回函卡

感謝您購買本書，為提升服務品質，請填妥以下資料，將讀者回函卡直接寄回或傳真本公司，收到您的寶貴意見後，我們會收藏記錄及檢討，謝謝！

如您需要了解本公司最新出版書目、購書優惠或企劃活動，歡迎您上網查詢或下載相關資料：http:// www.showwe.com.tw

您購買的書名：________________________________

出生日期：________年________月________日

學歷：□高中（含）以下　□大專　□研究所（含）以上

職業：□製造業　□金融業　□資訊業　□軍警　□傳播業　□自由業

□服務業　□公務員　□教職　□學生　□家管　□其它_____

購書地點：□網路書店　□實體書店　□書展　□郵購　□贈閱　□其他

您從何得知本書的消息？

□網路書店　□實體書店　□網路搜尋　□電子報　□書訊　□雜誌

□傳播媒體　□親友推薦　□網站推薦　□部落格　□其他__________

您對本書的評價：（請填代號　1.非常滿意　2.滿意　3.尚可　4.再改進）

封面設計____　版面編排____　內容____　文／譯筆____　價格____

讀完書後您覺得：

□很有收穫　□有收穫　□收穫不多　□沒收穫

對我們的建議：________________________________

____

____

____

請貼
郵票

11466
台北市內湖區瑞光路 76 巷 65 號 1 樓

獨立作家讀者服務部 收

（請沿線對折寄回，謝謝！）

姓　　名：＿＿＿＿＿＿＿＿　年齡：＿＿＿＿　性別：□女　□男

郵遞區號：□□□□□

地　　址：＿＿＿＿＿＿＿＿＿＿＿＿＿＿＿＿

聯絡電話：(日)＿＿＿＿＿＿＿＿(夜)＿＿＿＿＿＿＿＿

E-mail：＿＿＿＿＿＿＿＿＿＿＿＿＿＿＿＿